その心理臨床、大丈夫？

心理臨床実践のポイント

遠藤 裕乃
Endo Hirono

佐田久 真貴
Sadahisa Maki

中村 菜々子
Nakamura-Taira Nanako

────── 編

日本評論社

はじめに

　臨床現場に出たばかりの若手セラピストは、とにかく熱心です。目の前のクライエントの語りに揺さぶられつつ、これまで学んだ理論と技法を、クライエントの問題解決に役に立てようと意気込み、奮闘します。実践あるのみ、無我夢中で取り組むうちに、「それなりの見立てができるようになった」「面接の方針が立てられるようになった」と手応えを感じるようになるでしょう。その一方、「丁寧にアセスメントして面接方針も説明しているのに、クライエントの反応が乏しい」「クライエントに寄り添っているつもりなのに、なかなか本音を言ってもらえない」「面接が展開していると思っていたのに、クライエントから突然、終結を切り出された」といった、セラピーの「行き詰まり」も必ず経験します。

　本書は、初心者レベルのセラピストの誰もが経験する、典型的な「行き詰まり」の場面を集め、そうした場面を打開するためのポイントを探究したものです。

　第1部の事例編は、「感じる・気づく」パートです。主人公は5人の若手セラピストたち。それぞれ、精神力動的心理療法、応用行動分析、認知行動療法を学び、意欲に燃えています（すべて架空事例です。編者自身の過去の苦い失敗経験と、勤務校などでの臨床指導経験をブレンドして作成しました）。5人のセラピストは、アセスメントもセラピーの導入作業も、これまでの学びと経験に基づいて精一杯やっています。しかし、なぜか空回りして、面接は行き詰ってしまいます。この先、どうしたらよいかわからない、完全なお手上げ状態に陥ります。

　そして、この5人のセラピストはスーパーバイズを受けることで、活路を見出します。彼らのスーパービジョンで味噌となるのが、1事例につき流派の異なるスーパーバイザー2名に指導を受けるというセッティングです。スーパーバイザーは、限られたワンセッションで、セラピーのどこがどう行き詰っているのかを見抜き、バイジーが自力で取り組んだプロセスの肯定的側面にも目配りし、バイジーの資質を開発するように、バイザーのアプローチのノウハウを

伝授してくれます。主人公たちは、2名のスーパーバイザーの着眼点の違いに驚きながらも、最終的に流派を超えた心理臨床実践の共通ポイントを発見します（実際には、編者らがロールプレイで事例の中の若手セラピストを演じ、スーパーバイザーにコメントしてもらうという模擬スーパービジョンの過程を録音記録し、それを紙上に再現しました。スーパーバイザーはいずれも編者たちがその実力を信頼するベテラン臨床心理士です）。読者の皆さんには、読み進むにつれ、悩める若手セラピストに同一化し、ご自分もスーパービジョンを受けているような臨場感を味わい、融通無碍なスーパーバイザーの言葉に、ワクワク、ドキドキすることでしょう。そして本書を読み終わった後には、「明日からの臨床をコツコツがんばろう！」という前向きなエネルギーを感じていただけることと思います。

　第2部の理論編は、「整理する・概念化する」パートです。心理臨床実践の困難に関する研究と臨床指導の経験が豊富な臨床心理士に執筆を依頼しました。このパートでは、心理療法の効果とプロセスが理論的に整理され、3つの流派（精神分析的心理療法、認知行動療法、ソリューション・フォーカスト・ブリーフセラピー）における「行き詰まり」が明確化され、それに対する処方箋が提示されます。第1部の事例編の若手セラピストたちが、スーパービジョンを受けて、「なるほど！」と感じ、気づいたことを、第2部の理論編により、言語化・体系化できるという趣向になっています。

　第1部は、どの事例から読んでいただいても構いません。悩める5人の若手セラピストが、読者のあなたと一緒にスーパービジョンを受けることを待っています。

　2018年7月

編者一同

CONTENTS

はじめに

第1部　事例編

1　教室に入れなくなった中学2年生男子・タロウくん 003
　家族は子どもの能力の問題というけれど、背景に根深い家族問題がある場合は？
　1-1　事例紹介　003
　1-2　学校臨床実践はみんなで一緒に作っていく……**岡本かおり**　012
　1-3　家族となめらかに手をつなぐということ……**小尻与志乃**　021
　1-4　解説　033

2　職場での対人関係上の問題を訴える30代女性・ハシモトさん 035
　本人が挙げる問題の背後に重大な別の問題が考えられる場合の対応は？
　2-1　事例紹介　035
　2-2　セラピスト自身の「べき思考」に巻き込まれないで
　　　　……**田中恒彦**　046
　2-3　セラピストがクライエントと同一化してしまっていないか
　　　　……**宇都宮真輝**　056
　2-4　解説　065

3　遷延するパニック障害をもつ40代男性・カタヤマさん 067
　面接はそれなりに続くものの、大切なところをつかんでいないように感じる場合の対応は？
　3-1　事例紹介　067
　3-2　認知行動療法が認知行動療法として成り立つ条件とは
　　　　……**田中恒彦**　076
　3-3　認知行動療法はあくまでひとつのツール……**加藤　敬**　089
　3-4　解説　100

4 様々な症状をあわせもつ小学4年生女児・リコちゃん 102
本人は現状維持で精一杯、母親の不安が高い場合はどうしたら？
- 4-1 事例紹介 102
- 4-2 ややこしくなったら基本形に戻る……加藤 敬 109
- 4-3 できていることに目を向けて……東 俊一 117
- 4-4 解説 125

5 小学2年生で自閉スペクトラム症の診断を受けた男児・ユウキくん 127
今すぐペアレント・トレーニングに参加すること、それって本当に効果的？
- 5-1 事例紹介 127
- 5-2 どの問題の解決を求めているのか……東 俊一 134
- 5-3 課題を周囲と共有できるか……岡本かおり 145
- 5-4 解説 154

第2部　理論編

6 裏側からみた心理療法の効果のエビデンス……岩壁 茂 158

7 Step0から始める認知行動療法……杉山 崇・井上夏希 172
対象者の準備状態と症状の意味の多面的アセスメント

8 精神分析臨床における「0期」の大切さとセラピーの導入を巡って……岩倉 拓 185
その勇み足に気をつけて！

9 ソリューション・フォーカスト・ブリーフセラピーの落とし穴……伊藤 拓 198
「解決」に焦点を当てる際の留意点

おわりに 211

第1部
事例編

●スーパーバイザーのプロフィール──

岡本かおり（おかもと・かおり）→ 1-2、5-3
清泉女学院大学。臨床経験23年。児童相談所、教育相談センターを駆け出しに、病院臨床や母子保健行政に関わる。1996年にスクールカウンセラー調査活用事業に参加以後、18年間学校臨床を中心に経験を重ねた。現在はトラウマ焦点化認知行動療法を主軸に、犯罪被害者支援に携わっている。オリエンテーションは交流分析、ブリーフセラピー。

小尻与志乃（こじり・よしの）→ 1-3
西新宿臨床心理オフィス。臨床経験16年。単科精神科病院、精神科クリニック、公立中学校スクールカウンセラーを経て、現在、私設の心理療法オフィスを主宰、産業カウンセリングにも携わる。オリエンテーションは精神分析的心理療法。

田中恒彦（たなか・つねひこ）→ 2-2、3-2
新潟大学。臨床経験15年。精神疾患をもつ子どもや家族の支援に関わる仕事に携わっている。大学では、児童のメンタルヘルスの問題への心理支援や、心理アセスメントや異常心理学に関する講義と、認知行動療法についての講義を担当している。医療機関において児童・思春期外来担当カウンセラーを長年経験してきており、現在も私設カウンセリングルームにて同様に相談業務を行っている。オリエンテーションは認知療法・行動療法。

宇都宮真輝（うつのみや・まき）→ 2-3
吉備国際大学。臨床経験11年。大学の保健管理センター等で学生やその家族を対象にした相談業務を行っている。学校現場では、人間関係づくりをテーマに、ソーシャルスキルトレーニングや構成的グループエンカウンターを用いた授業や研修を行うことが多い。オリエンテーションは精神力動的心理療法、来談者中心療法。

加藤 敬（かとう・たかし）→ 3-3、4-2
こども心身医療研究所。臨床経験35年。老人病院勤務を経て、小児科・心療内科・児童精神科を併設する医療機関にて、発達障害児とその家族への心理支援、成人のパニック障害、うつ病、強迫性障害、心的外傷後ストレス障害に対しての認知行動療法・催眠・EMDRを実践。家族療法や解決志向ブリーフセラピーの手法も取り入れている。オリエンテーションは統合折衷型・理論複合アプローチ。

東 俊一（ひがし・しゅんいち）→ 4-3、5-2
ノートルダム清心女子大学。臨床経験25年。障害児や不登校児に関わる仕事に携わっている。大学では、発達障害や知的障害の理解、支援方法のアセスメントの仕方と計画に関する講義と、児童臨床心理学の概論的な講義を担当。幼稚園、保育所、小学校の現場では、集団生活の適応、人間関係、問題行動等に関わるテーマの仕事が多い。オリエンテーションは応用行動分析。

1
教室に入れなくなった
中学2年生男子・タロウくん

家族は子どもの能力の問題というけれど、
背景に根深い家族問題がある場合は？

1-1 事例紹介

[主訴]
　子どもが教室に入れない。社会性がないのが問題ではないか。コミュニケーション能力を伸ばすためのカウンセリングを、子どもにしてほしい（母親の相談申込票の記入から）。

[自己紹介]
　私は、カワタシロウ、29歳男性です。臨床心理士の資格を取得して4年目、教育相談センターの教育相談員としては5年目です。大学院時代は、精神力動的なオリエンテーションの臨床指導を受けていました。自己理解を深めることが心理的成長につながる、という考え方を基本姿勢にしています。修了後も精神分析理論に基づく個人スーパービジョンを継続的に受けています。
　地域の教育委員会の機関である教育相談センターに入職したときは、カルチャーショックのような経験をしました。センターの管理職と相談スタッフの半数は教職経験者で臨床心理士ではありません。たとえば、教職出身の先生方は、

学校側と頻繁に情報交換して、不登校の子どもをできるだけ早く教室に戻そうと、環境調整を熱心にします。もちろん、環境調整が効果的なケースはありますが、学校環境の調整だけではなく、子ども本人の内面の理解や家族背景の理解にもっと目を向けてよいのではないかと思っています。

センターの相談の形態ですが、相談対象者の子どもは来談せず、保護者面接のみ継続することも多いです。大学院時代は思春期の子どもを対象とした個人面接をじっくりする機会がありましたが、教育相談の現場に入ってからは、家族支援や保護者の心理教育にも関心を持つようになり、家族療法の研究会にも定期的に参加しています。

［事例検討の目的］

不登校の中学2年生男子のタロウくんとその母親のケースです。母親は、タロウくんが教室に入れない原因を「社会性がないのが問題ではないか」と考え、センターで「コミュニケーション能力を伸ばすためのカウンセリングを、タロウにしてほしい」と訴えます。タロウくんの個人面接を週1回、母親の面接を不定期に行ううちに、タロウくんの資質や発達の偏りの問題というよりも、タロウくんと家族との関係性の問題が深刻であることが見立てられました。そこで、不定期になっている母親の面接をもう少し構造化して、家族関係という文脈からタロウくんの問題を取り扱っていく方向にもっていきたいのですが、母親は来談に消極的です。

今まで経験した他の事例では、母親が家族関係の問題についてうすうす気づいていて、そのことを誰かに話したい、という潜在的なニーズのあるところに、継続面接の構造を設定すると、母親の生育歴上の未解決の課題と、今の子育てのうまくいかなさとの間につながりがあることが理解されて、結果として、親子間の情緒的なやりとりが改善され、子どもが元気になる、という展開になりました。しかし、タロウくんの母親の場合は、セラピストから母親面接の構造化を提案すると、かえって「タロウが問題である」という見方をかたくなにしてしまい、行き詰ってしまいました。

教育相談の枠組みで、どのように家族の関係性の問題を扱ったらよいのか、扱わないとしたらどのようなアプローチがあるのか、という点についてコメントいただけたらと思っています。

[家族構成・生育歴・問題の経過]

インテーク面接で母親から聴取した内容は次のようでした。

相談対象者は、中学2年生男子のタロウくん。家族は、母親、母方の祖父、祖母、タロウくんの4人です。祖父母は自宅の近隣で自営業を営み、母親はフルタイムの会社員です。タロウくんが出生する前に両親は離婚しています。父親とタロウくんの交流はなく、タロウくんは父親の顔を知らないまま育ちました。母親は離婚後、実家に戻り、現在の家族構成となりました。祖父母は、「タロウには父親がいないぶん、厳しくしつけなければ」と考え、3歳前から、正しい言葉遣いや食事のマナーを教えようとしたそうです。

タロウくんは、おとなしい子どもで、保育園、小学校では先生の指示に素直にしたがい、友達と目立ったトラブルもなく過ごしてきました。家庭のなかでも口数は少なく、「何を考えているのかよくわからない子」でした。小学校低学年の頃は、近所の友達とよく遊んでいましたが、友達のほとんどがサッカークラブに入ると、タロウくんは遊びに行かなくなりました。母親はその原因を、「サッカーの話題についていけなくて、遊びにくくなったのだと思う。自分から話題を作るのが苦手で、引っ込み思案なのがいけないのではないか」と考えたそうです。小学4年生頃から、タロウくんは、祖父母と母親が仕事から帰るまでの時間、たいがい一人で留守番をして過ごしました。母親が「友だちと遊ばなくてさみしくないの?」と聞いてもタロウくんは黙りこくって返事をしません。この頃から母親は、「タロウは、社会性やコミュニケーション能力が低いのではないか」と心配するようになりました。

小学校高学年になると、算数の宿題で時間がかかるようになり、イライラした様子でリビングの壁に頭を打ちつけることが起こり、母親は「困っている気持ちを言葉で表現することができないから、頭を打ちつけるのではないか」と考え、「やはり、コミュニケーション能力が低いのが問題だ」との思いを強くしました。祖父は「学校の授業をきちんと聞いていれば、宿題は解けるはずだ。そもそもの授業態度、集中力に問題があるのではないか」と言い、タロウくんに「真剣さが足りない」と説教しました。

中学校に入り、同じ小学校の友達に誘われてテニス部に入部しました。そして毎日の練習に疲れてしまい、帰宅後に宿題がこなせないことが続きましたが、タロウくんはこのことを母親と祖父母には黙っていました。母親は1学期末の

三者面談で担任教師から「宿題ができていないことが多いです」と指摘されてはじめて知り、「なぜタロウは本当のことを話してくれなかったのだろう」とショックを受け、その晩、タロウくんの前で「何も言ってくれないから私が追いつめられる！」と泣きわめきました。その後、タロウくんは何とか宿題をこなそうと夜遅くまで机に向かうようになりましたが、今度は朝起きられなくなり、朝練に遅刻するようになりました。

　夏休みのある日、部活を終えたタロウくんは、いつもより暗い表情で帰宅しました。母親が心配して「何かあったの？」と声をかけても、タロウくんは「別に……」とポツリと言って、自分の部屋にこもってしまいました。その日を境に、タロウくんは「身体がだるい」といって朝起きず、2、3日に1度、部活動を休むようになりました。そして2学期がはじまると、学校そのものを休むようになりました。それをみた母親、祖父母は、口をそろえて「学校に行くのは当たり前だ。少しぐらい身体の調子が悪くても行きなさい」と叱咤激励しました。すると、タロウくんはますます朝起きられなくなり、9月にはじめは1週間に1日〜2日程度だった欠席が、12月には週3日に増えました。母親は、「部活が負担になっているのではないか」と考え、顧問の先生と相談し、休部させることにしました。しかし、状況は改善せず、冬休み明けには、とうとう全欠席となりました。

　母親は担任の先生に、「タロウを追い詰めないよう、叱らないよう我慢していますが、原因は、タロウに社会性がなくて、コミュニケーション能力が低いことだと思うのです。どうしたらいいでしょうか」と訴えました。そこで学校側から、私の勤務する教育相談センターを紹介され、来談に至りました。

[面接経過]

　インテーク面接には、タロウくんと母親の二人で来談しました。私が待合室まで出迎えると、タロウくんは母親に促されて「こんにちは。よろしくお願いします」とあいさつしてくれました。緊張した面持ちでしたが、ちらりと視線が合いました。私が面接室まで案内しながら、センターまでの道のりなどを尋ねると、「車ですぐでした。この近くで小学校のとき遊んだことがあって、場所は何となくわかりました」と答えてくれました。電話での相談申込の時点では「社会性がない、コミュニケーション能力が低い」と聞いたので、空気が読

めない幼い感じの男の子を想像していましたが、実際のタロウくんは、年齢相応の体格で顔立ちは整っており、セラピストに合わせて応答しながら、周りの気配をうかがっているように見えました。「お母さんもタロウくんもよく来てくれましたね」と来談をねぎらうと、母親が「はい、もうずいぶん学校に行ってないもので、一度専門家の方に相談したほうがよいと思いまして」と答えました。母親は、明快な口調で話し、少し押しの強そうな印象です。私は、雰囲気が対照的な親子だな、と感じました。

　インテーク面接の前半の30分は親子同席で行いました。私が「どんなことにお困りですか」と問いかけると、母親は、これまでの経過を一気に話しました。その間、タロウくんはずっとうつむいていました。私はときどき、「お母さん、ちょっとタロウくんに話しかけていいですか」と言葉を挟み、タロウくんに向き直って、「今までのお母さんのお話で合っているのかな。ここはちょっと違うとか、自分はこんなふうに思っているとか、言いたいことや付け加えたいことがあったら教えてくれるとうれしいのだけど」と問いかけました。すると、タロウくんは一瞬、私に視線を向けた後に、母親の顔をちらちらのぞきながら不自然な笑いを浮かべ、「別に……とくにないです」と答えます。私は「お母さんの顔色をすごくうかがっているな……」と感じながら、「とくにないの？」と問い返すと、母親がすかさず口を挟んで「先生、いつもこんな感じなんです。小さいころから自分の考えを言葉にしてくれないので、それが原因で友だちともうまくいかないのではないか、学校で勉強がわからなくても人に聞けないのではないかと思うのです。社会性がない、コミュニケーション能力がないから不登校になってしまったのではないかと。だから専門の先生のカウンセリングで、社会性を伸ばしてほしいのです」と訴えます。その横でタロウくんは無表情なまま、うつむいていました。私は「これではタロウくんの居心地が悪いだろうな。このお母さんは、子どもの気持ちを汲み取るのが難しいようだな」と感じました。

　面接の残り時間が20分となったところで、私は、母親を退室させて、タロウくんとの個人面接の時間を取りました。そして「あなたが今、学校に行けなくなっていることについて、お母さんは、『社会性がない、コミュニケーション能力がないのが原因』と考えているようだけど、あなたには、あなたの心の事情やもっともな訳があって、でもそれが何かよくわからなくて学校に行けなくなっているのだと思うのだけど」と問いかけました。うつむいていたタロウ

くんは少し顔を上げて、「お母さんやおじいちゃんに『社会性がない』と言われると、そうなのかなって思います……。カウンセリングでよくなるんですか」と返します。そこで、私は説明しました。「社会性やコミュニケーション能力をつけることは大切なことだけど、それを一番の目標にしないカウンセリングもあります。たとえば、学校に行く元気がなくなっているのはどういうことなのか、困っている子どもがカウンセラーと話し合って、自分の心を理解して、気持ちが落ち着く、その結果、他人と話したり学校に行ったりする元気が出てくるということもあります。まずは、タロウくんがどういうことから学校に行けなくなっているのか、一緒に考えてみるための面接を何回か試してみませんか」。するとタロウくんは、同席面接のときに見せた不自然な笑いを見せて、「はい、やってみます」と応じました。

　次に、残り時間10分のところでタロウくんと交代で母親に面接室に入ってもらい、タロウくんにしたカウンセリングの目的を繰り返して説明しました。すると母親の表情がくもり、「タロウの心が元気になれば、自然と社会性がつくものなのでしょうか」と尋ねました。私は「お母さんやおじいさんが心配されている、タロウくんの社会性やコミュニケーション能力の問題については、3、4回程度の面接を重ねて見立てていきたいと思います。その見立てのためには、タロウくんがどんな環境で育ってこられたのかをご家族からお聞きできるととても参考になるので、お母さんにも継続して来談していただいて、お話をうかがいたいのですが、いかがでしょうか」と、母子並行面接を提案しました。ところが母親の表情は険しくなり、「タロウの小さいころの話は今日お話ししたとおりです。あとは、本人が自力で社会性、コミュニケーション能力をつけていくことだと思います。私は仕事がとても忙しくて、平日は相談に来る時間が取れません。仕事の合間にタロウの送迎だけはどうにかしますから、本人のカウンセリングをお願いします」と、強い口調で迫られました。私は「このお母さんは、子どもに関わる精神的な余裕を失っているようだ。無理に並行面接を勧めると、タロウくんも来談させないと言い出しそうな雰囲気だ」と感じて、ひとまず4回は見立てを目標としたタロウくんの個人面接を行い、5回目のときに母親にも来談してもらい、今後の面接の進め方をあらためて話し合うことにしました。

　翌週のタロウくんの個人面接で、私は「よく来てくれたね」と来談をねぎら

いました。するとタロウくんは「お母さんに『センターに行ってどうしたら学校に行けるようになるか、相談してくるように』と言われたから……」と答えてうつむきました。私は、インテーク面接時に母親が語った、中学校入学後の問題の経過をタロウくんに確認しながら、「中学生の生活は思ったより大変だったのかな」「テニス部の練習をした後はとても疲れてしまったようだね？」と問いかけ、タロウくんの反応を引き出そうとしましたが、「ああ、はい」「そうです」と短いひと言が返ってくるだけで、うちとけない雰囲気のまま面接が終わりました。

ところが、3回目の面接で、タロウくんから、「あの、学校に行きにくくなったきっかけなんだけど……」と話し始めました。それは、夏休みのある日、部活が終わった後、更衣室で着替えているときに、同級生3人に「毛深い」とからかわれたのがとても嫌だったというエピソードでした。私は、「身体のことをからかわれて、とても傷ついたんだね。つらい思いをしたことをよく話してくれたね……。そのことを、お母さんやおじいちゃん、おばあちゃんには話したの？」と問いました。すると「話してない。話しても『そんなことでショックを受けるな』と逆に叱られると思った……。『毛深い』とからかわれてから、だんだんと人目が気になって、部活だけではなくて、教室にも行きにくくなってしまって。そんなこと話してもわかってもらえないと思って」と、タロウくんは苦しげに語ります。私は「問題は、タロウくんの社会性やコミュニケーション能力ではない、タロウくんの苦しさが家族の中で理解されないことにあるのではないか」と思うようになりました。

4回目の面接では、「夜には学校に行こうと思うけど、朝になるとどうしても学校に行こうという気持ちになれない。すると、家族に『いつになったら行くんだ』と責められる。どうしたらいいのかわからない。自分なんていなくてもいいのではないか」といった苦しさが語られました。私は「タロウくんはうつ状態でひょっとしたら希死念慮を持っているのではないか」と危機感を覚えるようになりました。そして、「私がタロウくんの苦しさを家族にどうにか伝えなければ」と焦りを感じ、「タロウくんがとても苦しんでいることが伝わってくる。何とか、先生が家族の理解が得られるよう話してみるから、どうにかして乗り越えよう」と励ましました。

5回目の面接に、母親は約束どおり来談しました。「お忙しい中、よくいらっ

しゃいました」と、母親の仕事の忙しさを話題にして、ねぎらいました。そして「私からぜひお話ししたいことがありましたので、大変ありがたいです」と続け、タロウくんには席を外してもらって、タロウくんがいかに苦しんでいるかを母親に伝えました。すると母親はじっと考え込んだのち、「つらいなら、そのことをちゃんと言ってくれればよいのに……。タロウは言葉にしてくれないから、私もどうしたらいいのかわからないんです。そういうコミュニケーション能力がないところが、そっくりで」と言います。私は不思議に思い、「そっくりというと誰に？」と聞き返しました。すると「誰にって……別れた夫に。そういうところが見ていて本当にイライラするんです」という答えが返ってきました。そこで私は「差支えない範囲でよいのですが、タロウくんのお父さんのことをおうかがいしてもよいでしょうか。タロウくんがお父さんに似ているところがあると？」するとは母親は、言葉を詰まらせながら、タロウくんの父親（別れた夫）のことについて語り始めました。その語ったところをまとめると次のような話でした。

　母親は一人娘であり、婿を取って（祖）父母の自営業を継ぐことを期待されていましたが、タロウの父親と出会い、（祖）父母の反対を押し切り結婚して、家を出ました。しかし、ほどなく夫婦仲がうまくいかなくなりました。タロウの父親は、対人的に傷つきやすく、上司から仕事上のミスを注意されるなど、些細なことをきっかけに出勤できなくなる人で、母親がタロウを妊娠していたときにはアルコール依存症に陥り、休職と復職を繰り返していました。生活費にも困るようになり、母親はタロウが生まれる前に離婚し、実家に戻りました。すると（祖）父母はことあるごとに「あんな男と結婚して、お前はバカだ」と、チクチク嫌味を言うので、「ノイローゼ気味になった」ということでした。

　タロウが生まれると、祖父母は、タロウを跡継ぎにするつもりで厳しくしつけました。母親は「私も小さいころ、両親にとても厳しくしつけられたので、当然と思っていた」そうです。祖父は、タロウが宿題になかなか取りかからないと、しつけと称して手を上げることもありました。タロウが学校を休みがちになってから、祖父は、「あんな男（タロウの父親）の子どもだから社会性がない」と本人を目の前にして言うようになりました。

　ここまで話した母親は「だからタロウにしっかりしてもらわないと困るんです。なぜ学校にいけないのか、せめてその理由をはっきり、自分の言葉でおじいち

ゃんおばあちゃんに話してくれたらよいのに、と思います。でも、いくら問い詰めても何も言ってくれないのです。家にひきこもっているタロウを見ると、別れた夫にそっくりで……。社会性がないんですよね。コミュニケーション能力がないところも、父親似みたいなんです」と締めくくりました。

　この母親の告白を聞いた私は、とても悲しく苦しくなりました。タロウくんが、一個の独立した人格として、家族の中で認められていないと感じました。タロウくんは、生まれたときから父親を知りません。それなのに祖父母と母親から、父親の悪い側面をタロウくんに重ねられてしまい、「社会性がない」「コミュニケーション能力がない」と決めつけられているのです。精神力動的な文脈で考えると、祖父母と母親は、アルコール依存症で生活能力のない父親の悪いイメージをタロウくんに投影同一化し、タロウくんを憎むべき婿・夫として扱っているのです。

　私は、告白してくれた母親に対して「タロウくんのお父さんとの結婚生活では、大変つらい思いをされたのですね」とねぎらいの言葉をかけながらも、タロウくんの人格が認められていない家族状況に内心、怒りを感じました。そこで「お母さんがいろいろと苦労されてきたことはわかりますが、タロウくんはタロウくんとして見てあげてはどうでしょうか。お父さんとタロウくんは別の人格なのですから、お父さんの悪い部分をタロウくんに重ねると、タロウくんは苦しくなって、身動きが取れなくなってしまうのではないでしょうか」と、かなりストレートに伝えました。すると母親は目に涙を浮かべて、「私がいけなかったのでしょうか。私がタロウを駄目にしてしまったのでしょうか」と自分を責め出しました。

　ここで私は、母子並行面接を設定するチャンスだと思いました。「お母さんがご自分の気持ちを整理して、安定してタロウくんの心の発達の応援ができるように、お母さんのための面接をしてみてはどうでしょうか」と提案しました。すると、母親は関心を示したので、次回、母親面接担当のセラピストを紹介することを約束しました。母親はすっきりした表情で「今日は、ありがとうございました」とあいさつをし、この面接を終わりました。

　ところが、翌週になると母親から電話があり、「私は仕事が忙しいので、タロウの面接だけお願いします」と一方的な口調で依頼されました。同時にセンターの指導主事からは、タロウくんの学校からセンターに電話で問い合わせが

あったことを知らされました。問い合わせの内容は、「お母さんから、『コミュニケーション能力が足りないので、そのための訓練をセンターでしてもらっている』と聞いているが、経過はどうでしょうか」というものでした。
　私は、てっきり母子並行面接の設定に移行できると考えていたので、予想外の展開にびっくりしました。

[助言してもらいたいポイント]
　スーパーバイズしていただきたいのは、次の2点です。
　①母親はタロウくんの個人面接のみ継続を希望していますが、私には家族の問題が大きいと見立てています。母親は家族問題にはうすうす気づいているようなのですが、自分が来談することには消極的です。今後の面接構造の設定を含めて、どのように対応したらよいでしょうか。
　②学校側は、『タロウくんにはコミュニケーション能力が足りないので、そのための訓練を教育相談センターが行っている』と理解しているようです。学校側からの問い合わせには、どのように応じたらよいでしょうか。ここでうまく学校対応しておかないと上司である指導主事（教職経験者）との関係がぎくしゃくしそうです。指導主事は、不登校のケースに対しては、環境調整や適応指導教室でのグループ体験によって、できるだけ早く行動変化を導くことを方針としている人です。

1-2　学校臨床実践はみんなで一緒に作っていく

岡本かおり

岡本　この時間で何を一番知りたいですか。
カワタ　お母さんの面接の進め方で、もう少し別のやり方がなかったのかと思います。タロウくんの苦しさに、自分はすごく揺さぶられてしまって。それをストレートに伝えすぎたのが、かえってお母さんの抵抗を招いたかなと。タロ

ウくんの代弁者みたいなかたちで言いすぎてしまったのかなという反省があります。もう少し別の伝え方があったのか、なかったのか。今、振り返ってみると、そこのあたりが一番引っかかっているところです。

岡本 言いすぎてしまったということは、もし今、変えるとしたら、もう少しこうしたほうがよかったかなというアイデアを、カワタ先生はすでに何か持っていそうですね。

カワタ もう少し言うとしたら、なんでしょう……。「ちょっとタロウくん寄りになっている発言かもしれませんが」という前置きをしながら、用心深く伝えたかもしれません。

岡本 まず話を伝えたか、伝えなかったかという選択もありました？

カワタ 伝えなかった……？ そのときは、もう伝えなくてはと思ってしまったのですけれど、ひょっとしたら伝えないという選択肢もあったかもしれないですね。今言われてみれば。

岡本 そうですね。いつでもどっちでも選べると思うのです。しかし、カワタ先生はそのとき、伝えよう、伝えなくてはという選択をなさったわけですよね。そこが、今から思うと、どうだったのかなというのがひとつ。

あと、先生はもう5年目で、教育相談の経験もおありだから、「伝えよう、伝えなくては」と思ったときに、なぜそう思ったのでしょう。そこには方針があったと思うのですが、そこはどんな感じでしたか。

カワタ 私は精神分析的オリエンテーションを勉強してきたので、このお母さんが、自分の元の夫の悪いところや、自分の親との関係性を、タロウくんに投影していることがわかって、教育相談の中で精神力動論を生かすのだったら、投影同一化が働いているという心理教育ができる、と思ったのだと思います。

岡本 なるほど。そうすると、ご自分の一番の専門性を生かせるところが見つかったから、それをやれるかなと思った。

カワタ そんな感じがありましたね。それで「分析的に理解できるので、伝えなければ」という思いがあったかもしれません。

岡本 先生は、教育相談の中で、どう動けばいいか、見通しみたいなものも持っていらっしゃいますよね。

カワタ そうですね。学校の先生が半分スタッフでいるので、仲よくしなければいけないという気持ちがとてもあったように思います。個人をあまり見ない教職関係の先生の動き方にも、内々で反発していたというか。力動的な心理教

育というのは、こんなふうに役に立つということを伝えていきたいという思いもありました。

岡本　教育相談は、学校の先生が半分ぐらいいるのですね。少し文化が違って、カルチャーショックのような経験をされた、と。

カワタ　そうですね。発達障害圏の子どもに環境調整が大切なことは、だんだんわかってきましたが、こういう家族問題がポンと出てくるようなケースだと、「学校の先生とは違う見方が自分はできるし、やれる」みたいな感じで、パッと言ってしまった。

岡本　たしかにね。分析的な訓練を受けているカワタさんだからこそ、見えてくるものがあるわけですね。5年経ってみて、このセンターの中でうまくやり取りできる、「センター内連携」はどのくらいあると思っていますか。ご自分の職場を見立てるとしたら？

カワタ　センター内の連携ですか……。たとえば発達障害がらみの子どもで学校の環境調整や、特別支援学級への移行みたいなところが大事なケースだと、指導主事の教職の先生と密にコミュニケーションを取ったり、うまく動いてもらうようお願いしたりなど、そのへんはできるようになってきたかなと思いますね。

岡本　不登校や、そのほかのもう少し心理的な問題だとどうですか。

カワタ　不登校でも、家庭の基盤が弱くてきちんと養育されていないので、社会性が発達していなくて学校に行きにくいケースがありますよね。そういうとき、行けない個人に焦点をあてるのではなくて、指導主事の先生を立てて、「家族機能をサポートするような役割をお願いします」と連携することはできるようになってきたと思います。

岡本　それはすごいですね。

カワタ　タロウくんのケースのように家族背景が力動的に見えてしまったぶん、かえってこれは個人プレーというか、自分でいろいろやってしまったなという感じがします。しかし、この方向性で個人面接もできそうだし、どういう選択肢がほかにあったかなと悩んでいるところです。

岡本　本当にそうですよね。そこは大事なところだと、私も思います。個人開業しているわけではなく、教育相談センターの中でやっているのですから、何がどれくらいセンター中でできるのかについて見通しを立てることは、すごく大事だと思います。

お母さん面接のやり方がよかったのか、伝え方がほかにもあったかというところに戻ると、センターの中でどう動いたらいいのか、どれくらいのことができたか、そういう見立てをしながら決めていくとよいと思います。実際は教育委員会の機関だから、学校がどう絡んでくるかというのも見極めていかなければいけないですね。あるいは、その中でタロウくんとの個人面接と母親面接をどう組み立てていくか。同時にいくつも考えていかないと、お母さんの面接を守れなくなってしまったり、その構造がうまく成立しなくなってしまったりというのは、ままあることです。母親面接がこの状況でできたかどうかということについてはどうですか。

カワタ　そのときは、教育相談センターという枠組みで母親面接ができるかのかどうかを考えるという発想が、そもそも足りていませんでしたね。お母さんが涙ぐんだところで「自分の家族問題に気づいているから、個人面談ができる」と思ってしまった。しかし今、先生のコメントをお聞きすると、お母さんには、子どもが学校に行けないという教育上の問題について、教育相談センターなら子どもをなんとかしてくれるだろうという、施設に対する転移があったと思います。そこの理解が抜けていました。そう思うと、「お母さん、お子さんが学校に行っていないということで、お困りですよね」というように、お母さんの気持ちをもう少し汲んでもよかったのかなと思います。いきなり「あなたの家族の問題ですよね」「親子の問題、夫婦の問題がありますよね」というのではなくて。

岡本　「問題」が見えてしまうと言いたくなりますよね。

カワタ　そのとき、すごく言いたくなったのです。「お母さんが問題だ」みたいなことや、タロウくんが個人として扱われていなくて気の毒だという思いが前面に出てしまったのですが、お母さんとご家族のニーズ、子どもが学校に行かないで困っている、子どもが問題だからそこをどうにかしてほしいという、その最初のニーズを、もう少し丁寧に聴くべきだったと思います。

　ひょっとしたらこのお母さんは、自分が触れられたくないところをズバズバ言われた、指摘されたと受け取って、さらに傷ついたのかもしれません。今、振り返るとそう思います。もう少し、このお母さんの傷ついた気持ちに合わせた伝え方、「お母さん側もいろいろな事情がある中で一所懸命育ててきたけど、うまくいかないんですね」のような言い方があったと思います。分析的な考えを学んだのはいいけれど、この教育相談の場でそれをどうやって生かしたらい

いのか、それが自分の課題だなと思っているところです。

岡本 なるほど。それでも教育相談の場で、「心理教育」という形でご自分の習ってきたことを活かそうとして、切り込んでみたのですね。ここで、言わなかったバージョンを考えてみると、どんな展開になるでしょう？

カワタ そうですね……「いろいろ今のタロウくんに影響しているであろうことを、正直に振り返って教えてくれてありがとうございました。タロウくんがどんなふうに育ってこられたか、お母さんがどんな思いで育ててこられたかわかりました」と言うところで打ち切ったかもしれません。「タロウくんは、タロウくんとして見てあげてはどうでしょうか」と、説明や結論を述べるようなことはしなくてもよかったかなと。

岡本 それと学校のことがありますね。学校から問い合わせがあって、指導主事の先生が「どう答えましょうか」と言っているので、ここはうまく関係を作っておきたいところだと考えていらっしゃる。この状態でどう学校とうまくやっていくか、どう教育相談センター内で説明するかが、やはり大事になってくるでしょう。

カワタ まず、タロウくんの面接は続けて、「あなたの気持ちを大事にしたい」というメッセージを送って、学校に何を伝えるのか伝えないのか、学校に対してどうしてほしいというようなニーズがあるのかないのかなど、そのあたりをタロウくんと一緒に時間をかけて話し合うと思います。あとは、学校の先生が困っているのかどうか。お母さんは、タロウくんにコミュニケーション能力が足りないと言っているけれど、学校に行けなくなる前は一体どうだったのか。学校の先生から見て、どういうところにタロウくんの課題があると思うか、もう少し聞く必要があるかなと思います。

岡本 いい視点だと私も思います。

カワタ タロウくんのつらい話を聞いて、そこにこちらの気持ちがスポッと入ってしまっていたのか、振り返ると周りがあまり見えていませんでした。学校から見たタロウくんの課題については、指導主事の先生にやってもらうといいのでしょうか。

岡本 カワタさんから見て、お願いできそうな感じでしょうか。教職経験のある指導主事ならば、学校との連携だと上手に動いてくださると思います。学校との連絡をうまく取っていただく、関係者会議をセッティングしてもらうなど、お願いできることはあるでしょう。心理職としての見方は先生が伝えればいい

ので、学校の状況をわかって教員の目でタロウくんを見てくれる人がセンターの中にいると、それは非常に役立つと思います。

カワタ　そうなのですね。

岡本　教育相談というのは、教育委員会の施設ですよね。教育相談センターの特徴は、学校との連携が取りやすいところです。そういう場で個人面談なり母子並行面接をするわけだから、あるものを上手に使っていけばいいと思うのです。先生が心理職なのですから、教育相談センターのほかのスタッフである元教員や、学校から派遣されている人が、先生と同じような心理職である必要はないですよね。したがって、違う立場の、違う専門性とうまく協働して、同じ方向を向いてやっていけばいいという、そういう組織でもあるわけです。

カワタ　この場合、「学校でのタロウくんは、学校の先生から見ると、どんなふうでしょうか」という情報収集については指導主事の先生に預けて、学校で何かできることがあるかを、相談すればいいのですね。

岡本　そうですね。それを先生が聞いて、コンサルテーションする。そこで同じ方向を向けるようにセンターのスタッフ内で意見を一致させておいて、指導主事の先生と学校とで連携してもらう。そういう動き方も、やり方のひとつとしてありますね。

カワタ　そこで、たとえば心理職としての視点を伝えるときに、「家族問題があるみたいです」といったようなことを、どこまでどう言っていいのか、すごく迷うのですよね。

岡本　どこが悩むのでしょうか。

カワタ　お父さんがいないことや、お父さんの悪いところがタロウくんに重ねられていることで、タロウくんが家の中で否定されて育っているというようなことを言っていいのか、どうなのか。心理職としては言いたい気持ちがあります。

岡本　心理職として、なぜ言いたいのでしょう。

カワタ　学校側が、意思表示がはっきりできない、よく考えがわからない子と捉えて、タロウくんにマイナスのレッテルをはっているのではないかと考えてしまうんです。「いや、この子は自分で自分の考えを言える環境にすらなかったんだ」ということについて理解を得たい、と。しかしお母さんとの面接で得た情報を、そのまま言うわけにもいかないですし。

岡本　先生が、お母さんとの面接で知り得た情報を、連携先とはいえどこまで

伝えてよいのか悩むのは、専門家として当然の倫理であり、配慮だと思います。ただ、母親面接で得たローデータがあったとして、それを先生が解釈し、臨床心理学的な見立てを行った上で、それを関係者に伝えるのであれば、問題はないと思いますが。

カワタ たとえば「家庭の中で自分の気持ちが認められないことが何度もあったようなので、タロウくんにとって、学校の中で自分の意見を言うのはとても大変なことだと思います」といった歴史的な理解として伝えるのならば、構わないのでしょうか。「お父さんがこうだった、お母さんがこう言った」というのではなく。

岡本 それがひとつですね。あと学校の関係者には「心理職は、分析はしてくれるかもしれないけれど、明日の役に立つことは言ってくれない」という評価が、ままあると思うのです。ですから、先生が話した臨床心理学的な見立てに「だから学校の先生方にこうしてほしいのです」という要望を加えると、「ああ、教育相談センターの心理職って使えるな」と思ってもらえるのじゃないかと。

カワタ たとえば「大勢の前でタロウくんの意見を聞くのではなくて、個別の時間を短くてもいいからできるだけ取ってください」というようなお願いの仕方ですか。

岡本 そうですね。あとは「最初に質問をすると、なかなか答えられないかもしれないので、最初はAかBかCかを挙げて、その中から選ばせるというような、答えやすい質問から始めてください。オープンな質問ではなくて、選択式のクローズドな質問にしてください」のように先生方にもわかりやすく説明する。あるいは「タロウくんは、聞いてもいきなり答えが返ってこないかもしれないので、『また聞くから考えといてね』と言って考える時間を与えてください」というやり方もあります。言葉で説明するのが苦手な子の場合は、紙に書く、お手紙にするなど、いろいろなアイデアを先生と一緒につくっていく。タロウくんはコミュニケーションが苦手で、なかなか自分の気持ちが出せないと説明するだけでなく、では、どうしたらよいのか、先生たちができるところまで落とし込むのに付き合うと具体的でいいのではないかと思います。

カワタ なるほど、家族問題だから、その家族の歴史に触れなければいけないと思いこんでしまっていました。教育相談センターなのですから、学校からの連絡に対して、こっちはこういうふうに見ていると伝え、先生方がどう見ているかを聞いて、どんな対応ができるか、一緒に考えればいい。

岡本　いろいろやり方はあると思います。せっかく学校と連携するのですから、その学校での様子を聞くことや、少ないながら友だちがいるようなので、タロウくんの人間関係の取り結び方やどんな感じで付き合っているのかなども聞くとよいですね。12月まではなんとか通っていたけれど、1月から全欠席ということから、時期的なものを考える必要があるかもしれません。学校にまつわる問題について考えるときは、学校行事のサイクルや学校の文化にも目を向けたいですね。特に3月や4月といった学年の変わり目では、関係者で会議を設けたり、新しいクラスを編成する前に、こちらの見立てを伝えておいたりなど、組織的な動きも必要になるかもしれません。

カワタ　そういうことは、指導主事の先生に言えば、結構喜んでやってくれそうです。むしろ「どうするんだ」みたいな感じで聞いてくるぐらいかもしれません。このまま全欠では担任の先生も困るでしょうし、学校側が、センターで訓練をしてくれてコミュニケーション能力が伸びれば来られるようになる、と期待しているとしたら、こちらも困ります。なので、指導主事の先生に、関係者会議を開いてもらうと安全だと思います。

岡本　そういったことをすることで、お母様やタロウくんのニーズにも応えられていることになるでしょうかね。

カワタ　状況に進展があれば、ご家族も少し安心されて余裕が出てくるかもしれません。教育相談センターなので学校と連絡も取れるし、環境調整もできそうだとなれば、お母さんも心理的に余裕が出て、もう少し話しやすい関係になるかなと思います。急がば回れではないですけれど、周りの信頼が得られれば、周囲の状況を動かすことで、かたくなに見えるお母さんの信頼を得られるのではないか、そういう方法もあるのかな、と思えてきました。

　あとは、タロウくんが個人面接で「毛深いって言われて傷ついた」「傷ついたことを家族と話せないことが、すごくつらい」と語ってくれたので、タロウくんには、支持的な面接というかたちで続けていきたいなと思うのですけれど、いいでしょうか。

岡本　タロウくんの個人面接を続けるのは、とてもいいことだと思います。家族にも言えなかったような本人にとって大きな「傷つき」の体験を、ようやく打ち明けてくれたわけですから。続けていけるといいなと私も思います。続ける利点については、どうお考えでしょうか。

カワタ　うーん……ひとつは、現在のおじいちゃん、おばあちゃん、お母さん

という家族の中で、受け取ってもらえない気持ちがあるわけですから、それについて考える場を提供することでしょうか。こういう自分になったらいいという、発達のモデルみたいになるものが提供されていないようにも思います。「毛深い」と言われて傷ついたというあたりは、性的な発達をどう受け止めたらいいのかという戸惑いもあると思うので、同じ男性同士、お父さんがいないぶん、男性性とは何かということや、体の変化のことを話したり、感じたりできる場が提供できるのではないかと思っています。

岡本 それができると、とてもいいですね。分析の視点を捨てる必要はないですし、変える必要もないでしょう。このままトレーニングを続けていかれていいと思うのです。分析的な視点を、教育相談センターという組織の中でどう使って、応用していくのか、そういう視点を加えていかれるといいのかなと思いました。ほかには何か気になる点はありますか。

カワタ おじいちゃん、おばあちゃんから電話がかかってきて「どんなふうな面接してるのですか」「孫がよくなっていないのですが」と聞かれることがあるので、どのように対応したらよいか悩んでいます。ガチガチの精神分析のセラピストだと、家族からの問い合わせには、協力に感謝しながら、「個人面接やっていると、ご自分のうまくいってない面を見て一時的に状態が悪くなるときもありますが、そういうものだと思って見守ってください」という説明をするのが、定番のやり方になると思います。でも、タロウくんの場合、大変厳しいおうちなので、「専門家のところに行っているのに、よくなってないじゃないか」とタロウくん本人を責めるのではないかと心配です。

岡本 たしかにそうですね。そういうときに教育相談センターとして、どう扱っていくのかというのも、とても大事だと思います。

カワタ 組織としてということですか。

岡本 公的な教育委員会の機関ですから、先生の臨床のやり方に加えて、センターがどう扱っていくのかも大事だと思います。センターのほうで、そういったことを相談できる方はいらっしゃいますか。

カワタ 今まであまり相談するような場面がなかったので、誰かに相談すること自体、考えたことがなかったのですが……心理職の先輩に聞いてみたいと思います。

岡本 個別のセラピーを守りながら、組織としてどう扱っていくかという点について、コンセンサスと言いますか、一致した考えがあると動きやすくなりま

すよね。家族からのクレーム、問い合わせに対する対応の枠組みを、事前に話し合っておくことはお勧めです。

カワタ　「このクライエントさんのご家族が電話をかけてきそうなので、どうしたらいいですか」と、実際に電話がかかってくる前に相談しておくということですか。

岡本　そう。ケースカンファレンスの場で出してもいいし。「担当の私としては、こう考えるのですけど」というように、ご自分の意見を述べた上で、みんなで考えていくというのは、スタッフ間の意思疎通にもつながるので、よいのではと思います。入職して5、6年経ってある程度「自分でできる」という自信がついてくると、「なんでもやらなければ」「アドバイスしなければ」「はっきりした答えを出さなければ」と思いがちですが、学校臨床では、みんなでやっていく、一緒につくっていくという意識がとくに必要だと思います。

カワタ　一人で悩まなくていいのですね。

岡本　そうそう。

カワタ　そういう視点は、今まであまりありませんでした。「精神分析的にやりたい」という個人セッションのモデルが、すごく自分の中で強かったのだと、今、思いました。

岡本　繰り返しになりますが、分析の視点は捨てる必要もないですし、変える必要もないと思います。それをどう使って、応用していくのかという視点を加えるのがいいでしょうね。

1-3　家族となめらかに手をつなぐということ

小尻与志乃

小尻　お母さんの言っている「コミュニケーションの能力の問題だ」というのとカワタ先生が感じる「この子は情緒的に何かブロックがかかっていて出せないのだ」という見立てのギャップですが、ここはアセスメントの大きなポイントだと思います。カワタ先生の感じていらっしゃることは正しいと思うのです

けれども、お母さんの理解とズレてしまっているところが、お母さんに対するアプローチや学校や教育相談センターの指導主事への接し方への迷いに波及しているという感じがします。そのズレはすごく悩ましいものだけれども、そこに事例のとても大事なところが詰まっているとも言えると思います。

カワタ　そのズレを、どうしたらいいのかわからなくて。

小尻　先生は、タロウくんの能力の問題ではなく、情緒的な問題だととらえたいと感じているのですか。

カワタ　そうですね。

小尻　もう少しそのあたりを掘り下げたいのですが、どうしてそういうふうに思うのでしょう。

カワタ　どうしてというと……タロウくんは「毛深いと言われて嫌だった」などと言えなくて、ずっと一人で抱えてつらかったのだろうと。お母さんの話を聞いたあとは、会ったこともないお父さんの悪い部分が彼に投影されて、「お前は駄目だ」みたいなメッセージを浴びていたということがわかったものですから。今思うと、私は結構ショックを受けてしまっていたのかなと思います。

小尻　先生がすごくエモーショナルに、ひどい、つらい、苦しいという感じを受けた。それは、タロウくんが日頃から感じていることを先生も同じように受け止めたのでしょうね。

カワタ　そうですね。思い返すと、「それはないだろう」という気持ちがありました。

小尻　タロウくんの気持ちを代弁するというか、前に立って少し助けてあげたいという感じですか。

カワタ　そうですね。タロウくんは、会ったこともないお父さんの悪いイメージを重ねられて、そのために委縮してしまっているわけですよね。だから、投げかけられているものを追い払ってあげたいような衝動にかられたというか、ネガティブなイメージをどうにか払ってあげたい気持ちになっていたのかもしれません。

小尻　たぶん先生が、敏感にタロウくんの立場を感じて、お母さんからのプレッシャーを受けとったということだと思います。すごく敏感にキャッチされているのは、いいことですね。そういう押しつけられたものをどこかにやってしまいたいというのが、たぶんこの家族の中で起こっているのでしょう。「誰かのせい」と押しつけあい、押しつけられた人はすごく息が詰まり、「自分のせ

いじゃない」とみんなが言い合っている家族ではないでしょうか。もしかしたらお母さん自身も、同じことをおじいちゃんやおばあちゃんとの関係の中で感じているのかもしれません。だから、お母さんが「私のせいじゃない。タロウのコミュニケーションの問題だ。つまりは別れた夫のせいだ」とタロウくんに押しつけている。それに対して、先生は「それはお母さんの問題ですよ」とどこかで感じてしまっている。

カワタ そうですね。

小尻 当然の力動だとは思うのですけれども、実際にそれをやりすぎてしまうと、お母さんとしては自分のせいだと言われて押し戻された感じになるでしょう。

カワタ そうか。お母さんをどこか責めてしまったのかなという気はしていたのですけれど、お母さんにしてみると、自分の両親にされていたことを、セラピストからもされた体験になっていた。

小尻 そうですね、きっと。家族の中で抱えきれない悲しみみたいなものを「あなたのせい、あなたのせい」と押しつけあっているやり取りが、セラピストとお母さんとの間で再現されていたように見えます。しかし、一方で、お母さんも退行して先生に大変な事情を話して涙ぐんだりしているのをみると、すごく先生と話しやすかったのだと思うのです。先生が、タロウくんのつらさをお母さんとの間で感じて、その逆転移を使って、お母さんに何かを言ったというのはとてもよかったと思うのです。

カワタ そうですか？ あとになって、学校から電話がかかってきたあたりで、お母さんから「思いどおりに動いてくれてない」という不満が返ってきたと思うんです。言い過ぎてしまったことに対して、「あっ、なんか返ってきた」みたいな感じを強く受けました。やり込められたと言ったら、私が被害的なのかもしれないですけど。それで、お母さんに「いろいろと苦労されてきたことはわかりますが、タロウくんはタロウくんとして見てあげてはどうでしょうか」と言ってよかったのかどうか、悶々としていたのです。

小尻 もう少しお母さんにも寄り添うような言い方ができたら、もっとよかったのかもしれないということですね。しかし、それでお母さんが「わかりました」と言って個人セラピーに進むということは、たぶんないだろうなというのを見通しとして、ひとつ持っておいたらよいと思います。お母さんの気持ちを上手に退行させたけれども、退行させたらさせただけ反動がくることがありま

す。このお母さんの場合、きっと「話し過ぎちゃったわ。じゃあ、私が考え直さなきゃいけないのかしら」と被害的になって、「私のせいじゃないのに」という気持ちをつのらせたのではないでしょうか。そうなると、「タロウだけが訓練すればいいのに」と、どうしても反動が出てしまう。これで、お母さんがあまりにも頑なになり過ぎてしまったとしたら、協力をお願いするのが難しくなってしまう可能性もあるから、ここはデリケートなところでしたね。治療的に必要なことを言うのは大切だと思います。しかし、先走ってしまったかなという感じはありますね。

カワタ　ストレート過ぎたと思います。

小尻　「タロウくんは、こういう苦しみを持っていますよ」ということをお伝えするのはいいと思うのですけれども、その後に、「じゃあ、お母さんがセラピーを」となると、お母さんに背負わせ過ぎというか、戻し過ぎになってしまう。

カワタ　お母さんに伝えるだけで、セラピーへの導入をしないという選択肢も考えておいたらよかったでしょうか。

小尻　そうですね。お母さんへの個人セラピーというのは、できれば本当にいいと思うのですけれども。先生が考えているような見立ては私もそうだなと思うのだけれども、少し性急に進めすぎてしまった感じがあります。お母さんとの間で、もう少し何回か面接をつなげるような、お母さんがもう少し来やすいようなことをお伝えすればよかったかなと思います。

カワタ　タロウくんのセラピーをしている中で、お母さんにぜひ伝えたい、ぜひとも協力してほしいということが出てきたら、「またお会いさせてもらっていいでしょうか」とお伝えするというようなやり方をとればよかったのですね。

小尻　親面接をしないという選択肢を考えなかったのは、何かあったのですか。親ガイダンスというところから、面接へともっていきたいと考えていたのでしょうか。

カワタ　なんでしょう……たぶんそのときのタロウくんの苦しい表情に、私がすごく揺さぶられて、「タロウくんのせいではないよ」「タロウくんのセラピーだけでいいのだろうか」と思ってしまい、「お母さん面接をしなければ」と思い込んでいました。お母さんとときどきお会いするという発想は浮かばなかったです。今先生とお話ししていると、タロウくんのなかに、本人もしっかりと感じられない怒りみたいなものがあったかもしれません。それにすごく動かさ

れて、「わかったから言わなければならない」という気持ちになったのかなと。
小尻　そこは先生が敏感なところで、よく感じられたと思います。それが感じられないと、もう何にもならないでしょう。ただ、そこを感じることと、行動することとを別にして、もう一息置いてやれるようになると、感じたことを使ってアプローチするという態度がたぶん活きてくると思うのです。
カワタ　お母さんに面接してもらわないといけないと思ってしまったあたりで、セラピストとしての自由度はあまりなかったわけですよね。
小尻　先生の中で最近のブームみたいなものがあったのでしょうか。
カワタ　うーん……最近、このセンターでは、発達障害の子どものケースがすごく増えていて、お子さん本人にコントロールできない特性があると、親面接を設定して親の心理教育をするという流れがあったように思います。あとは、このケースの場合、お母さんが「この子にコミュニケーションの訓練をしてくれ」と強く主張されたことに対して、「いや、違うんですよ」とすごく言いたくなってしまった、その両方だと思います。
小尻　発達の問題 VS 情緒的な問題という構図が、先生の中で結構、強くなってしまっていた？
カワタ　それはあるかもしれないです。
小尻　それは、たぶんいろいろな影響があってのことだと思うのですけれども。今の職場の特性や、お母さんとタロウくんのいる家族の力動、発達の問題イコール私の問題ではないと考えるお母さんなど、二項対立みたいな構図ができやすい理由が何重にもあったように見えます。その点は、分解してアセスメントをしておくと、二項対立に左右されてしまうようなことはなくなるかと思います。今は親か子かといった二項対立に巻き込まれてしまっている感じがありますね。
カワタ　そうですね。
小尻　先生自身が、このタロウくんのように、センターのなかで「分析なんて意味ない。もっとちゃんと能動的に動きなさい」という、ある意味迫害的な雰囲気を感じられていたのでしょうか。
カワタ　それは、教職の指導主事や退職校長から感じていました。とにかく、引っ張っていってやらないといけないという意識が、彼らにはあるのです。わかったことはもうどんどん伝えるよう、助言・指導しようという姿勢が、彼らにはすごく強いと感じています。そこにも合わせなければいけないという気持

ちに自分も引っ張られて。一方で、本当に大学院で学んで、自分が大切にしてやりたいと思っていることは、セラピストがいかに情緒的なものを感じ理解して、それをクライエントさんの自己理解につなげていくかというところなのです。学校の先生たちからは「結果を出せ」というか、「学年末までにはどうにか」「この子は中学2年生で、もうすぐ中学3年生になるのだから、学校行けなくてどうするんだ」というようなプレッシャーをすごく感じていたのかもしれないです。周りの人たちへのアピールもあって、「お母さんにも来てもらっています」、「お母さんに理解してもらう努力をしています」という方向に持っていってしまったかもしれません。

小尻　環境に合わせて動かなければいけないというのは、どの職場でもあることだから、すごく大事だと思います。先生の迫害感や防衛的な態度が、このお母さんと手を組みにくくさせているのでしょうし、教育相談センターのスタッフや学校と滑らかに手をつなぐのをやりにくくさせているのでしょう。たとえば、お母さんの主訴である「コミュニケーション能力の問題」というのも、たしかにそうだなという側面があるわけです。コミュニケーション能力っていわれると、「発達障害じゃないか？」という話になりがちなので、警戒してしまうけれども、そうではなくて、お母さんの言っているのは、タロウくんに「あなた、一体どうなのよ？」と尋ねたときに言葉できちんと説明してくれないということや、何か主体的に動いてくれないみたいな部分がふがいないので、そこを変えてほしい、社会的にもう少し適応できるようにしてほしいということだと思うのです。このことはたしかにそうだし、この子がよくなったときを想像すれば、主体的になって、社会性を身につけて、お友だちと遊べるようになったり、運動したり、活発になったりということになる。これは目標としては別に間違っていないわけですから、お母さんが気にしている問題について一緒に手を組めるところはあると思うのです。

カワタ　お母さんは、「コミュニケーション能力の問題だ」と言っているので、そこを入り口にして、それをもう少しふくらませて、理解した情緒的な側面を少しずつ伝えていくというやり方もあったのですね。

小尻　コミュニケーションの能力を高めていくためには、「家族の中でのコミュニケーションというのも、そのひとつになりますよね。お母さんの接し方なども、タロウくんには影響しますから」という感じで、お母さんにときどきいらしていただくこともできたと思います。会う目的がお互いに少しズレていた

としても、手の組めるところから組んでいき、少しずつ重ねていければいいかなと思うのです。

カワタ　そうですね。思えば、「コミュニケーション能力」「訓練」といった言葉に少し引きずられていました。

小尻　精神分析的にやろうして、「構造をしっかりさせないと自分はやっていない感じがする」「見立てや解釈をお母さんに伝えてわかってもらわないといけない」と思いつめてしまうのは注意しなければいけないところです。教育分野で精神分析的な考え方をするということは、精神分析的なやり方をそのまま持ち込むこととはまったく違います。

　あと、学校側や指導主事との関係でも、環境調整や適応指導教室が話題になると、分析的に考えることと正反対な感じを受けると思うのです。しかし、環境調整や適応指導教室が活かせる場面もある。タロウくんみたいな子が治っていく過程で何が必要かと考えると、性的発達の段階に合わせて成長していくためには、同年代の子たちとの関わりをきちんと持てることが大切だと思うのです。分析 VS 適応指導教室という構図にする必要はなくて、どこかで適応指導教室を導入してもいいと思うのです。これは、個人セラピーになりすぎてしまうとできないアプローチで、教育相談だからこその強みですから、利用するといいのではないかなと思います。その時期やタイミングをどうするか、たとえば力動的、内面的に発達レベルのことを考えるとまだ少し早いかどうかということは、それは指導主事に対して先生からお話しできるのではないでしょうか。

カワタ　このセンターとして提供できるサービスの、最適な時期や見通しなどについて力動的な視点から指導主事とコミュニケーションできるような関係をつくっておけばよかったということでしょうか。

小尻　そうですね。指導主事 VS 自分みたいになってしまうと、先生も居づらくなってしまうでしょう。かといって、完全におもねってしまうのもきっと嫌だろうから、手を組んで、自分の能力を少し主事に提供するような感じにもっていくのがいいのではないでしょうか。それでいい結果が出てくれば、主事も先生を信用するようになるでしょうし。そういう積み重ねが必要かなと思います。

カワタ　そのへんは、もう5年目で、だいぶ学校関係者のノリに慣れていたと思い込んでいたのですが、「学校に代わる場の提供だけではないだろう」と、どこか引っかかっているところがありました。それが、タロウくんの事例で出

てしまった。

小尻 「自分の主体性が、自分の能力が」というところが、タロウくんと少し重なってしまっているのでしょうね。

カワタ そうですね。タロウくんが主体性を発揮できないのと、私が今の職場で力動的な心理士としてなかなか主体性を持てないのが重なって、それで性急なことをお母さんに言ってしまい、指導主事になんて言ったらいいのかと、悩んでしまっていた。

小尻 なぜこんなに悩むのだろうという点で、職場内での自分の立場についてのアセスメントが必要かと思います。

　もう少しタロウくんの問題の見立てのために聞いておきたいのですけれども、「おとなしい子どもで、小学校は先生の指示に素直にしたがい」というところから、「小学校低学年のときは近所の子どもと遊んでいたけど、ほとんどがサッカークラブに入ると、タロウくんは遊びに行かなくなりました」とありますよね。タロウくんがクラブに入らなかった経緯というのは、どんな感じだったのですか。教育領域のアセスメントでは、子どもが通っている学校がどういう地域かということは、とても大事です。たとえば、サッカークラブに入るのが定番の地域で、「入らない」と言ったら、きっとすごいことですよね。

カワタ この地域は、主婦が多くて、経済的にも中流の方が多いのです。子どもに対して教育熱心な親御さんが多く、通塾率も高いですし、男の子ならサッカークラブや野球チームに入り、土日の試合には、家族ぐるみで応援に出る、というのが定番です。今思うと、タロウくんは、ひょっとしたら「うちは、お父さんがいないことが言えないので、無理かな」と、そういうことを気にして、サッカークラブに入らなかったのかもしれません。

小尻 タロウくんの家庭は、周りの子と家族的背景や文化が少し違う感じがあったということですね。お父さんの存在を上手に介して男の子チームに入るという、そういう性的、社会的な発達がここで一回頓挫してしまった感じがありますよね。周囲のみんなはサッカークラブなどで、活発さや競争など、男性性みたいなものを取り入れながら「男の子」になっていくのだけれども、そこに足を踏み込めなかった。みんなやることなのにできなかったということは、タロウくんには案外大変なことだったのではないでしょうか。しかも、お母さんには「なんでなの」という感じで言われてしまう。

カワタ ああ、今思うと、そんなこと言えるわけもないですよね。

小尻 そうですね。その辺もタロウくんの発達という意味で、重要なポイントでしょう。どんなことがタロウくんにとって心の痛みになっているのかということを考えるときに、結構ここも大きい点だなと思うのです。タロウくんが、だんだん元気がなくなってしまう。自由さや闊達さ、乱暴さなどをなかなか取り入れられないというのは、そこに越えられない発達上のつまずきがあるのかなと思いますね。中学校に入ったらテニス部に頑張って入ったのだけれども、疲れてしまっているということで、この辺からはもうエネルギーが本当になくなってしまっている感じですよね。タロウくんの主体性みたいなものや力強さみたいなものがもう押しつぶされてしまっているのかなと。ここで、担任の先生から指摘を受けたお母さんが「もう何も言ってくれないから、私が追いつめられる」と泣きわめいたとなると、タロウくんとしてはもう何も言えなくなってしまうと思うのです。お母さんは不安が相当高くて、しんどい状況に追い込まれているわけですよね。「タロウのせいだ」としないとやっていられないぐらいに。

それと、「毛深いと言われた」ということについて、先生はどんなふうに思ったのですか。

カワタ 毛深いというのは、やはり自分の体が変わって男性になっていくはっきりした兆候です。男の子はみんな、毛深くなったり、ヒゲが生えたり、声変わりしたりします。彼だけが、なぜこんなに気にしなければいけなかったのかと考えると、男性になることが怖いというか。タロウくんはお父さんを知らないし、知っている男の人はおじいちゃんで、言うことを聞かないと手を上げるといいますから、彼にとって安心できる男性像や同一化できる男性像が見つからない。そういう状況で、どうにかテニス部に入って、みんなと同じように男性性を発揮する、競争をしていくという世界に入ろうと一所懸命背伸びしていたときに、「お前、毛深いな」と同じ男の子に言われたというのは、自分は男性として間違っている、おかしい、ろくでなしの父親と同じなのかと感じて、恐怖感を抱いたのかもしれません。サッカーができなかった自分をどうにかテニスで取り返そうとしていたのに、それが台なしにされて、傷つく体験だったのかなと。今では、そんなふうに思います。

小尻 そうですね、安心できる男性像がいない、男性性というと、おじいちゃんの厳しさだったり、お父さんの少し情けない感じや弱々しい感じが思い浮かぶ。すると、先生が男性セラピストとしてタロウくんの目の前に現れたときに

どんな転移が起きてくるか、何を引き受けさせられるか。そういうことを考えると、見通しにもつながるかと思うのです。そのあたりはどうですか。

カワタ　タロウくんにとって29歳の男性というのは……学校で担任の先生などで似た年格好の男の先生などを経験していたのかもしれないけれども、内面を聞く男性というのは、私がたぶん初めてで、最初はおっかなびっくりだったと思います。出会ったときの眼差し、目がちらりと合った様子から、やはりすごく探っているという感じがありました。自分のわからなくなってしまった男性性をどうにかつないでくれる対象をすごく探していたように思います。と、今はこういうふうに言語化できていますけれども。すごく叱られるわけでもない、そんな情けなくもないとなると、お父さんやおじいちゃんと違う対象なのだとだんだん彼にわかってきたときに、当然理想化みたいなものがあったと思うし、そのなかで傷ついた体験が言える、ということもあったでしょうね。

小尻　そうですよね。先生がタロウくんと関係を作っているのがすごくよくわかります。タロウくんも、心の底に押し込めていた傷つき体験を話すというのは結構大変だと思うのだけれども、よく話してくれたと思うのです。毛深いというのは、第二次性徴の現れとして、みんな、なんとなく恥ずかしかったり、少し後ろめたかったり、後ろ暗いみたいなところもありますよね。それでも、同級生同士でプレイフルに、「お前だって毛が生えてるぞ」などと言いながらやりとりできるものではないでしょうか。ただ、タロウくんの場合、すごくバカにされてしまった、からかわれてしまったという衝撃的な体験として受け取ってしまっている。彼が、第二次性徴を楽しめて、男の子として活発さや元気さを備える段階なのに、そこで止まってしまっていることがわかります。第二次性徴をプレイフルに扱えるのが健康な思春期ですよね。

カワタ　自分が変わってきたのを、見せびらかしたり、突っつきあったり、面白がったりしながら、不安をやり過ごすはずが、彼にとってはトラウマみたいな感じになってしまった。

小尻　このあたりのことを話しているときに、先生はタロウくんとどんなふうに話したのですか。

カワタ　「毛深いと言われて、それは嫌だったんだね」ということは言ったかなと思うのです。不思議だったのは、体を見たわけではないけれども、毛深いという感じの子ではあまりなかったので、そんなに気にすることかなと。毛深いと言われたことが、なぜここまで彼にグサッと来てしまったのだろうかとい

う疑問は浮かんだのですが……。

小尻　それは結構大事な疑問ですよね。

カワタ　そのときは、言葉で返しはしなかったのですが、すごく不思議に思ったのは覚えています。

小尻　タロウくんのこの体験について、その場で聞けるかどうかはわからないし、まだ扱えない雰囲気だったのかもしれませんね。ただ、そこを先生ともう少し話せればよかったなという感じはします。

カワタ　毛深いと言われたということを、もう一度プレイフルに話し合えたらよかったということですね。

小尻　最初からたぶんプレイフルにはならないでしょうね。深刻というか、まだ取り扱えない状態で、先生もあまりそんなに踏み込めなかったのでしょうから。「それは嫌だったね」という言葉で、たぶん安心したかもしれないですし。「毛深いと言われて、どういうふうに思ったの？　周りのみんなはそんな毛深くないわけ？」など、そのあたりの事情を聞いてあげると、彼の葛藤をわかってあげられそうですね。先生は「おじいちゃんやおばあちゃんに話したの？　お母さんに話したの？」と、どうしてもフォーカスを家族のコミュニケーションに向けてしまった。

カワタ　そうでした。

小尻　それももちろん大事なことです。けれども、タロウくんがせっかく大きい素材を持ってきてくれているわけですよね。先生が内面的なことを重視したいという思いがあり、お母さんになんとか内面と向き合ってほしいという思いがあるゆえに、タロウくんと少し向き合えなくなってしまっているように思います。

カワタ　からかわれたつらさを家族に言えなかったということに焦点をあてるよりも、毛深いことをめぐってもう少し話をしてよかったのですね。

小尻　先生はせっかく男性なんですから。男性にそのことを初めて話したというのはどういうことなのだろうかと考えると、結構大事なことだと思えます。お父さんがいないから、男性性の取り入れに難しい課題がある子なのではないでしょうか。この家族のなかでは、お父さん自体がすごく悪いものとしてイメージされている。アルコール依存症になってしまうぐらいだから、弱々しかったり、人に気を遣いすぎてしまったりという感じのお父さんではないでしょうか。自然とそういうところに同一化してしまうというのもあるかもしれません。

直接知らないにしても、タロウくんがそういう役割を引き受けてしまうことはあるでしょう。悪いお父さんをを乗り越えるために、お母さんは頑張る、おじいちゃん、おばあちゃんはタロウくんに期待する。そんな役割が、ある意味正当化されてしまう。そうなると、タロウくんは弱いお父さんの立場を引き継いでしまう。ここでタロウくんが力強くなってしまったりしたら、それこそ、おじいちゃんやおばあちゃんの期待を背負わなければいけなくなってしまうし。いろいろなファンタジーがありそうだから、家族力動を扱いたいという誘惑にかられるかもしれません。でも、まずはタロウくんとじっくり会っていくことで、タロウくんの内的対象関係やタロウくんがそこから現してくる転移を扱っていくことでも、十分に家族力動を扱うことになりますよね。もちろん、お母さんも一緒に来てくれれば一番いいのでしょうけれども、そこにあまりこだわりすぎなくてもいいのかなと思います。

カワタ　なるほど。なよっとした自分でいることは、おじいちゃん、おばあちゃんがどんどん差し出してくる期待から逃げられるということでもありますし、がつがつ働いているお母さんのようにならない、なれないという意思表示にもなっているわけですね。

小尻　そうですよね。

カワタ　しかも、家族からしたら、駄目な父親と同じようになっている孫、息子が問題だとなれば、自分たちは問題ないという立場がとれる。

小尻　そうですね。タロウくんが、そのあたりをどのように受け止め、引き受けているのかということは、会っていくと、いろいろと転移の中で現れてくるのではないかなと思います。

カワタ　そういう何重にもいろいろな意味で動けなくなり、不登校と言われる状態になっているわけですね。個人面接をしていく中で、それをひも解いていき、これまでできなかった性的な発達を果たすなり、男性性をプレイフルに育てるなり、という道があるのかもしれない。そこで力動的なアプローチをすればよいのですね。

小尻　そうですね。タロウくんはすごく退行していろいろ話しているし、すごく不安を口にしているわけですから、糸口はいろいろあると思います。

1-4　解説

　岡本かおり先生と小尻与志乃先生が共通して指摘されたことは、2点あります。ひとつは、セラピストの理解がいくら正しくとも、それをストレートにクライエント家族に伝えては、かえってクライエント家族を追い詰めてしまうこと、もうひとつは、教育相談センター内のセラピストの立場や職場組織内外の資源のアセスメントが必須であること、です。

　セラピストのカワタ先生は、タロウくんが体験してきた苦しみにひどく揺さぶられ、その苦しみを母親に理解させたい衝動に駆られて、タロウくんの代弁者として母親と対峙し、母親面接の導入を性急に進めてしまいました。タロウくんの苦しみに共鳴する逆転移が起きたこと自体は、タロウくんとセラピストとの関係性が深まったことの現れで、セラピーが進展しているしるしです。しかし、カワタ先生がタロウくんの苦しみに投影同一化するあまり、教育相談に対する母親のニーズや、母親自身の家族内葛藤を度外視してしまったことは、セラピストとして機能不全に陥っていたといえます。こうした落とし穴にはまらないためのポイントとして、岡本先生は、セラピストの理解を「伝える」ことを思いついたら、同時に「伝えない」選択肢もとれるようにしておくこと、小尻先生は、セラピストの理解をひとまず置いておいて、「本人のコミュニケーション能力の問題」という母親の主張に歩調を合わせ、「手を組める部分」から組んでいくこと、を挙げられました。

　カワタ先生が、指導主事との関係についても悩んでいたのは、教育相談センターという組織内のセラピストとして何ができて何ができないのか、について明確化できていなかったことと、教育組織が持っている資源を活用する発想に乏しかったことに起因していました。岡本先生も小尻先生も、教育領域では、家族問題に焦点を当てた母親面接を設定するよりも、指導主事、学校関係者と連携をとり、セラピストの見立てを共有して、支援の方向性を一致させておくことが有意義である、と指摘しています。カワタ先生には、職場内外の資源をアセスメントするという俯瞰的な視点が欠けていたわけですが、入職前の大学院附属実習施設でのトレーニングだけで、俯瞰的な視点を獲得するのは難しいことです。実際には、今回の事例のように、現場の実践の中で落とし穴にはまりながらも、学校関係者とのコミュニケーションを重ねることで、組織内外の

資源を再発見し、その資源を力動的な視点から活かしていく工夫を磨いていくことになるでしょう。

　岡本先生のスーパービジョンで印象的だったのは、臨床心理学的な理解を学校関係者と共有し、具体的な関わりに反映させていく、言い換えると、学校資源と心理職の資源を取り結んで、最大限の効果を上げるノウハウです。自分の気持ちを表現しにくいタロウくんに対し、学校側がどう関わったらよいか、「いろいろなアイデアを先生と一緒に作っていく」「先生たちができるところまで落とし込む」、そして現場の先生に「心理職って使えるな」と思ってもらう、というビジョンは、学校臨床の勘どころといえます。

　小尻先生のスーパービジョンでは、思春期における精神性的発達の力動的理解による見立てと治療機序について学ぶことができました。タロウくんが、同級生から「毛深い」と言われて深く傷ついた背景には、ネガティブな父親イメージへの同一化があることが整理されました。そして、タロウくんの発達課題は、同一化すべき男性像の模索であり、その動きが男性セラピストとの転移関係に現れてくると予測されるので、セラピストとの関係性において、第二次性徴についてプレイフルに扱っていくことが、タロウくんの健康な男性性の獲得を促進するという見通しが得られました。また、カワタ先生がセラピストとして機能不全に陥った背景には、クライエントの家族内力動、セラピストを取り巻く職場内外の人間関係、そして転移・逆転移関係がカワタ先生の心の中で多層的に重なっていたことが理解されました。こうした多層的な視点に開かれることが、精神力動的心理療法を学ぶ醍醐味といえるでしょう。（**遠藤裕乃**）

2
職場での対人関係上の問題を訴える 30代女性・ハシモトさん

本人が挙げる問題の背後に
重大な別の問題が考えられる場合の対応は？

2-1　事例紹介

［主訴］
　眠れない。ときどき絶望的になる。（初回来談時の申込票の記入から）

［自己紹介］
　私はコバヤシタカコ、30歳女性です。臨床心理士の資格を取得して5年目です。大学院修了後は市の教育相談センターで非常勤相談員として週4日勤務してきました。臨床心理士として職域を広げたいという思いがあり、精神科クリニックでの勤務を開始し6ヵ月目になります。現在は教育相談センターに週3日、精神科クリニックに週2日勤務しています。教育相談センターの面接は無料ですが、クリニックの面接は有料ですので、専門家としての技能がいっそう試されると感じています。
　大学院時代は、認知行動療法（CBT）の臨床指導を受けていました。教育相談センターでは不登校児童とその保護者のカウンセリングを行っています。インターネットやゲームへの依存から昼夜逆転に陥っている子どもに行動療法的

な生活改善の支援を行うことが多く、適応指導教室登校などの段階にもっていけるケースが増えてきました。心理職としてのアイデンティティを早く確立したい思いがあって、無我夢中でケースに取り組んできました。

クリニックでは、主治医からの依頼を受けて心理検査とカウンセリングを行っています。ちなみにクリニックの他の心理士とは曜日が異なるため、話をする機会はありません。私自身はCBTをオリエンテーションとしたいと思っており、研修会などに参加し勉強を続けています。教育相談センターの事例は、保護者への対応について単発で外部の先生に指導助言を受けています。その先生は精神力動的な家族療法を軸足とされているので、家族関係を含む支援にも関心があります。

[事例検討の目的]

私が勤務するクリニックに通院している、職場での不適応感を訴える31歳女性の事例です。10回目までは、現在の生活を中心的な話題とし、職場での気持ちの安定化を目標として、本人ができそうな行動リストの作成や、本人が陥りやすい認知の検討を行いました。面接を開始して6ヵ月が経過し、中核信念を検討する必要があると考え、10回目の面接で母親との関係を整理することを提案したところ、クライエントから拒否されました。その後11回目の面接でクライエントから終結の申し出がありました。この申し出にどう対応したらよいのか、困惑しています。

[家族構成・生育歴・問題の経過]

クライエントは31歳女性のハシモトミチコさん。未婚です。原家族は父親、母親、ハシモトさん、弟の4人家族、父親は公務員、母親は専業主婦、弟は3歳下の公務員です。家族は、優しいが多忙で家のことはほとんど関心がない父親と「自分と違い、要領がよいタイプ」の弟。母親は幼い頃からハシモトさんに干渉しており「今でも、あなたはちゃんとしていないとか、周りの人の迷惑を考えないとよく言われる。気持ちが弱いときに聞くと、自分は本当は、ちゃんとしていないのではないか、と不安になる。ただ、自分の意見を言うと逆ギレするから、関わらないようにしている」とのことです。

生育歴は、本人いわく、幼少時から大きな問題はなかったとのことです。小

学校は地元の公立、中学校から私立に通っています。大学は同じ系列の私立大学ではなく、1年の浪人を経て私立大学工学部に入学し、親元を離れました。

大学卒業後は大手企業にシステムエンジニア（SE）として就職し、20代後半まで勤務しましたが、激務で体調を崩し退職。「期待に応えることができなかった。自分は人付き合いが下手なので、納入先の企業との折衝などが負担だった。自分にはレベルの高すぎる職場だった」と語ります。

その後1年ほど実家で生活し、現在の職場（別の企業のSE）に再就職しました。28歳で入社し、2年程度は割り振られたシステム開発の業務のみに携わってきましたが、約半年前の部署異動で、複数のSE間の作業を調整するポジションに配置されました。自分の苦手とする業務が中心となり、異動前から不安を抱えていました。

異動後1ヵ月ほどして不眠が生じ、その後3ヵ月ほど受診を迷った末、精神科クリニックに通院を始めました。しかし主治医は期待したほど話を聞いてくれず、通院している甲斐がないと伝えたところ、主治医から、カウンセリングで話を聞いてもらうこともできると聞き、申し込んだとのことです。主治医からは「不眠の訴えがあります。無理を重ねる生活パターンがありそうです。ご本人が薬物療法よりもカウンセリングを希望しています」と申し送りがありました。抗不安薬（エチゾラム1mg）が就寝前に処方されています。

[面接経過]

インテーク面接でのハシモトさんは、表情が硬く、疲れている様子でした。BDI-Ⅱ（抑うつ症状）は25点（中等度の抑うつ症状）、新版STAI（不安症状）は60点（状態不安）と65点（特性不安）。状態不安は高め（Ⅳ段階）で、特性不安は高い（Ⅴ段階）という結果です。

私はハシモトさんに対して、とてもまじめでがんばり屋、上昇志向がある一方、不安も強く、自分を追いつめてしまうタイプでは、という印象を持ちました。現在の不調には、職場や仕事、本人の認知（ものごとの捉え方）や対処行動の影響が強くありそうです。これらの問題に対してCBTが適用できると見立てられたので、彼女にCBTの進め方（面接のはじめにその日のテーマ［アジェンダ］を決めてから話すこと、生活等を記録したものを面接で検討すること、できることに取り組み振り返るというプロセスを繰り返すこと）を伝えました。するとハ

シモトさんはホッとした表情で「それなら自分にもできそうです」と述べました。面接の最後に、現在の生活スタイルを把握するために、セルフモニタリングシート（活動記録表）への記録を依頼しました。

2-4回目では、面接目標の共有を目指しました。まず、活動記録表（表2-1）を一緒に見ました。平日は朝6時に起床から就寝までほぼ同じスケジュールが続きます。「とても忙しい毎日なのですね。それにしてもすごくがんばっている」とセラピストの印象を伝えたところ、「本当は9時始業で18時終業です。でも仕事が終わらないので早めに出社して、残業もしています」と淡々とした返事です。私は彼女のがんばりを評価したつもりなのですが、そのニュアンスは伝わらなかったようでした。

記録を見て気づくことを挙げてもらったところ「週末は、仕事がない日だからか、落ち込みが少ない。食事のときはちょっとまし。全体的にゆとりがなく、週末を無駄にしていますね」と言います。

人間関係について、ハシモトさんは、ポツポツと次のように語りました。「上司とはうまく話ができない。前職がこの業界では有名な会社だったため、言わなくても大丈夫と思われて質問もしづらい。すごく気を遣う」「自分は指示を出す立場なので、気を遣っているが、こちらの配慮をみんなわかってくれない。周りはみんなうまくやっているので、自分のやり方が下手なのかと思い我慢しているが、我慢できなくなって声を荒げるときもある。でも基本的にはいつも我慢している」「プライベートでも気を遣う。付き合っている彼は忙しいので、会ってもいろいろと私のほうが気を遣う。職場でも疲れ、プライベートでも疲れ、という感じ」。こうした語りから、私は、がんばっている上に、周囲に気を遣い過ぎて八方塞がりになっている彼女の苦しさを感じました。

何とかしてこの苦しさを打開したいという気持ちに駆られたのですが、セラピストとして冷静にならなければと自分に言い聞かせ、彼女の話をもとに、生活で生じるネガティブな気分やその際に生じる認知、行動に丁寧に焦点をあて、話を図示しながら、整理していきました（図2-1）。するとハシモトさんは、「文字にすると、頭の中が整理されますね」とじっと図を眺めています。問題状況を視覚化する手法は、彼女に合ったようでした。

カウンセリングで検討したいことについて聞いたところ、ハシモトさんは3つ挙げました。

表 2-1　セルフモニタリングシート（生活記録表）の内容

落ち込みの度合い：0-10（10が最も落ち込んでいる）

時間	8月5日 月	8月6日 火	8月7日 水	8月8日 木	8月9日 金	8月10日 土	8月11日 日
0時		就寝9	就寝9			作業8	
1	就寝7	目がさえる9	目がさえる9	就寝9	就寝7	風呂4	
2						就寝3	就寝3
3							
4	目がさえる9	目がさえる9					
5			目がさえる9				
6	起床8	起床8	起床9	起床9	起床7		
7	出勤8	出勤8	出勤9	出勤9	出勤7		
8	仕事8	仕事8	仕事9	仕事9	仕事7		
9							
10							
11							起床3
12	昼食6	昼食7	昼食8	昼食8	昼食6	起床4	食事3
13						食事3	外出4
14							
15				おやつ7			
16							
17							
18					終業7	夕食3	夕食3
19	終業6				写真教室5		
20	夕食5	終業8		終業7			
21	テレビ6	夕食7	終業8	夕食6	夕食4		
22			夕食8	ネット7			
23	風呂6	風呂7	風呂7		作業4		風呂5
24時		ネット7	ネット8	風呂6	作業8	風呂2	PC4

時間	8月12日 月	8月13日 火	8月14日 水	8月15日 木	8月16日 金	8月17日 土	8月18日 日
0時		就寝9	PC4	作業8			
1	就寝7	目がさえる9	就寝9		就寝7		
2				就寝9			
3							
4	目がさえる9				目がさえる9		
5			目がさえる9				
6	起床8	起床8	起床9	起床9	起床7		
7	出勤8	出勤8	出勤9	出勤9	出勤7		
8	仕事8	仕事8	仕事9	仕事9	仕事7		
9							
10							
11							
12	昼食6	昼食7	昼食8	昼食8	昼食6		
13							
14							
15				おやつ7			
16							
17					終業7		
18					カウンセリング5		
19	終業6						
20	夕食5	終業8		終業7			
21	テレビ6	夕食7	終業8	夕食6			
22			夕食8	ネット7			
23	風呂6	風呂7	風呂7				
24時		ネット7	作業8	風呂6			

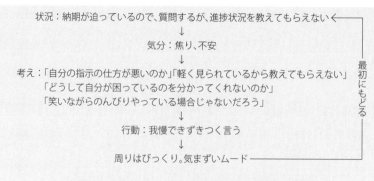

図 2-1　カウンセリング中に話をしながら作成した図

①意識していなかったけど、仕事で毎日がつぶれている。疲れているのに寝つけないことが多く、余計なことをぐるぐる考えてしまう。
②人付き合いが、いつもなぜかうまくいかない。うまくやる方法を知りたい。
③先生が書いてくれたもの（図 2-1）を見て、疲れやすい考え方をしているなと思いました。

私は、ハシモトさんは知的にも高く、自分のことを振り返る力があるなと感じながら、さらに目標を明確化していきました。

——（一緒に生活記録表を見ながら）カウンセリングの日や、趣味の写真教室の日は早く帰っているようですが、それ以外の日と何か違いがあるのですか。

「義務だからです。借りている部屋の鍵を自分が受け取る役目なので、自分が行かないと教室が始まらないので、仕事を中断して無理にでも行きます。行けば気分転換にはなります」

——人付き合いが下手ということですが、このことについてもう少し話してもらえますか。

「そもそも母親とうまくやれていません。母は自分をコントロールしようとします。中学校は母が望む大学の附属校に入りました。母から離れたいと思って、浪人して別の大学に進学しましたが、浪人も入学した大学も母には不満でした。結婚前提で交際している恋人も、母は認めません。上手に距離を置ける父や弟は母とうまくやれていますが。正直、母との関係は割り切っています。それはさておき、人付き合いと言えば、自分は、相手への気遣いが伝わらないことや、相手に軽く見られることが多いです。相手の理不尽な反応はギリギリまで我慢

するのですが、理不尽なことが重なると、キレてしまって、その後、ああ、またやったと落ち込んで、ヤケ食いしたくなります」

——記録をして振り返っていくことは役に立ちそうですか。

「一人で家にいると、ずっと頭でぐるぐる考えて絶望的になるので、書いて整理するのは、よさそうです」

ここであらためて、私はCBTの説明を行い、今後の面接では、現在の生活リズムを見直していくこと、思考記録表を元にして、考え方のクセを見直してみること、の2点に取り組むことができそうだと伝えました。私は母親との関係が彼女に与える影響の強さについても、今後、焦点を当てる必要があると感じます。しかし、この時点ではそのことを言ってよいか決めかね、彼女には言わずに面接を終えました。

1-4回目の面接実施と並行して面接の方針を考えました。ハシモトさんの問題は大きく分けて、①質の悪い睡眠をもたらしている生活リズムの乱れや考え込みやすさ、②対人場面での思考パターンと、その際の行動（相手に確認せず自分一人で悪いほうに考え続ける、我慢できないときにキレる）にあるだろうと理解しました。そこで①生活リズムについては、行動に焦点を当てて介入し、現状でできる小さな工夫を見つけられるようにする、②対人場面での認知について思考記録表を用いた認知再構成法を行う、と方針を立てました。

5-10回目の面接では、各回のアジェンダを、①生活でできる小さな活動さがし、②思考記録表を用いた自動思考の検討の2つとし、特にどちらかを話し合いたい回はいずれかひとつに時間をかけて取り組むこととしました。

小さな活動さがしについては、①睡眠衛生について学んだのち、②できそうなことをブレイン・ストーミングで挙げて、自分にできそうなこと（たとえばシャワーではなく風呂にゆっくりつかるといった小さな活動）を実際に行い、面接で報告することを繰り返しました。彼女は「多忙で生活を変えられないと思い込んでいたけれど、小さな変化があるだけでずいぶん気持ちがリセットされます」と嬉しそうに語りました。生活記録表の落ち込みの度合いも、小さな活動を行ったときは点が下がっています。

自動思考の検討は、まず2回ほどかけて「出来事—自動思考—行動—気分」を記録する練習をしました。その上で、適宜「自分をつらくさせる自動思考のクセ」をリストアップした資料などを参照しながら、その週の思考記録表から

表 2-2　面接で検討した思考記録表の例

状　況	残業中、上司が、自分が担当しているプロジェクトの人と食事に出た
気　分	落ち込み 90%、不安 80%
自動思考	「やっぱり自分は上司に嫌われている」「自分は無能だ」
根　拠	自分を誘わなかったから。時間内に作業が終わらなかったから
行　動	そのまま作業を続けた
反　証	自分以外にも残っている人はいた
バランス思考	「作業をしている自分を見て、気を遣ったのかもしれない」
心の変化	落ち込み 70%、不安 60%

1枚選び、面接で検討することを繰り返しました。その際、「自分をつらくさせる自動思考の特徴」や「バランスのとれた思考の見つけ方」などについて資料を作成し、心理教育を行いました。知的に高いなと最初に感じた印象のとおり、ハシモトさんは思考記録表を上手に完成させます（表2-2）。

6回目、ハシモトさんは思い詰めた表情で、BDI-Ⅱも32点と高得点でした。ここ数週間、年下で「要領がよい」タイプの同僚から、問題のある案件を代わりに引き受けるよう何度も会議で言われ、参っているとのことでした。必死に断っているのに、他の会議参加者は誰も助けてくれないことも彼女にとってはショックなことでした。「同僚の方が他の人とうまくやっているから、自分の意見は聞いてもらえない」「やはり向いていない。仕事を辞めるしかない」「また失敗した。最低だ」という自動思考が書き連ねてありました。質問しても、バランスのとれた思考は出てきません。私が苦しまぎれに「彼はこの件で、何か言っていますか」と聞いたところ、「とりあえず考え込むのをやめて、気分転換に出かけようと言われました。でも頭から離れない……」との回答。私は、BDI得点が32点と高いときに仕事を辞めるなどの大きな決断をしないよう伝え、まずは気持ちを落ち着かせようと提案し、考え込みから抜け出す工夫を二人で考えました（思い切って有給休暇を取り、彼と海へ行くなど）。

7回目、ハシモトさんは嬉しそうな表情で思考記録表を出しました（表2-3）。休憩室で偶然会った別の同僚Kさんに、参っていると話したところ、Kさんは驚き「全然そう見えなかった。会議中は落ち着いていて、その案件もしょうがないなあと引き受けるふうに見えた」と言ったそうです。会議中の自分の様子を他の人から聞いたのははじめてで驚いた、と彼女は話しました。この経験から「ひとり相撲をせず、周りに聞く」「疲れている状態で考えてもぐるぐる考

表 2-3　第 7 回面接で検討した思考記録表

状　況	会議時、また例の同僚が、問題の案件を押し付けようとしてきた
気　分	怒り 70%、不安 80%
自動思考	「なぜ何度言っても伝わらないのか」「やはり馬鹿にされている」「この状況が続いたらもうやっていられない」「誰も助けてくれない」
根　拠	今まで何度もできないと言っているのに今日も言ってきたから 自分が困っているのに、誰も助けてくれないから。
行　動	周りの人を見る
反　証	例の同僚は、自分以外の人にも押し付けようとしていた
バランス思考	「同僚 K さんが言うように、困っている様子が伝わらないのかもしれない」「K さんの言うように、本人は"何度も言って引き受けてくれたらラッキー"ぐらいの軽い気持ちなのかもしれない」
心の変化	怒り 60%、不安 50%→「自分は今いっぱいいっぱいなので無理です。何度も言われて正直きついです」とはっきり言った

え込むだけ。思い切って休むのも大切」といった気づきが挙がりました。私はハシモトさんの気づきを喜ぶ一方、今回はあくまで偶然の出来事のおかげであり、自分のカウンセリングだけではこうした気づきを得られなかったのではと不安にも感じました。

このように 10 回目まで、生活リズムを整える工夫や考え込みを止めるために役立つ小さな行動を行い、職場や恋人との間で生じる認知を何度も検討し、次第に抑うつ症状も改善していきました。面接を通じて、セラピストの中ではある程度の認知概念図ができたので、CBT のマニュアル[*01]にもあるように、日常生じる認知パターンの背後にある、中核信念について検討する段階に入る必要があると思われました。

中核信念の形成に影響したと思われる母親の話題は、面接で何度も登場しました。たとえば「母から、あなたの歪んだ性格はカウンセリングではよくならないと言われました」などのエピソードを聞くたびに、私は「こんなにがんばって周囲に気を遣っているハシモトさんに、どうして母親は否定的なことをいうのだろう。母親の否定的な言動に振り回されないように、彼女を手助けしたい」という思いに駆られました。しかし、クライエントに感情移入し過ぎては専門家として中立的ではなくなると感じて、まずは二人で決めた目標に取り組むことに集中してきました。しかし、中核信念を扱う山場を迎えて、やはり、彼女と母親との関係を取り扱わないと、セラピーが進展しないと感じました。

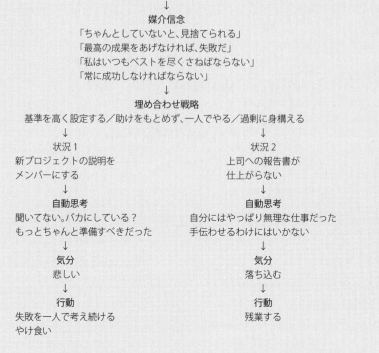

図 2-2　カウンセリング中に話しながら作成した認知概念図

　そこで、10回目の面接で、今まで登場した話を整理しながら、図のような認知概念図をセラピストがその場で書き、共有しました（図2-2）。ハシモトさんは図を見て「たしかに、このとおりだと思います」と反応したので、「お母様との関係を少し整理してみることが今の問題を解決するのに役立つと思うのですが」と、セラピストから投げかけました。すると「こんな母ですが、割り切っているのでカウンセリングで取り上げなくてもいいです」「今さら母が変わるとも思えませんし」ときっぱり拒否され、私は内心うろたえました。続く11回目の面接で、突然、終結の申し出がありました。「生活のコツもつかめてきたし、自分でやれると思う」と言うのです。私は驚いて「終結については、もう少し話し合ってから決めましょう」と伝えて、とりあえず次回の面接の予約は入れている状況です。

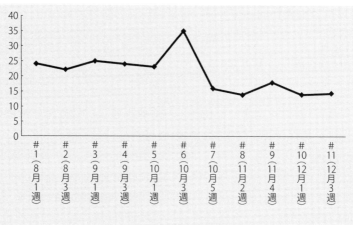

図 2-3　BDI-II の変化

［助言してもらいたいポイント］

　①クライエントは、初回面接から母親との問題を語っています。しかし、こちらが扱うことを提案すると拒否します。母親との問題を扱っておかないと、結局、母親との悪循環は繰り返されるだけではないかと、こちらとしては気になって仕方がありません。この場合、本人の意見を尊重するだけでよいのでしょうか。

　②思考記録表も上手に完成することができ、実際に抑うつ症状の得点も下がっています（図 2-3）。さらにクライエント自身が「大丈夫、自分でやれる」と言っていますが、私から見て不安が残ります。面接の終結には時期尚早だとセラピストが判断した場合、どのように相手を説得すればよいでしょうか。

　③正直に言って、私とハシモトさんは年齢が近く、私も母との間に葛藤を抱えていないとは言えないせいか、面接中クライエントに同調・感情移入し過ぎてしまうと感じたことが何度かありました。そのときに、専門家として距離をとるべきだと自分に言い聞かせた結果、面接場面がぎくしゃくしたように思います。専門家として振る舞おうとしているセラピストに、クライエントが一所懸命合わせていた側面もあるかもしれず、そのことが、突然の終結の申し出と関係しているのではないかと思うのですが、考えすぎでしょうか。

2-2　セラピスト自身の「べき思考」に巻き込まれないで

田中恒彦

田中　このスーパービジョンを CBT として構造化しましょうか。最初に、コバヤシ先生が CBT と言って行っているこの営みが、どこまで CBT として機能しているのかについて 30 分ぐらい検証しましょう。次に残りの 20 〜 30 分ぐらいで、先生のご希望でもある、中核的信念の取り扱いについて話をできればと思っています。まず、先生は、今回のご自分の一連の関わりの中で、どういう点から「自分が行ったことは CBT だ」と言えますか。

コバヤシ　きちんとした CBT をできているのか自信がないのですが、自分なりに取り組んできたことのひとつは、クライエントの認知が問題に影響しているのだろうと見立てて、認知を二人で一緒に検討した、つまり認知に働きかけたという点。もうひとつは、クライエントは、考えにはまりこみやすいという行動のクセがあり、それが睡眠不良などの問題に影響していると見立てて、はまりこまずにすむような新たな行動を一緒に考えて実施した、つまり行動にも働きかけたという点から CBT だと思っています。

田中　具体的には、資料でどこが「一緒に検証している」部分でしょうか。

コバヤシ　教育相談センターでは、生活改善の支援や指導をする際、私がお膳立てをして取り組んでもらうことが多いのですが、今回は「どんなことができそうですか」などと、こちらから投げかけて考えてもらっている部分でしょうか。資料でいうと、毎日の活動記録を見て気づくことを挙げてもらっているところや、思考記録表の作成でクライエント自身が書いてきた内容を取り上げて話し合ったところです。

田中　活動記録表をこのクライエントにつけてもらうことについて、どのような見立てに基づいて、この介入方法を選びましたか。そして日常生活を何のために記録するのか、また、記録がどう活用されるのかについて、どのようにクライエントと共有しましたか。

コバヤシ　うーん……うつ病の CBT に関する本などに、クライエントの生活を把握することが大切だと書いてあり、睡眠の問題などがあるという主治医からの申し送りを受けて、生活リズムを把握すべきだと思ったから選んだ、とい

うのが正直なところです。クライエントには、CBTを一緒に行っていきましょうと話した際、「認知行動療法では、まず生活スタイルを把握して、そこからできることを考えていきます」と説明して、記録表を渡しました。

田中 CBTの技法選択やCBTを実施すること自体に関して、クライエント自身が「やります、やりません」以外の意思決定はできましたか。

コバヤシ 「AもBもCもやれます」という提案ではなくて、「認知行動療法というのはアジェンダを決めて話し合っていくのです」と説明したときに、「そういうやり方なら、自分でもできそうです」とおっしゃったので、「じゃあやってみよう」という感じでした。

田中 そうですか。それでは、日常生活の把握について、一緒に考えるときのやり取りを少しロールプレイしてみましょうか。コバヤシ先生はクライエント役を担当してください。私がセラピストをやってみたいと思います。

……コバヤシさん、主治医の先生からは、あなたの気分の落ち込みなど、いわゆるうつと呼ばれる症状に対してのカウンセリングによるサポートと、あとは睡眠が不規則になっていることに対してのサポートをするように依頼されました。コバヤシさんのほうで、ほかにカウンセリングで取り組んでほしいこと、あるいはカウンセリングによって、私はこういうふうになったら満足できそうだと思うことなど、ご希望があったらぜひ教えていただきたいのですけれども、いかがでしょうか。

コバヤシ 何を自分がやったら今の生活がよくなるのか自体が、そもそも全然わかっていなくて。精神科というのは、話を聞いてくれて、そういうのを整理してくれるのかと思って来たら、意外とそうではなくて、お薬が出るという感じでした。私としては、話を聞いてもらって、状況を整理してもらいたいなという感じです。

田中 とても大切なことですね。そうやって、お話をされて状況を整理することで、どんなふうに、自分の中の理解、気持ち、生活などが変わりそうでしょうか。

コバヤシ うーん……今の業務内容は自分には向いていないと感じています。この「向いていない」という感じのままいくと、仕事をまた辞めてしまいそうなので、まずは今の仕事を辞めずにすむ方法が知りたいです。

田中 今の仕事を辞めずにすむ、つまり、今の仕事を続けられればと思っていて、その邪魔をしているのが、気分の落ち込みや睡眠であると感じている。

コバヤシ 単に自分が頑張れていないだけだと思うのです。もっと自分が、きちんと自分の仕事をマネージできたり、人付き合いがうまくやれていたりすれば、そもそもこういう問題が起きないのではないかと思うのです。

田中 自分の努力で対応すべきところができていないのではないか、と考えている。人付き合いの問題や仕事のマネージができていないから、きちんとできるようになりたい、できなければいけないという感じでしょうか。たしかに、そういうときにお話を聞かれずに薬を出されると、「私が欲しいのはそれじゃないんだけど」となりますよね。今お話を聞いて、あなたは、気分の落ち込みや不眠よりも、仕事を自分がきちんとこなせていない現状がとても困っているのだとわかりました。それが、薬を飲んでよくなるというものではなくて、おそらく自分のやり方や考え方などに理由があるのだとお考えだから、それを改善したい、なんとかしたいと思われているのですね。

　だとすると、実際にあなたが普段の生活の中で、どれぐらい負担感、不安、つらい気持ちを感じているのか、あるいは生活の中で頑張れている実感がどのくらいあるかなどをまず教えていただきたいのです。生活の中で、実際どういう活動をしているか、そのときにどんな気持ちになっているかということが把握できればと思うのです。

　把握する方法はいろいろあります。たとえば、こういったワークシートに記入してきてもらうこともできますし、日記のような形で書いてきていただくこともできます。スマートフォンに入力していただくということもできますし、ICレコーダーのような録音機器に気づいたときに吹き込むなど、いろいろ工夫できます。「今こんな活動をしていて、落ち込んだ気分100点です」という感じで結構です。どういうやり方だと、コバヤシさんにとって負担がなく、日常生活を記録しやすいでしょうか。

コバヤシ どれくらい細かく記録しなければいけないものでしょうか。

田中 その方の負担感によって変わってきます。午前中・午後・夕方ぐらいの時間幅で書く方、1時間の幅で書く方、出来事があったときのみ、その内容を細かく書く方もいらっしゃいます。その方が記録できる時間幅に合わせることが可能です。あなたにとって記録しやすい時間幅についても、一緒に考えられたらと思うのですが、いかがでしょうか。

コバヤシ 先生がおっしゃっている、ワークシートでしたっけ、忙しいので忘れるかもしれませんが、やってみることができるかな。

田中　では、このワークシートを少し見てみましょうか。どうですか。1時間の時間幅で、24時間分が記録できる感じなのですけれども。

コバヤシ　これは自分が使っている手帳で、午前・午後に区切られているのですが、こんな感じで書いても大丈夫なら、できそうです。

田中　もちろん大丈夫です。では「生活の把握をする」ことに関しては、今おっしゃったように、午前と午後。もしよければ、あなたの場合は睡眠のことも関係していると主治医からお聞きしているので、夜中の部分も書ける範囲で書いてもらえますか。あともうひとつ、寝た時間ですね。次の日起きた後に、前の日何時に寝たという感じでも結構ですので。

　……さて今のロールプレイは、ご自分の今までのやり方と比べて、何か違いを感じましたか。

コバヤシ　このクライエントは相手に合わせるところがあるので、いずれにしてもワークシートを選ぶと思いますが、それを考慮しても、私の方法だと「どうでしょう、どうでしょう」とお勧めして、やるかやらないかをお聞きするような説明だったと思います。「これをやりたいんだ。その理由はこうだ」と、こちらが一方的な説明を押しつけていたことに気づきました。先生の方法だと、やり方はいろいろあるのだけれども、どうやっていこうかと一緒に考えている感じがします。クライエントが自分で選んだという実感が強いですね。CBTでは協働が大切だと習い、その重要性を十分わかって協働しているつもりでしたが、先生の進め方と比べると「一所懸命説明する、説得する、そしてやってもらう」という感じになっていました。

田中　クライエントが自分で選ぶことに、何かメリットはありそうでしょうか。

コバヤシ　クライエントは、仕事がうまくいかない、恋人との関係もうまくいかないという、「自分はできないモード」になっていると思うのです。カウンセリングを通じて、「自分で選ぶことができるモード」のきっかけが提供できそうです。

田中　たしかにそういうメリットはありそうですね。ただし、今お見せした方法が「正解」だと言うつもりはなくて、あくまでひとつの方法だということに注意してください。今のような進め方で生じる問題を何か感じますか。

コバヤシ　このクライエントは知的にも高い方で、抑うつ状態ではありますが仕事に行く元気は残っています。元気がない人だったら、いろいろ選べることがかえって負担になるかもしれません。

田中 そうですね。この方法が正解というわけではなくて、ある程度考える力がある人、あるいは新しいプランを自分で立てることができる人にはよい方法かもしれませんが、おっしゃったように、うつでエネルギーが低下している方や、選ぶこと自体が苦手な方にとっては、かえって負担感が強くなる可能性もあります。そういったところも気をつけて、やり方を選んでいただければと思います。

　少しまとめますと、CBTとひと言で言っても、いろいろです。「マニュアルに書いていることをきちんとやっていきましょう」という枠組みで面接が行われることは大切ですが、しばしば、枠組みを守ることそのものが目的になってしまいがちです。認知が影響しているのだろうという仮説自体も、ともすれば仮説だということを忘れてしまいがちなのです。今回もクライエントと協働しているつもりで進めていたのが、こちらが指示した作業をやってもらうという枠組みになってしまっていたのかもしれません。クライエントと協働しているつもりが、知らず知らずのうちに、面接はこうあるべきだというセラピストの主観や意思が、セラピーの中に出てきてしまうことがあるのです。

コバヤシ そうですね。マニュアルに沿うだけでは駄目だと頭ではわかっていたのですが、実際には自分の「CBTだからこれをやらねば」という気持ちに面接が大きく左右されていたことに、今のやりとりで気づきました。

田中 さて、後半に移りましょう。クライエントと母親との関係が重要で、それが中核信念に関わっているだろうという仮説と、クライエントがこの部分を扱うことを避けているのではないかと先生が考えた部分について検証をしていきたいと思います。先生が、この方が母親のことに対してこだわりが強いと考えた理由は、どのあたりでしょうか。またその部分に対して、どういう考えが浮かびますか。

コバヤシ インテークの段階から、母親に干渉される話題がたくさん出てきたところです。家族の紹介をする際に「父はいわゆる公務員、弟は今どきの要領がいい若者」と言った後、「うーん。母は、私が子どもの頃から相当情緒不安定です。自分が落ち込んでいるときは、母の言うことに影響されて不安定になります」というような感じでした。面接過程でも頻繁に「母と電話をした際、何かの拍子に『カウンセリングに行った』と言ったら、『そんなものは役に立たない。あんたのわがままを先に直せ』と言われた」などのエピソードが出て、母親の問題を自覚しているのだなという感じでした。

田中　なるほど。母親の話が多く出てくることや、その様々なエピソードから、セラピストとして、「クライエントは母親と自分の関係に大きな問題がある」ことに気づいているのだなという思考が働いたわけですね。それについて確認は？

コバヤシ　10回目で、一緒に作成した認知的概念図を見てもらった際、「そうです」と本人がおっしゃったので、確認したのだと自分では考えています。

田中　作成された認知的概念図（図2-2）の中で、中核信念のところに「幼少期からの母親のメッセージ」と書かれている部分ですね。この図を共有したことによって、母親との関係のことに踏み込まなければいけないとご本人が自覚しているのだと思われた。

コバヤシ　「母親が影響しているか」について図示した際、そうだとクライエントは言いましたが、「母親とのテーマに踏み込む必要がある」ということの確認と言われますと、確認したかどうか、自信がなくなってきました。

田中　認知的概念図を作成したあと、先生はクライエントにどういうことを提案されていますか。それに対する反応はどうでしたか。そして、先生はそのときどう感じましたか。

コバヤシ　「この図を見ると、今までお母様のことがときどきお話に出てきましたけれども、やはりここのところに影響している。今、『そうだ』とおっしゃっていましたよね。ここを扱うことは、落ち込みや自動思考などをより深く検討するときに、とても役に立つと言われています」と話したと思います。それに対して「いや。いいです。もう割り切ってます、母との関係は」とビシッと言われて、「えっ、なんで」と思いました。そして母親が自分の中核信念に与えた悪影響を今までの作業で気づいたはずなのに、なぜ「やらなくていい」と言うのだろうか、しかし、ここをやらないとよくならないのではないのか、と思いました。

田中　たしかに、何度もその話題が出てくることはとても大切なことですし、そこに取り組むということも大切なひとつの治療だと思うのです。ただ、そこを大事だと思っているのは、クライエントでしょうか、セラピストでしょうか。

コバヤシ　その問題が大事だということを共有しながら進めてきたつもりですが、面接での反応を見ると、クライエントはそう思っていないのでしょうね。

田中　そう思っていないのではとわかるポイントが、クライエント自身の発言にいくつかあると思うのですが、いかがでしょうか。

コバヤシ 「割り切っている」とおっしゃったところですか。
田中 「母親との間の体験や、母親に言われ続けてきたことが、今の考えに影響していますよね」についての同意が得られたので、おそらくそのことの理解はある。しかし、「割り切っています」という発言は——重要視していないということなのか、それとも今はそこに触れたくないということなのか、判断が難しいのですが——そこに介入することに対して「今は拒否します」というメッセージだと思うのです。しかし、そこで先生は「いや、そうではなくて」と対応してしまったわけです。もちろんこの方が、「幼少期からの母親との関係について割り切っていると言うけれども、パンドラの箱のようにふたを閉めているだけだ」ということは十分ありえますので、母親との関係に直面することが役に立つのかもしれません。しかし、このことについて協働的な作業を行うことに対して、クライエントの動機づけは低いですよね。

　この方が「ここだったら一緒に取り組んでもいいよ」と言ってくれそうなところはどこだったのでしょうか。

コバヤシ 面接全体で考えると、クライエントが役に立つとおっしゃったのは、書くことです。思考記録表は、私に合わせているのかというぐらい、上手に書けていました。6回目に調子が悪くなったのですが、その後7回目で、同僚のやり取りから様々なことに気づきました。特にその回以降、思考記録表はクライエントの中でよいツールになっていると思います。

田中 思考記録表を使い、自分の思考から距離を取るという機能は、おそらく改善に貢献しただろうということが、測定したBDIの点数変化からも理解できますよね。そうすると、「母は変わらない」と割り切れていることは、この方にとって強みになる部分だという理解もできると思うのです。「なぜお母さんは変わってくれないんだろう」と、母親が原因だとずっと思っているよりは、「もうあの人は変わらないから、私は私で、自分を変えていこう」と考えるのは、レジリエンスととらえることもできるでしょう。

コバヤシ 私自身がそう思えていませんでした。

田中 今、私は、あくまでひとつ「そういう考えもありますよね」と提案をしてみました。私のこの考えは、先生の自動思考についての反証のひとつだと思うのですが、お聞きになってどんな感じがしましたか。

コバヤシ CBTをマニュアルに従って、それなりに進められていると感じていた中での展開だったこともあって、「中核信念の扱いを失敗したから、今回

のCBTの全部が失敗だった」という認知に陥っていることに気づきました。うまくやれていたところもあったのに、いつのまにか全部駄目と見なしてしまっていたんですね。「中核信念を扱わないとセラピーが完成しない」と、どこかで思い込んでいたのかもしれません。

田中 さらにお聞きしましょう。「『私はちゃんとしてないといけない』と、母親からメッセージとして受け取っていた」というところまでは同意できたのですよね。これは中核信念を扱ったことにならないのでしょうか。ならないとしたら、その理由はなんでしょうか。

コバヤシ 厚労省のマニュアル[*01]でも、中核信念は1回か2回でもよいから扱うと書かれていますが、中核信念があると話すだけで扱ったことになると自分には思えないのです。

田中 先生の中に「CBTにはこういう正解があるのだ」というモデルがあるのでしょうね。中核信念を扱うことが治療上有効に働くというのは、どういう状態をイメージしていますか。たとえばこの方は、自動思考については、浮かんできた思考に対して、それを紙に書いて、別の考えを生み出すことができて、感情をうまくコントロールできたことをもって、セラピーの効果があったとみなしていたと思うのです。中核信念の場合は、どういうことができれば中核信念の取り扱いとして成功したといえるでしょうか。

コバヤシ 中核信念に向き合って、中核信念が与える影響やその形成過程などを深く理解しながら、中核信念の形成に大きな影響を与えた、母親との上手な関係の持ち方を発見していく、というイメージです。

田中 もちろん、様々な深い内容を扱っていくことについて先生とクライエントの間で同意がなされた場合、それに取り組むことは十分に価値があることだと思います。ちなみに、それを本当にやろうと思ったら何回ぐらいかかりそうですか。

コバヤシ 厚労省のマニュアルでは1-2回と書いてありますが、別の認知療法の本には時間がかかると書いてあるので、それなりに時間がかかるだろうとは思っていました。

田中 今挙がった厚労省のマニュアルを例とすると、このマニュアルでは、一体何をすることを1-2回と考えているのでしょうか。ほかのCBT、たとえばスキーマ療法のマニュアルではどうでしょうか。同じCBTの中でも、中核信念を扱うことについて、様々なレパートリーがあるし、様々なパターンが存在

するのではないでしょうか。今回、「私はちゃんとしていない」「ちゃんとしないといけない」という中核信念が母親との関係の中でできあがって、「これが自分を困らせているのだ」ということに気づいた、客観視できましたよね。「こういう図ができたから、この悪循環のパターンに入ったときに、一回立ち止まることができればいいですね」と共有すること自体が重要な介入であったと考えてもいいのではと思うのです。そう考えると、中核信念への介入がこの1回で終わったとも言えるでしょう。

コバヤシ 10回目面接で中核信念を扱ったこと自体が失敗だったと思ったのですが、「こういう中核信念がありますね」と共有したこと自体は問題ではなく、そのあとの提案が飛躍しすぎていた、あるいは準備不足だったのかもしれません。「中核信念をきちんと扱わないとセラピーが完成しない」と感じてしまったのは、セラピーに対する自分の構えだったのかもしれません。

田中 セラピストはクライエントの自動思考や中核信念、あるいは行動を見ますが、セラピーをしていく中でセラピスト自身にも自動思考などの認知が生まれてくるのです。それを自分が把握できているか、セルフモニタリングができているかというところが大切です。今回のケースでは、先生自身が、自分の自動思考やセラピーはこうであるべきという「べき思考」に巻き込まれていた側面はないかな、ということを感じました。

コバヤシ 先ほど先生と行った、生活記録を書いてもらうプロセスのロールプレイを思い返してみると、認知的概念図も一緒に作っていないのでは、という気がしてきました。

田中 クライエントの準備ができていないところで「さあ、やりましょう」と提案してしまったのかもしれませんね。しかし、この方は問題に気づいているが、今はその話題に取り組みたくない、取り組む必要性を感じていない、現実のことを話題として取り上げたいといった明確な意思を示している。そうした態度を尊重することもできますよね。

コバヤシ 明日また面接があります。前回の面接で、終結したいというクライエントに「少し待ってください」と言っているのですが、終結してしまっていいのでしょうか。

田中 今までの面接で、先生とクライエントが成し遂げたと思うことはなんでしょうか。

コバヤシ 思考記録表をつけることです。それから気分転換は上手になったと

思います。

田中 今おっしゃった2つは、この方がこれから仕事を継続的に行っていくことや、睡眠をうまくコントロールするために、役に立つでしょうか。

コバヤシ 「仕事がうまく進んでいないのが一番なんとかしたいこと」なのかが、自分の面接ではまだ引き出せていないので、改めてそこをもう一回確認をした上で、今までの面接でやってきたことが最初に困っていたことにどのくらい役に立っているか、確認しなければいけないと思います。

田中 その上で、次のセラピーをどう組み立てていくか、あるいはここで終了するかについて、話し合いをする余地がありそうですね。

さて、そろそろ終わりに近づいてきました。今回のスーパービジョンで得られたことや、次にやっていくことについて、感想なども含めてお話しいただけますか。

コバヤシ スーパービジョンを通じて気づかされたのは、「CBTだからこうしなければいけない」というよりも、クライエントが困っていることは何か確認をした上で、その困っていることに合わせた方法を探すのが大切だということです。もうひとつ、たとえば「中核信念の検討」などと聞くと、何か定まった方法がひとつあるような気がしていましたが、検討をどのようにどこまでやるのかは、そもそもクライエントごとに違うもので、そのこと自体をセラピストが見立てる必要がある、ということに気づきました。3つめは、今まで「教育相談センターではCBTっぽいことをしているだけなのでは」と、自分の面接に自信がなく「ちゃんとしたCBTをやらねば」とどこかで感じていたのですが、それ自体がひとつの構えでした。セラピーに対する自己評価が低いと、自分のセラピーで達成できたことに目が向けられないこと、そして自分の「セラピーかくあるべし」という認知に気づかぬうちに自分自身の面接が影響されていることに、スーパービジョンを通して気づきました。

田中 先生の感想を受けて、CBTですから、最後にホームワークを出しましょう。先生が面接でクライエントとより協働できるための一歩として、「クライエントから面接に対するフィードバックを受けて、それについて自分が考えたことをクライエントに伝える」ことを、セラピーの中で少し増やすことが役立つと感じました。それを次回、私とこうやってお話をする機会があったら、どのようにカウントして提示できると思いますか。

コバヤシ 各回の要約とは別に、各回の面接で「クライエントが面接に対して

どのようなフィードバックをしたか」と「それに対してどう考えたか、どう話したか」がメモできるワークシートを作成して、記録してみたいと思います。
　田中　それをぜひ各回の面接の中で取り組んでいっていただければと思います。

2-3　セラピストがクライエントと同一化してしまっていないか

宇都宮真輝

　宇都宮　大きく2つのことについて、お話ししていけたらと思います。ひとつはなぜ順調に進んでいる面接で急にクライエントが終結を申し出られたのか。もうひとつは、面接でダイナミックな展開が起こっている6回目と7回目で、セラピストがどのように対応すればよかったのかというところです。さて、コバヤシ先生は面接全体を見て、どのあたりまで順調に進んでいて、どのあたりからうまく進まなくなったと思われますか。
　コバヤシ　セラピストに合わせているのではと感じつつ、行動を記録することや紙に書いて認知を整理することなど、自分のできる範囲でコントロールすることは、それなりに順調に進んでいると思っていました。その中でたびたび母親のことも話していたので、ここは本人も話したいのだろうから扱う必要があるな、と感じながら面接していました。
　宇都宮　面接の前半、活動記録表などを使って日常的な活動を見直すことに関しては、クライエントも非常にうまくやっているし、先生のほうもうまく寄りそっている感じですよね。実際にBDIの得点が下がってきていますし。しかし、クライエントがいい子を演じているためにうまくいっているように見えるのでは、と感じる部分があった。あとは母親とのことを扱いたいと思いながら面接を進めていたのですね。
　コバヤシ　頻繁に面接中の話題に上がりました。何回も話題に上がっているのに、ここを扱わないでよくなったと言っていいのかという、もやもやした感じがあるといいますか。
　宇都宮　それをやらないと、先生がすっきりしないという感じもあるわけです

ね。ちなみに母親の話題が出た際に、先生はクライエントにどういった感じで関わっていたのですか。そのときのクライエントの反応は？

コバヤシ　話題に出たときに「お母様とのことはよく話題に出ますね。一度しっかり話してもいいかもしれませんね」と何度か伝え、そのたびに「たしかにそうかもしれませんね」という反応がありました。自分としては、徐々に導入に向けたサポートをして、面接がひと山超えたところで、さあきちんと取り扱いましょうと伝えたつもりでした。

宇都宮　つまり、母親の話題は出すけれども、それ以上話が進まないといった状態がずっと続いていた。しかし最後に改めて提案したところ、クライエントがはっきり断ったということなのですね。それから6回目、クライエントが非常に取り乱されて、BDIの得点も悪くしんどそうな回がありましたよね。その際の「しんどい感じ」は、この方の中核的な問題につながっている気がするのですが、これをうまく扱いきれなかったという思いを先生は抱えていたのではないでしょうか。それが最後の面接の展開につながっているように思います。まず6回目から見てみましょう。母親とクライエントの間で繰り返されてきたパターンが、会社の人間関係にも出て、そこのところをセラピストが扱いきれず、話を逸らしてしまったという印象があるのですが。

コバヤシ　私自身は逸らしたとは感じておらず、むしろ「何とか頑張った」と感じていますが、クライエントからすれば、逸らされたと感じる対応だったということでしょうか。

宇都宮　6回目の「私は苦しまぎれに」と記録に書かれている部分です。この回、先生はクライエントに向き合って、一緒に「どうしよう」と一体化して、同じような立場、とても近い感じで話を聞いていたのではと感じます。距離がうまく取れずに「どうしたらいいのか。うまく話やアドバイスができない」と感じて、まさに苦しまぎれに「彼はこの件で、何か言っていますか」とコメントしたのではないかと思います。ここがとても気になるのです。

コバヤシ　ああ、なるほど。母親との関係が影響していると見立てて、クライエントにもたびたび伝えてきたはずなのに、6回目では、私は母親のことに思い至らず、「BDIも高いし、クライエントが大変な状況だから、緊急的に何か対応しなくては」と感じて、私自身いっぱいいっぱいだったことにご指摘を受けて気づきました。それだけ大きい問題だと見立てているのであれば、こういう大事な局面に影響しているはずですよね。

宇都宮　クライエントは対人関係の中で、自分の主張ができない、嫌だと思ったことが断れない、そして自ら抱え込んで引っ込んでしまうというパターンをお持ちですよね。この回では認知行動療法でいう、非機能的な自動思考が非常に活性化しているという感じがします。その際、セラピストが一緒になって焦って、クライエントに同一化してしまったという感じがしました。

コバヤシ　クライエントと距離が取れていないという指摘は本当にそのとおりです。

宇都宮　一見共感のようにも見えるのですが、うまく距離がとれていないように感じます。先生とクライエントは同じくらいの年齢ですよね。先生自身も母親との間に問題を感じていたり、新しい環境の中でクライエントと同じように、一所懸命頑張らなくてはいけない状況にある——そういったことが重なって見えるのです。

コバヤシ　うーん。教育相談センターでのカウンセリングでは、こちらが主導して課題を出してやってもらうという感じになりがちだという意識があったので、精神科での面接は、そういう自分を出さないようコントロールすることを心がけているつもりでした。でも、ご指摘を受けてみると、クライエントが落ち着いているうちは、自分もゆとりをもって対応しているけれど、クライエントが感情を強く出されたときに、自分も気持ちが巻き込まれて、そうした心がけが崩れていたかもしれません。6回目できちんと対応できなかったという印象が影響していたのか、7回目では、「クライエントが自分で対応を見つけることができてよかったが、カウンセリングが役に立ったわけではない」と感じてしまっています。気持ちが揺れていますね。

宇都宮　今おっしゃったように、6回目でクライエント自身が不安になっているときに、先生自身も同じように不安になって、なぜか距離がうまく取れなくなってしまっている。ただ、7回目で、大きくクライエントが変わるのですよね。何か非常にうまくいったという感じで来られた。そのときに先生は「うまくいってよかったな」という気持ちもあるけれども、一方で、「この方自身で立ち直っただけで、自分は役に立っていない」という自信喪失に見舞われた。「よかったな」という思いと「私は役に立てなかった」という相反する思いの両方が出てきている。6-7回目では、何とかしてあげなければとクライエントに一所懸命対応しようとされてますが、それ以上に、ご自身の能力への不安がとても強い。何とかしてあげたいという気持ちと、自分自身も何とかしなければと

いう思いとが重なっている、逆転移が生じているように感じます。

コバヤシ　ああ、たしかに！　そうした逆転移が生じたとき、どのように面接に活かしていったらよいのでしょうか。

宇都宮　クライエントも先生も、表面上のやりとりに終始されているというか、感情を出さず、抑えていますよね。それは、一見落ち着いてうまくやっているように見えるかもしれません。けれど、クライエントの中核的な問題が出てきたとき、クライエントはとてもしんどい、うまくできないという感じがわいてきて、先生もそれを受け止めきれなくなったわけですね。いま6回目を振り返って、どう対応したらよかったと思いますか。

コバヤシ　そのとき、それまでやってきた認知再構成法などを同じようにやってみたのに、全然うまくできなかったので、「今までの認知再構成はやはり私に合わせてうまくいっているように見えただけで、結局うまく使えるようにはなっていなかったのだ」と感じたことを覚えています。もうひとつは、BDIの自殺企図の項目にチェックが入っていて、クライエントも「もう死んでしまいたい」とおっしゃっていたからだと思います。今思うと、クライエントがわーっと感情を出されているときこそ、「本題が出てきましたね」と思うことが大事だったのですね。

宇都宮　先生の中で、これはこの方の問題の本質なのだという感じがまずある。だとすると、「そのしんどい気持ちをどうにかしてあげなければ」ではなくて、「そこは本当にしんどいところだよね」「たしかに、本当につらいよね」と、その気持ちを受け止める・寄り添うこともできたのではと思います。クライエント自身も初めてこんなに強く主張されたのですよね。そこを、「そういうしんどいという思いを出せたのだね」と共感するといいますか。もちろんその上で、この方がしんどさを和らげるアドバイスがほしいと言って、それを一緒に考えるという展開になる可能性もあると思います。

コバヤシ　面接でこういう強い感情を表に出してくれたこと自体をしっかり取り上げること。この人の本質がやっと出てきたと受け止めて、つらさをまず共有した上で、ここからどうするか・どうしたいかを、クライエントのペースで扱うこと。私は焦って、どんどん先回りしてしまっていたのですね。「BDIも高いし、まずは気持ちを落ち着かせましょう」と私から言い、さらに「どんなことができますか」と投げかけたために、クライエントはそれに上手に対応するという流れになってしまっていました。クライエントの気持ち、意思や判断

をもう少し引き出すように粘っていたら、違っていたかもしれません。

宇都宮　7回目に、クライエントがまた今までとは別の形で少し元気になって、先生、こんなことがあったんですよと言った際はいかがでしたか。

コバヤシ　自分としては、面接自体は、6回目ほど、気持ちは巻き込まれなかったと思います。いつものように、できたことなどを整理しながら、クライエントの気づきや体験を共有できたと感じています。一方で「休憩室で同僚と話すという偶然の出来事のおかげでうまくいっただけで、自分のカウンセリングが役に立ったからではない」と思ったという感じです。

宇都宮　6回目では落ち込まれていたのが、7回目では「先生、うまくいきました」と、クライエントの様子は大きく変わりますが、この2つは私はつながっていると感じます。7回目で先生は「それはよかったですね」と受け止められました。一方で、「自分の対応がどうだったのだろうか」「偶然うまくいったけれども、偶然がなければうまくいかなかったのでは」といった気持ちがあったということは、少し共感不全があったのではないでしょうか。6回目でつらいほうの気持ちに共感できていなかったように、7回目でも、うまくいってよかったということへの共感、つまり、「本当につらかったね。本当によかったね」と十分に寄り添えきれていないのではと感じるのです。

コバヤシ　たしかに、クライエントのできたことに寄り添うというよりも、自分自身の気持ちに焦点が当たってしまっていたかもしれません。

宇都宮　もうひとつ。7回目で、クライエントは、今までにない新しいやり方、新しい対人関係の経験を、偶然かもしれませんが体験できていますよね。それをもう少し取り上げることができたのではないでしょうか。

コバヤシ　クライエントはそれまで「周囲の人から自分はきっとこう思われている」と、とても固い認知だったのが、7回目では、同僚に「会議のときに追い込まれてるなんて全然わからなかった」と言われたエピソードが大きな体験となって、「自分が思い込んでいるだけで別の視点から見るとそうではないかもしれない」という新しい認知を得ることができています。この体験はその後も生活で応用されました。たとえば恋人に対しても「きっと○○だと思われている」と思い込みで動くことが多かったのですが、「きっと○○という回答に違いないけれど、駄目もとで相手の考えを聞いてみよう」などに変化しました。新しいやり方を試すことが、少しずつ増えています。ただ、「新しいやり方を発見して、使う機会が増えてきましたね。練習を何回も重ねて、使えるように

なってきましたね」と焦点づけてクライエントにフィードバックして共有する前に、「お母さんのことをやりましょう」と言ってしまっていますね。そのことに今、気づきました。7回目で新しいやり方を試したことがクライエントにとって大きなことで、それを生活の中で少しずつ試している。そのことを軽んじていたつもりはないのですが、これをしっかり取り上げて焦点づけてもよかったのに、次に中核信念を扱わなければ、と私の気持ちが逸れてしまっていたようです。

宇都宮　きっと、その気持ちの背景には、先生自身が新しい環境で、自分の力をきちんと出していかなければいけないとか、早くクライエントの役に立ちたいといった気持ちや焦りがあって、そういう対応につながった面もあるのでしょう。

　あと、もうひとつ。突然の終結について見ていきましょうか。母親の話題が頻繁に登場するので、扱ったほうがいいのかと思っていたけれども、意外とそうではなかった。何回か先生が母親の話題を持ちかけた際には、話がそれ以上進まなかったのですよね。そして結局、はっきりノーと言われたことで、実際はそれほど彼女の中では扱いたい問題ではなかったのではと気づいたのですよね。彼女にとって母親のことは、頻繁に話題にするけれども、実際に扱うには抵抗が大きいものなのですか。

コバヤシ　そう思います。ただ、母親との問題がいろいろなことに影響していることについて、扱わないでいいものかという気持ちがあります。クライエントは一見クールにいろいろなことに対応しているけれども、実は結構対人関係で気持ちが大きく揺れることが多い。これには母親との関係の影響が強くうかがえるので、この話題を避けて通ること自体が、クライエントにとってよくないのではないかという気持ちがありました。自分の中でも、「クライエントが嫌なら取り上げなくてもいいのではないか」という気持ちと、「しかし大事なことだから扱うべきでは」という気持ちで揺れていたところです。

宇都宮　ですが、先生がクライエントに聞いたら、はっきりノーと言われた。クライエントからノーと言われたら、その時点で扱うことはたしかに難しいでしょうね。おっしゃるように、母親との関係は中核的な問題だと思うのですが、それは、クライエントがその問題を扱いたいという気持ちになり、準備ができた段階でしか扱うのは難しいでしょう。逆に言えば、先生のほうが扱いたい気持ちが強かったのでは、と見ることもできます。

コバヤシ　先生は、6-7回でセラピストの気持ちが揺れたことを、逆転移と理解して対応することが大切とおっしゃいました。10-11回で、私はやはり動揺しているのですが、これも逆転移で、大切なヒントがあるのでしょうか。

宇都宮　たしかに6-7回目や10-11回目は、セラピスト側の気持ちで、話題を動かそうとしていると感じます。ただ、次のような見立ても可能です。7回目で、思考記録表の「心の変化」という欄に「『自分は今いっぱいいっぱいなので無理です。何度も言われて正直きついです』とはっきり言った」とありますよね。ご自分の気持ちを主張するのが、この方は非常に苦手なようです。また、相手に確認する前に自分でいろいろ思い込んでしまうようですが、同僚と話をする機会があって、少し思考を見直して、自分の気持ちを言ってみたのですよね。さらに10回目では、セラピストに対しても、ノーと言えました。だとしたら、「あなたは気持ちをこんなに言えるようになっているよ」と指摘して、気づいてもらうきっかけにすることができたかもしれません。

コバヤシ　まったく気づいていませんでした。たしかに7回目以降、クライエントは恋人に自分の気持ちを言って、相手の考えを確かめることが少しずつできています。

宇都宮　はい。少しずつ経験を積み重ねて、自分の気持ちをきちんと示すことができている。最大のノーは、この10回目ですよね。セラピストにはっきりと「扱うのは嫌です」と言っています。セラピストにとってはきつい発言で、ここで扱わないのかという衝撃もあったと思います。けれども一方で、クライエントは非常に主張ができているというところにも注目できるかと思うのです。

コバヤシ　なるほど。ただ正直「なぜそんな強くノーを言うのか」という感じを受けました。私が面接中に感じたことは、クライエントの周囲の人も普段感じていることかもしれません。だとすると、この方の自己主張は、周りから見ると唐突に見えるし、言い方も下手なところがある、と言えるかもしれません。クライエント自身も「我慢して突然爆発する」ともおっしゃっていましたし。そういうことにセラピストが気づけば、そのことをフィードバックするというのは、あり得ることかもしれませんね。

宇都宮　ええ。周りがこんなふうに思ってるなんて驚いたと7回目でもクライエントは話しています。セラピストとクライエントの関係もひとつの人間関係ですから、その中で気づいたことをきちんとフィードバックすることは大切でしょう。もちろん先生が気づいたような言い方の問題を伝えることも役立つと

思いますが、まず「嫌なことをきちんとあなたは主張できたんだよ」とリフレームして伝えることが、とても大切だと思います。

コバヤシ　たしかに、10回目に「自己主張できるようになったんですね、この面接場面でも」とお伝えしたとしたら、展開は変わっていた気がします。

宇都宮　10-11回目は、クライエント側からすると、ある程度面接がうまく進んでいるので、中核的な問題を扱わなかったとしても、状態が改善していると感じて「もう必要ありません」と述べるのも不思議ではありません。でも、先生のほうは「ここでやめてしまっていいのだろうか。クライエントが本当に困っている問題には到達していないのではないか」と思っているのですよね。ただ、クライエントの気持ちは、セラピストが想像しても、わかるところとわからないところがあります。だから、「やめます」と言ってきたときに、どういう気持ちからなのかを率直に聞いてみることもひとつかと思います。「それをおっしゃられたときに、どういう気持ちでしたか」ということを、まずは質問してみなければわかりません。

　また、セラピスト自身が焦ってしまい、早く中核信念を扱わなければいけないと思ったけれど、クライエントのほうでは急な感じがしたり、何か違うという感じがしていたと思うのであれば、少し焦りすぎてクライエントのニーズを確認せずに進めてしまったと、その部分については率直に詫びるとか、自己開示をするというやり方もあるでしょう。その上で、先生は面接を続けていきたいと考えているわけですから、クライエントのできているところ、「嫌なことを私に対しても断れましたね。それはすごいことです」としっかりリフレームする。そうすると、クライエントの気持ちがまた少し変わるかもしれません。

コバヤシ　自分の中で、クライエントがやれていると言うならやめてもいいのではないかと思う気持ちと、しかしやめていいかどうか判断できないという気持ちが、もやもやしていましたが、先生の今のご指摘で理由が少しわかりました。「クライエントのニーズ」と先生はおっしゃいました。私はニーズをきちんと聞いているつもりですが、聞けていなかったのですね。「自分の問題は対人場面で自己主張ができずにためてしまうことで、それをなんとかしたい」ということを、クライエントのニーズとして互いに共有できていれば、「じゃあ、それがうまくなるまで面接契約しましょう」と目標も共有できたわけですよね。クライエントのニーズをしっかり確認できていなかったために、何を目指していいのかや、どこまでやればいいのかを、私の中でしっかり持てていなかった

のだと、改めて気づきました。

宇都宮 母親の問題をやはり取り上げなければいけないと先生が思って、話題に挙げてから、うまくいかなくなってしまったわけですよね。このクライエントは母親のことに対しては、まだ心の準備ができていない、つまり今の時点ではニーズがないわけです。ひょっとしたら心の奥ではあるかもしれないですけれども、今の時点ではノーとおっしゃっている。それに、母親の問題を扱わなくても、うまくいっていることがいくつか出てきていますよね。新しい経験・新しいやり方を、クライエント自身が、生活の中、そして面接関係の中でもはっきり出せた。この部分を扱っていけば、無理に母親の問題を扱わなくてもやっていけるのではという気がします。

コバヤシ 取り上げるとしても、「認知療法の認知概念図の中核だから取り組みましょう」という文脈で提案するべきではないということですね。クライエントの困りごとは自己主張についてだと整理し共有できていれば、たとえば「自己主張するのが一番苦手な相手であるお母様には、最後にチャレンジしましょうか」のように、「一番苦手な課題」という文脈で取り上げるなど工夫もできたし、伝わり方も違ったと思います。

宇都宮 力動的アプローチは、中核的な対人関係の葛藤について気づいて、新たな対人関係の中で発見があれば、それをもとに自己理解を深めていくことを大切にしています。今回は、CBTのやり方でこの事例自体はある程度うまくいっていると思いましたので、先生とクライエントとの関係性の危機、つまり対人関係の危機について、力動的アプローチの観点から考えてみました。クライエントもセラピストも、自分を抑えているという部分が似ていますよね。まずクライエントが自分の主張を言えたということを共有する。その上で、セラピストのほうも「少し焦って、あなたのニーズではないところでやってしまった」ということを伝える。そうすると、本音で話せるクライエントとセラピストの関係が新たにできあがっていくのではないでしょうか。

2-4　解説

　田中恒彦先生と宇都宮真輝先生は、異なるオリエンテーションでありながら、スーパービジョンの骨子は共通しています。両先生は、クライエントの真のニーズとそれに基づく面接目標を共有することの重要性を指摘しています。また、セラピーがセラピスト中心に進んでいないか、と問いかけました。そして、面接に対して抱きがちな、セラピストの構えそのものを明らかにし、それをどう扱えばよいのか検討しています。さらに、コバヤシ先生は最終回のクライエントの反応から「面接のすべてが失敗だった」という認知に陥っていました。これに対して両先生とも、面接で達成できた事項とそうでない事項を検討し、面接で達成できた事項についてセラピストが気づくよう導いています。また、クライエントにとって中心的な課題（母親との関係）をどのように取り扱うかについては、それぞれの立場から具体的なプロセスを示します。両先生に学べるのは、真の協働に基づいて、様々な見方のできる柔軟なありかたを保ちながら面接を行うことの重要性と、自分の面接を自分で検証する具体的な方法です。

　田中先生は、協働の重要性を「頭ではわかっていた」セラピストに、クライエントと協働できていないことを、ロールプレイを用いることで、体感的に示しています。さらに、ソクラテス式質問を用いて、セラピスト自身が持つ面接に対する自動思考を明らかにし、セラピストの非機能的な認知を検討するための具体的なヒントを与えました。ここで注目したいのは、クライエントが母親の問題を扱わないと割り切ったことを、田中先生がレジリエンスとも言えるとコメントすると、コバヤシ先生がそう思えていなかったと反省したところです。「レジリエンスと捉えることが正解だったが自分は間違えていた」という反応に陥りそうなところで（CBTには「正解」があり、正しい方法で面接を実施しなければならないと考えがちなコバヤシ先生の認知があらわれています）、その捉え方はあくまでひとつの見方だと田中先生は強調し、ソクラテス式質問を投げかけました。まさに CBT のプロセスそのものです。見方そのものに良し悪しがあるのではなく、ものごとの見方に対する仮説を複数挙げ、それらを整理し検討する力を身につけることこそが、クライエントのみならずセラピストにとっても大切であり、そうした態度が面接を真に協働的なものへと導くのです。

　宇都宮先生は、6-7回目と10-11回目に見られたやりとりを「逆転移」に注

目してスーパービジョンを進めました。面接場面で起きた現象を、クライエントの対人関係のあり方という視点から、面接外の対人関係へと広げ、クライエントの対人的なクセがどのように現れているのかを俯瞰した視点で考えるというやり方です。あわせてセラピストのネガティブな感情がなぜもたらされたのかを掘り下げ、それを一義的にとらえず、多様な可能性を検討する。そうすることで、クライエントの行動の意味を深く理解し、セラピストとクライエントとのやりとりの背景にある、クライエントの対人関係のダイナミックな構造へと目を向けられるようになるのです。

　コバヤシ先生は、逆転移感情の検討を通じて、知らず知らずに生じている自身の認知・面接への構えについて理解が深まった結果、そうした認知や構えのせいで見落としていたクライエントの成長（主張できるようになっている）に気づくことができました。逆転移感情を検討するプロセスで、セラピストの認知や構えについて理解を深めることによって、面接の展開に様々な可能性を見出していくことができるのだといえます。（中村菜々子）

［文献］
*01 慶應義塾大学認知行動療法研究会「うつ病の認知療法・認知行動療法治療者用マニュアル」厚生労働省、2010 年 https://www.mhlw.go.jp/bunya/shougaihoken/kokoro/dl/01.pdf

3
遷延するパニック障害をもつ
40代男性・カタヤマさん

面接はそれなりに続くものの、
大切なところをつかんでいないように感じる場合の対応は？

3-1　事例紹介

[主訴]
　パニック障害（パニック症）の認知行動療法（主治医からの依頼内容）

[自己紹介]
　私はササキダイスケ、27歳男性です。大学院修了後から現在の精神科クリニックに勤務し、もうすぐ丸2年。入職後1年間は、復職支援のリワーク事業を週4日、心理検査を週1日担当してきましたが、2年目から週に1日、個別面接を担当しています。クリニックは2年前に新たに開設され、リワークプログラムと認知行動療法（CBT）を実施できることをうたってます。主治医自身の治療は薬物療法が中心で、心理療法は心理士にお願いするという方針なので、成果を示さなければという気持ちで頑張っているところです。
　クリニックには常勤・非常勤の心理士が自分も含めて3名いますが、みんな忙しく、十分にケース検討などできないのが実情です。私自身体系的なスーパービジョンは大学院修了以来受けていません。

［事例検討の目的］

　40代男性の事例で、主治医からCBTを実施するようにと依頼され、カウンセリングを行ってきました。仕事が多忙であることが理由なのか、2週間に1回の面接予約がたびたびキャンセルされ、3-5週間に1回程度の面接頻度になってしまっています。また、課題への取り組みも熱心とは言えません。当初の契約どおりパニック障害のCBTを行うべきか、仕切り直してより喫緊の問題（たとえば妻との関係）を扱うべきなのか、悩んでいます。

［家族構成・生育歴・問題の経過］

　クライエントは47歳男性のカタヤマジロウさん。妻、息子（高校2年生）との3人暮らしです。原家族は父親、母親、カタヤマさん、兄、弟の5人家族です。両親は自営業、弟は独身で両親と同居し、家業を手伝っています。兄が5年前、母親が4年前に死去しています。生育歴については、本人いわく「平々凡々とした人間」。原家族との関係については「本当に普通」。小学校から高校まで地元の公立に通い、推薦入学で県外の大学に進学、卒業後地元企業に就職し、営業職として勤務。激務の続く職場で、35歳時に初めてパニック発作を経験。40歳で遠距離への出張がない現在の会社へ転職しました。最初の職場で出会った妻と25歳で結婚し、30歳の時に長男が誕生しています。

　初めてのパニック発作は、出張で新幹線に乗車していたときに経験しました。その後自己流の対処を続けていましたが、5年前からA心療内科を受診し、抗不安薬を頓用で処方されました。その後B心療内科を受診、抗不安薬を処方されました（アルプラゾラム0.8mg/日）。B心療内科では当初抗うつ薬も処方されたものの、焦燥感が生じて中止になったとのことです。最近、妻が雑誌でパニック障害のCBTに関する記事を読んで来談を勧め、当クリニックへ受診に至りました。本人が「自分としては、不自由はあるけれどしょうがないと思っていますが、妻のほうが何かと気にしています」と言ったのが印象に残っています。主治医によれば、パロキセチンを導入してベンゾジアゼピン系抗不安薬は徐々に減量したいが、本人がパロキセチンの服用を拒否したため、前医と同じアルプラゾラム0.8mgを就寝前に処方したとのことです。

[面接経過]

　インテーク面接には、「仕事が立て込んでいまして」とやや遅れて、スーツ姿で来談しました。物腰が柔らかい印象。営業職というのも頷けます。
　心理検査は前回受診時に測定してあり、BDI-Ⅱ（抑うつ症状）は2点。一方STAI（不安症状）は59点（状態不安）と60点（特性不安）。状態不安・特性不安ともやや高め（Ⅳ）です。パニック障害の診断がなされたため、主治医からPDSS（Panic Disorder Severity Scale）と Mobility Inventory が渡され、面接時に持参していました。PDSS は13点で広場恐怖に関する下位尺度の得点が高く、Mobility Inventory では「狭く閉じられたところ」「高速バス」「特急列車」「飛行機」「高速道路の運転」について自分一人のときはほとんどの場合避けると回答しています。ただ、過去3週間のあいだにパニック発作は生じていません。最初に発作が生じたのは5年前とのことです（この発作が前医受診のきっかけとなっています）。
　初発の発作についてカタヤマさんは次のように語りました。「新幹線で、突然胸が締めつけられ、息ができず、死ぬと思いました。何とか降りると、駅員が救急車を呼んでくれました。検査の結果心臓に異常はないと言われましたが、心配なので、いつでも降りられるようこだま号で戻りました。月3回は新幹線での出張があったのですが、のぞみ号の代わりにこだま号を利用していました。それで、そのことだけが理由ではありませんが、今の会社に転職しました。今も営業ですが、車で行ける範囲が担当エリアです。高速を使わないぶん時間がかかり、不便だと感じています」。現在困っていることとして、高速道路を使えないことで営業の仕事に支障があること、旅行などで遠出できないこと、まれに出張がある際に飛行機やのぞみ号が使えないこと、中途覚醒すると、色々な不安が頭をよぎることを挙げました。
　私の印象としては、カタヤマさんは長年不自由な暮らしを強いられているにもかかわらず、本人の語り口は淡々としており、切実さが伝わってこないと感じました。主治医から先にパニック障害のCBTを行うことが指示されていたためか、CBTの実施に質問等もなく合意しました。そこでまずパニック障害の心理教育を行い、CBTの進め方を伝えました（不安が維持されるメカニズムを理解し、呼吸法など不安を自分でコントロールできる方法を身につけ、ひとつずつ不安を感じる出来事に挑戦していくこと）。面接の目標を決めるにあたって生

活状況の把握が必要なことを説明し、生活記録表に記録を依頼しました（1日の出来事とそのときの不安を10段階で評定）。カタヤマさんはセラピストの説明を「なるほどなるほど」と言いながら聞いています。自分よりもかなり年上のクライエントに、専門家として信頼してもらえるか心配もありましたが、理解してくれた様子にほっとし、面接後、最良の面接ができるよう、CBTの本を読み、次回以降の面接に備えました。

2-3回目では、現在の生活について把握し、心理教育を再度行い、リラクセーション法を練習し、不安階層表を作成しました。ちなみに2回目は2週間後の予定でしたが、仕事が入ったとのことで4週間後に、3回目は3週間後に設定したものの同じくキャンセルとなり、5週間後に実施となりました。その後の面接も、結局4-6週間後に1回の頻度となっています。キャンセルが多いなという印象はありましたが、正直なところ、そのこと自体の意味を考えるゆとりはありませんでした。

2回目に生活記録表を見たところ、平日は朝6時に起床、7時から20-21時頃まで仕事、21-22時に帰宅、それから夕食をとり、風呂、24時頃に就寝、途中覚醒を1-2回と簡単に書かれたスケジュールが続きます。不安の得点は中途覚醒時に5-7になることがあるものの、基本的に全て0-1です。週末は昼過ぎまで寝て、TV視聴、午後に買い物と書かれています。記録は1週間ぶんのみで「ほぼ毎週、このスケジュールです」と言います。「ずいぶん忙しいですね」と感想を言うと「小さい会社なので全て自分でやらないといけない」。生活習慣として、喫煙（10本／日）、飲酒（晩酌程度。ビール1本／日）、趣味（TVでサッカー観戦、ときどきパチンコ）があります。また健康診断で「糖尿病・高血圧症の傾向がある」と言われています。生活については「仕事は忙しいし、家庭もいろいろありますが、誰でもこの年代はこんなものでしょう」。

中途覚醒時の不安が高いことについては「以前夜明けに不安になったときは、頓服の安定剤を飲んでもおさまらず、目がずっと冴えたままでした。でも今は夜中目が覚めると不安ですが、頓服でおさまるし、何年もこの状態なので、まあこんなものかなと諦めています」と語り、日中の不安については「仕事中は不思議と不安は感じません」と述べます。セラピストが事前に準備した図を示しながら（図3-1）、改めて不安が維持されるメカニズムを説明しました（恐怖感情が学習されること、回避行動や安全行動をとることで一時的に不安は下がる

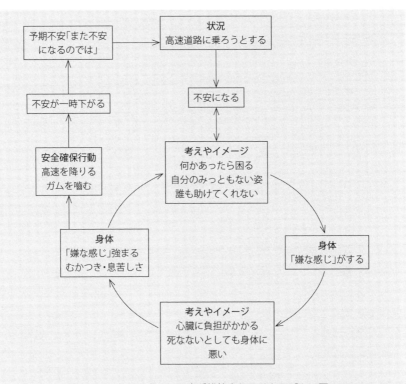

図 3-1　カタヤマさんの不安が維持されるメカニズムの図

が維持されること、治療では呼吸法など不安を自分でコントロールできる方法を身につけ、ひとつずつ不安を感じる出来事に挑戦していくこと）。カタヤマさんは「なるほど。チャレンジしてみるのが大切なのですね」と言います。最後に呼吸法を簡単に教示して、できれば1日に3回ほど実施し、生活記録表に記載してほしいと伝えて2回目は終わりました。最後少し慌てたものの、何とか準備した内容を伝えられ、カタヤマさんも理解を示してくれたのでほっとしました。

　3回目、「何度も変更してもらって申し訳ありません。仕事の調整が難しくて」と恐縮した様子で来談。毎週、せめて隔週で来談してもらいたいと伝える予定だったのですが、そう言われると言い出しづらく、もう少し様子を見て伝えることにしました。「毎日同じスケジュールなので」と生活記録表は持参されませんでした。呼吸法は寝る前に実施しているが、効果がわからないと述べます。改めてセラピストの教示で呼吸法を実施したところ「前回と違って、今回はリ

3　遷延するパニック障害をもつ40代男性・カタヤマさん

表3-1　カタヤマさんの不安階層表

場面	点数
1　混雑する時間帯(午後5時)に一人で高速道路を運転する(A入口-B出口)	90
2　混雑する時間帯(午後5時)に家族と一緒に高速道路を運転する(A入口-C出口)	90
3　空いている時間帯(午後9時)に一人で高速道路を運転する(A入口-C出口)	80
4　空いている時間帯(午後9時)に家族と一緒に高速道路を運転する(A入口-C出口)	70
5　空いている時間帯(午後9時)に一人で高速道路を運転する(A入口-B出口)	70
6　空いている時間帯(午後9時)に家族と一緒に高速道路を運転する(A入口-B出口)	60

ラックスできました。続けてみます」とのこと。「前回は慌ただしくお伝えしてしまいましたが、習慣にするのが大切なので、できれば1日に3回程度実施してください」と伝えました。

　残りの時間で不安階層表を作成（表3-1）。電車や高速バスに乗る課題は「休日は寝ているので、出かけて実施する自信がない」とのことで、平日にできそうな高速道路の運転について作成することになりました。不安階層表を作成後、面接を進める手順を伝えました（面接室でイメージを使い、その場面で生じる不安の特徴を理解し、次に自分の身体の外に注目する練習をした上で、実際の場面を順に体験する）。その後「空いている時間帯（午後9時）に家族と一緒に高速道路を運転する（A入口-B出口）」の場面をイメージしてもらいました。そのときの身体症状は「何だか嫌な感じがします」、不安の程度は「40」、自動思考は「嫌だなあ、大丈夫だと思うけど嫌だなあ」でした。イメージする力が弱いのか、イメージ想起による方法では十分に不安を感じることはできないようでした。続きは次回以降行うことと、呼吸法を引き続き実施してほしいことを伝え、生活記録表を渡して終了しました。

　2週間後の予約が4週間後になった4回目、生活記録表はやはり持参されません。1週間ほど前、夜中3時頃動悸を感じ、その後不安に襲われ、「自分の存在が脅かされるような感じ」がして、呼吸法を試して少し落ち着いたものの、心配なので抗不安薬を頓服したと語りました。過去に今回のような不安を感じたことがあるか尋ねたところ、5年前に兄が交通事故で急逝した後、人は何のために生きるのか一時期考えたことがあるが、その後は日々の忙しさに紛れて自然と考えなくなったとのこと。「夜の不安は、偶然身体が恐怖を学んだ（セラピストによる心理教育の説明）のではなく、こうした何か生きる意味とかそう

いう深いものなのかもしれない」と言うので、「身体が恐怖を学んで不安になりやすくなり、不安を減らそうと薬を飲むなど安全行動をとることで不安が維持される、というのは同じですが、これにはもちろん、人生のいろいろな出来事についての心配やそれによる不安も影響します。この寝ているときの不安についても、何らかの形で、何もせずにいるという方法で、徐々に減らしていくことができると思います」と伝えました。カタヤマさんは「同じなのか……」とつぶやきました。セラピストにはこのつぶやきが、納得したという意味なのか納得しかねるという意味なのか、どちらなのかわかりませんでした。また、生きる意味や人生の不安などを人に話したことがあるか尋ねました。カタヤマさんは「友人にも妻にも話したことはないです」。大切な話を開示してもらったことを重く受け止める一方、その語り口が淡々としすぎているように感じ、私は違和感を覚えました。

　残り時間で次回以降の面接内容を確認し、呼吸法の実施状況について聞くと、呼吸法は寝る前に実施しているとのことです。

　5-8回目では、高速道路を運転する課題にチャレンジしました。5-6回目、自分の身体の外に注目を向ける練習をした後、イメージエクスポージャーを実施しました。「空いている時間帯（午後10時）に一人で高速道路を運転する（A入口-B出口）」を選び、事前に不安を予測してもらうと70点。その場面をイメージし、身体症状（嫌な感じ）を覚えたところで、その嫌な感じに注目し「このまま何もしないと、嫌な感じが広がり、呼吸が苦しくなり、目眩がして運転ができなくなる」と自己教示し、不安を高めてもらいました。不安は65点まで上昇、その後そのまま体験してもらい、1分ごとに不安の得点を聞きました。不安は65点まで上昇した後、1分後50点、2分後20点、3分後10点、4分後10点、5分後0点と下がりました。ずいぶんあっさり下がったなと拍子抜けしつつ、面接の残り時間も少なくなってきたので、行動実験のワークシートの事前準備までを一緒に作成して、ホームワークの準備を整えました。

　7回目では「空いている時間帯（午後9時）に家族と一緒に高速道路を運転する（A入口-B出口）」の課題を行ったことと、無事に実施できたことが報告されました。前回面接の3日後に息子を乗せて高速道路を走ったとのこと。「最初は不安でしたが、やってみたら何とかなるものですね」と述べます。しかし「メモするよう言われましたが、すみません。ちょうど息子の時間が空いていると

きにえいやと行ったものですから」と、渡したワークシートへの記載はありませんでした。そこで面接でそのときのことを思い出してもらいながら振り返りを行いました。できないことができるようになったという喜びをあまり見せず、淡々と語るカタヤマさんを見て、私は何か腑に落ちない気持ちになりました。とにかく、まずは課題を実施してもらい、できたことに焦点づけてやる気を引き出していこうと考え、「次回も同様にやっていきましょう。そのときの細かいことを後で振り返ることが面接ではとても大切なので、記録をぜひつけてきてください」と頼みました。

面接後、私の頭には「面接間隔が1ヵ月以上開いてしまう。せめて2週間に1度来談してもらいたい」「でも中断にならず来談されているのはなぜだろう」「ワークシートへの記載の重要性を伝えなければ」「なるほどと言うが、本当に理解しているだろうか。20歳も若い自分を信用しておらず表面上合わせているのでは」といったことが浮かびます。

8回目、前回から6週間開いて来談。今度は「空いている時間帯（午後9時）に一人で高速道路を運転する（A入口-B出口）」の課題に挑戦し、できたと報告がありました。しかしやはり「すみません。仕事の帰りにえいやと行ったものですから」とワークシートへの記載はありませんでした。

私は思い切って「今日は、今までの面接の振り返りをしませんか」と提案しました。そして、来談から今までの感想や変化を聞いたところ「お陰さまで発作は出ていません。呼吸法は続けるようにしていて、何かあるときに使えるようにしています」「仕事が多忙でいつも、先生のおっしゃることが十分にできず、また予約を変更することになり大変申し訳ありません」「高速道路の運転に挑戦でき、よかったです。えいやと思い切って乗ってみると、意外に大丈夫でした」と、こちらが伝えようとしていることに対して先に謝られてしまいました。この後に言うのは言いづらいなと思いつつ、セルフモニタリングの重要性（自分の様子を自分で振返ることの大切さ、変化を自分で捉えることができること、セラピストも進捗状況がわかること）と、エクスポージャーを実施すること、そして数回でもよいので、できれば2-3週間に1度来談してほしいと伝えました。カタヤマさんは「先生がおっしゃる通りです。本当に恐縮です……」。

それから6週間後の9回目、面接前にカルテに目を通すと、前週の受診日に妻が同伴し、本人が席を外した状態で、①元々飲酒量が多い方だったが、最近

夫の酒量が増えている、②カウンセリングを受けているのにパニック障害がよくなっていない、早く治してほしい、③家庭を顧みてくれない、と主治医に訴えたと書かれていました。飲酒量については面接で語られたことと異なっています。また、本人はそれなりに生活できていると述べていましたが、家族からはそう見えないようです。主治医は「奥さんには、心理士の先生に伝えると言っておいたから」とのこと。私は、カタヤマさんのペースに合わせて面接を実施してきたのに、セラピストのせいで効果が出ないと妻に責められているように感じました。また、飲酒や家族関係など重要なことを話してもらえなかった自分は、カタヤマさんから信用されていなかったのかとショックを受けました。

　面接が始まり、「先日奥様も一緒に受診されたのですね」と確認すると、「先生に言いたいことがあるとかで。外面はいいので心配だとか言ったのだろうと思うのですが、家では、息子のことを早く何とかしろ、ゴロゴロするな、そればかりです」と、妻に対して厳しい言葉が続きます。いつもの人当たりのよいカタヤマさんの印象と全く異なり、驚きました。さらに「息子が学校を休みがちで、何とかしろと妻に迫られます。妻は息子に暴言を吐くのですが、そのことを注意すると、今度は私が追いつめられるので何も言えません。妻は昔から感情の起伏が激しく、激高するかと思えば落ち込んで死ぬと言うなど、若い頃からずいぶん苦労させられました。私の調子が悪いときは、いろいろ心配もしてくれたので感謝していますが。パート先でも周りとうまくやれず、勤務先を何度も変えています。……申し訳ありません。こんな身内の話をして。でも正直、自分のことよりも家族のことを何とかしてほしいという気持ちです」と言うのです。

　私は驚き、腹立たしさ、残念な気持ちなどを覚えましたが、セラピストがしっかりしないとと自分に言い聞かせながら、「パニック障害について話をするということで契約させていただいていますが、次回、今後の面接について話をしましょうか」と伝えて面接を終えました。

[助言してもらいたいポイント]

　以下のようなことが頭に浮かび、このまま面接を続けてよいものか迷っています。

　①問題に対して、回避するという対処行動を取りがちなクライエントだと感

じます。仕事が多忙なことも、自分の不安や家族の問題に向き合わないことに役立っているかもしれません。この面接自体も、家族問題などからの回避になっているのでしょうか。だとするとどのようにクライエントの回避行動を扱えばよいのでしょうか。

②本人が述べるように、パニック障害による困りごとが他の困りごとより重要度が低いのだとすれば、他の困りごとを先に扱うべきでしょうか。実際に妻との関係は困難をもたらしていそうです。そもそも、クライエントが本当に困っていることを聴取できていたのか自信がなくなってきました。聞き漏らしている情報が多くありそうです。

③10年前のパニック発作をきっかけとする不安の維持については、やはり扱うべきことだとも感じます。主治医からの指示に従い、パニック障害のCBTを一般的な手順で実施してきたつもりですが、妻からの情報によれば、改善していないようです。

④エクスポージャーを実施する方針が間違っていなかったとして、来談頻度を高めてもらうことではなく、1.5ヵ月に1回程度しか来談できないことを前提として、もっと課題実施に工夫をすべきなのかもしれません。そのようなことが可能なのでしょうか。

3-2 認知行動療法が認知行動療法として成り立つ条件とは

田中恒彦

田中 「助言してもらいたいポイント」を拝見しながら進めていきたいと思います。
ササキ 今、いろいろと行き詰っています。ご本人は「やりました」と言いますが、手応えがない感じがあります。奥さんに「全然、変わっていない」と言われると、「ああ、やっぱり」と思ってしまいます。「そもそも、パニック障害のCBTでよかったのか」ということも頭に浮かんでいます。

田中 この方はパニック障害という診断名がついていて、主治医からの依頼でパニック障害の認知行動療法をしている。これは、奥様のニーズでもあったのかな。

ササキ はい。ご本人は、言われたから来たという感じです。

田中 記録からも、この方はあまり熱心とは言えませんが、熱心ではないのに面接に来てくれるのは一体なぜでしょうか。行動療法の言葉で言うと、この方にとって、セラピーに来ることの強化子は何だと思われますか。

ササキ 「話を聞いてもらって嬉しい」という感じはあまり受けないのですが、話を聞いてもらうことが多少癒しの時間になっている。あとは、妻に対して「行っているぞ」と言い訳になる。リラクセーションは「これはよいかもしれない」とおっしゃっていました。

田中 「セラピーの中で何かよい体験をすることで、また次も来ようと思ってもらえる」ことは、セラピーを継続していくうえで大切な随伴性だと思うのですが、この方は、負の強化によって、つまり嫌なことから逃れられることでセラピーが続いているのかもしれません。この方がセラピーや病院に来ることで逃れられる嫌なものとして、たとえば、病院に来ると薬がもらえて、薬を飲むことで「不安が下がる」という体験を得ていることが挙げられそうです。この方は発作が頻繁に起きているわけではなくて、薬を飲むと不安にならずにすむ。不安という嬉しくないものが、手っ取り早い方法ですっと改善するという経験をしています。これは大きなメリットですよね。嫌なものが自分の側から取り払われるということによって維持される行動――つまり負の強化によって病院やカウンセリングに来る行動が維持されているという現状があるのだとしたら、それをセラピーを受けることによって明確な何か得るものがあって、それを持って帰ってもらうというふうに転換できたらよいかもしれませんね。その意味で、リラクセーションを実施したときに、よかったと思われたことは大切な体験ですね。実際に、その後生活でリラクセーションを使う回数などは増えましたか。

ササキ 記録をお願いしても「やるようにします」と言うだけで、記録は全然ないです。

田中 少なくともご本人の言葉による報告では、薬よりは効果がないかもしれないけれど、自分の不安を和らげる方法として活用はしているようだと。ただし、それを記録として残していただくのが難しいということなのですね。

ササキ 本人の言葉を信じるのなら、寝る前、それから不安で起きてしまったときに「頓服を飲む前にやってみた」などとおっしゃっていました。

田中 この方はどういう形にすると、今よりも記録をしやすくなる、もう少し正確な記録が取りやすくなるでしょうか。

ササキ 私と電話をしながらエクスポージャーをすることや、書いてもらうのではなく直接喋ったことを記録できないかと考えてみたこともあります。

田中 この方は「書く」という行動の生起頻度が低いので、ワークシートに記録してもらう方法は本人にあまりフィットしていないのかもしれないですね。では今日のスーパービジョンでは、ササキ先生が困っている、クライエントが記録をつけてきてくれないことについて、まず考えてみましょう。その上で、パニック障害のCBTの成立要件について考えてみたいと思います。セラピーが効果的に働いているのかどうか毎回検証する作業が認知行動療法では重要ですよね。この視点からもお話しできればと思います。

さて、記録について、先生はどのような情報がほしいですか。

ササキ 不安の最中に、どのような認知が浮かんでいるか。まさにどの程度不安になったのか、そのときに何をしたのかという情報がまずほしいです。

田中 通常は、実生活の中で実際に不安になったときに記録してもらうのがよいのですが、この方は難しそうですよね。そうすると他に、効率よく情報を得るにはどんな方法があるでしょうか。可能かどうかということは一旦置いておいて考えてみましょう。

ササキ 面接でイメージを使ったエクスポージャーを実施しましたが、イメージするのが苦手そうでした。もっと不安を感じてもいいはずなのに、それほどSUD（自覚的障害単位）の点が上がらず、その後のイメージエクスポージャーでは、あっさりと点が下がってしまったので、イメージを用いて面接室の場で情報を得ることは難しい方なのかなと思いました。

田中 イメージをしてもらうことで、どういうものが見られると思ったのでしょうか。

ササキ イメージをしてもらってどのぐらいまで不安が上がるのかと、それがどれくらい続き、どれくらいで下がるのかという、実際の情報が見られると思いました。

田中 この方の場合、ご自身が不安になっているときは何をもって不安だと考えておられるのでしょうか。たとえば、私はジェットコースターが苦手なのに、

妻はジェットコースターが好きなのでときどき付き合わされるのですが、もうそろそろだと思うと、心拍が強くなりどきどきしてくることで、不安になっていることがわかるのですが、この方は身体の反応などのようなところに気づいて不安だとわかるのでしょうか。

ササキ　最初のパニック発作のときは、すごく息が苦しくなり、どきどきしたそうなんですが、今現在は「身体が嫌な感じがする」とおっしゃっています。

田中　身体のどのあたりですか。たとえば、喉の部分がぎゅっと締まるような感覚があるのか、あるいは背中が重たくなる、ぎゅっと緊張するような感じになるのか。

ササキ　「息苦しさのような、喉などに違和感がある、嫌な感じがする」とおっしゃいます。

田中　このように、不安を感じる身体の信号を同定していくことによって、より測りやすい指標が見つかるかもしれません。たとえば心拍だったら、データが自動的に保存される心拍計をつけてもらう方法もありますよね。この方のように少し表現が悪いですがずぼらな方にとっては、手間がなく記録してくれる方法が取り組みやすいかもしれません。あるいは、ICレコーダーやスマートフォンに「しんどいです」などと録音してもらうと、日時の情報が録音機に残りますから、機器ごと持ってきてもらって、面接中にカウントすることができるかもしれません。こんなふうに工夫すれば、行ったことの効果の有無を正確に測定・評価できそうです。「よくなったというご本人の発言を大事にしたいが、妻からの情報を聞くと実はよくなっていないのではと不安になる」と報告してくださいましたが、ご本人の発言を支持する証拠を集めるという意味でも、生理指標など客観的にカウントできるものを使うことは大切なことだと思います。エクスポージャーは、「交感神経をあえて興奮させて不安にさせた上で」行うことが大切だと言われますよね。イメージしたときに、実際に本人は65ぐらいまで上がったと言ったけれども、すぐに下がったのですよね。こうした場合にも、たとえば心拍や発汗等をうまく使うことによって、本当に65まで上がったのかの証拠が集めやすくなる、という使い方もできると思うのです。

　ところで、先生の今までの経験の中で、エクスポージャーの効果があったなという方は、どんな方がイメージできますか。その際行ったこと、前後でのクライエントの反応や変化について、具体的に教えていただけますか。

ササキ　嘔吐恐怖の方や、広場恐怖の方など、10ケースはいきませんが経験

があります。効果があった例としては、白米が苦手だという嘔吐恐怖の女性に、面接室で一緒に白飯を食べるエクスポージャーをしました。ご飯を食べる前に、建物の周りを一緒に走って、気持ち悪くなる状況を高めてから、実際に白飯を食べました。実際に走ると、SUDで測定した不安がぐっと上がりました。そしてとても不安そうな顔をして、背中がぎゅっと丸まって、強く緊張していました。食べるときはとても嫌そうでした。走ったせいもあり、汗がだらだらと出ていました。その後食べてから、最初は不安がすごく高かったのですが、徐々に、じわじわと下がっていきました。体の緊張や汗、気持ち悪そうな顔の表情は、はっきりなくなっていきました。

田中 今回のイメージエクスポージャーでは、うまくいったケースで見られたような表情の変化や体の緊張などは観察できましたか。

ササキ あまり見られませんでした。そこが、このクライエントとお会いしていて、やっていることの効果があるのかつかめないと感じる点だと思います。

田中 表情の変化や緊張等が見られなかったということは、行ったことがエクスポージャーとして機能していない可能性があったわけですね。そもそも、エクスポージャー療法とは、不安な状態にわざと曝露し続けることで、それは本当の不安ではないのだと再学習してもらうもので、この「再学習」というのがポイントです。そして再学習するためには、あえて不安を引き起こす刺激に自分をさらすことが大切です。刺激にさらしたときには必ず反応が出るはずなので、反応が出ていないということは、刺激が刺激になっていなかったということですよね。

　動物をつかった学習心理学の実験では、実験者が特定の刺激を用いてあらかじめ恐怖条件づけを行うので、実験者は、恐怖が喚起される刺激を知っているわけです。しかし実際のセラピーでは、不安を喚起させる刺激が明確にわかっていない場合も多く、「おそらく、これが不安を生起させる刺激なのだろう」と想定しながら、刺激を探すという感じになりますよね。その場合には、刺激を提示した際に「反応がきちんと出ているか」を確認することがとても重要なわけです。したがって、イメージエクスポージャーを用いた場合は特に、行動療法の用語で言う条件反応がきちんと出現しているかどうかを観察することが大切になります。その際、先ほどお話ししたような、心拍が測れるような道具があると、上がり下がりがしっかり確認できて役に立つでしょうね。

　イメージエクスポージャーについてさらに検討しましょう。実際に私をクラ

イェントだと思って、イメージエクスポージャーを導入していただけますか。

ササキ　用いた場面は「空いている時間に一人で高速道路を運転する」。高速道路は、入口 A から次の出口 B まで、そんなに長くない距離です。事前に予測した不安が 70 点だったので、これを選びました。では、田中さん、お話ししたように、まずは面接室の中で実際に不安になるところをイメージしながら、そこにさらしていくイメージエクスポージャーをやってみましょう。実際にその場面を思い浮かべて、不安を高めるような考えやイメージを自分に投げかけながら、イメージをしていただければと思います。それでは、目をつぶっていただいて。……今は空いている時間帯です。夜の 10 時ぐらいです。お一人で、これから高速道路を運転します。入り口に入ってみてください。今この段階で、不安は 100 点満点で何点ですか。

田中　60 点ぐらいです。

ササキ　60 点ぐらいですか。今入りました。そのまま運転をしていきます。今どんなイメージが頭に浮かんでいますか。

田中　高速道路を走っています。

ササキ　不安は、60 点ぐらい？

田中　少し上がりました。

ササキ　何点ですか。

田中　70 点ぐらいです。

ササキ　このときに、何かあったら困るなということを田中さんはよく思うとおっしゃっていましたけれど、ほかに不安を高めるようなイメージは何かありますか。

田中　どきどきして息苦しくなったらまずいなと思います。

ササキ　どきどきして息苦しくなったらまずいな。自分のどきどきや息苦しさに注目できますか。そうです。もっと注目しましょう。

田中　少しどきどきしてきました。

ササキ　今、不安は何点ですか。

田中　70 点です。

ササキ　そのまま、その不安を強めましょう。「このまま不安が高くなったらどうしよう」「みっともない姿をしたら困るな」……そのまま運転をしてください。今は何点ですか。

田中　75 点になりました。

ササキ 今、心臓はどんな感じでしょうか。

田中 少しどきどきしています。

ササキ 心臓のどきどきに注目しながら、運転を続けてください。今不安は何点ですか。

田中 少し慣れてきました。60点ぐらいです。

ササキ 60点ぐらいですか。また2-3分後に聞きますので、そのままその不安な感じを体験していてください。

田中 ……基本的に、きちんと手順に沿ってやっておられましたね。主に、クライエントが自由にイメージするように教示して、それに対してSUDを聞いていくという感じでした。これから私も同じようにやってみましょう。この方は不安になったときに、主にどんな身体の反応が出てきますか。

ササキ 喉がきゅっとして息が止まるのではないか、できなくなるのではないか。息ができなくなると人前でみっともない姿をさらす、と言っていました。

田中 みっともない姿をさらす……みっともない姿をさらして、どうなるのでしょう。

ササキ それ以上は聞けていません。

田中 そうすると、会社の方や誰かを乗せて運転するなどというのは、だいぶ苦手そうな感じですね。今回は高速道路を走るという70点ぐらいの課題でしたね。これを選ばれたのは先生ですか。それともクライエントですか。

ササキ 私が選びました。70点ぐらいからやりましょうと本で読んだので。

田中 「混雑する時間帯に一人で高速道路を運転する」が90点ですね。混雑する時間帯に仕事上とても重要な人、さらに自分の会社の社長を一緒に乗せて運転する場合、不安階層表は何点になりそうでしょうか。

ササキ 120点など、100点を超えると思います。

田中 不安階層表は本来100点までなのに120点が出てしまいましたね。これは大切な点です。70点からスタートすると本にはよく書いてあるのですが、クライエントは真の100点の状態を言えないことが多いのです。主観ですから、本人が言う70点が実際には20点や30点だということもあるし、Aさんの70点とBさんの70点とCさんの70点が全然違う可能性もあります。したがって大切なのは、不安階層表に沿ってやることよりも、先ほど言ったようにエクスポージャーとして成立するために、きちんと条件反応が出現しているかどうかを確認することなのです。実際に体験してみましょう。

──では、これからイメージによって実際に高速道路に乗ってもらって、緊張と不安を味わってもらう体験をしていただきますが、しっかりと緊張してもらうことがとても大切です。したがって、もしかすると「怖いな」「嫌だな」という気持ちが出てきてしまうかもしれません。ですが、今回はそれをすることが目標なのだ、目的なのだと思ってイメージをしていただけたらと思います。ちなみにササキさんがお乗りの車はなんですか。

ササキ　日産のマーチです。

田中　よくお仕事などでお使いになる高速道路というと、どこをイメージされますか。

ササキ　阪神高速です。

田中　ここぐらいだったらまだなんとか乗ろうかなと思えるのは、どのあたりでしょう。

ササキ　普段は全然乗らないですけれど、「箕谷」から「からと西」ぐらいですかね。

田中　私の記憶ですと、あと5分ぐらいで有馬口の出口があると思うのですが、有馬口まででしたら、どうですか。

ササキ　もう何年も乗っていないですが、混んでいたら嫌ですね。

田中　混んでいると、少し嫌だなという感じがしますか。ではとりあえず、箕谷から有馬口まででイメージを進めていきましょう。では、ゆっくりと目をつぶって、椅子にリラックスして座ってみてください。マーチのキーは、どんなキーですか。

ササキ　普通の回すやつです。仕事用のマーチは古いので。

田中　では、それをしっかりと鍵の穴に入れて回してみてください。ちなみに、車の中はたばこの匂いなどはしたりしますか。どんな匂いがしますか。

ササキ　これは禁煙車なので、たばこの匂いはなしです。

田中　そうですか。「ああ、マーチに乗ったな」というのがわかるサインみたいなものはありますか。たとえば、車の特有の匂いがある、あるいは中がもわんと暑いなどです。

ササキ　今の時期は、いつも暑いですね。

田中　暑いですよね。暑い感じを少し体験しますか。……では、そのままキーを回してエンジンをかけてください。いつもおうちから出られるときには、出てすぐ右に曲がりますか左に曲がりますか。……左ですか。では、左に曲がっ

てみてください。私はあなたのおうちを知りませんので、阪神高速の箕谷インターまでの道順をゆっくり教えていただきながら、今目の前にどんなものが見えているかを教えてください。

ササキ　目の前には大きいスーパーマーケットがあります。そこを右折します。そのまままっすぐに行きます。割と高速の入り口にうちは近いので、ゴルフ場の大きい看板があります。そこを右折すると、すぐ高速の入り口です。

田中　高速はETCですか、それともチケットを取りますか。……ではチケットを取りましょう。チケットのおじさんは、どんな顔をしていますか。

ササキ　日に焼けています。

田中　そのままチケットをもらって乗っていきましょう。阪神高速に乗ると、どんな景色が見えていますか。

ササキ　壁があります。

田中　壁がありますね。壁が見えると「高速に乗ったな」という感じが出てきますか。

ササキ　あまりないです。

田中　あまりないですか。今、頭の中でどんなことを考えていますか。

ササキ　高速はどんなものだったかな、と思っています。

田中　なるほど。そうすると、あまり思い出せていない感じですね。イメージしている高速は2車線ですか、3車線ですか。……2車線ですか。車は周りに？

ササキ　いないです。

田中　もし、昼間の須磨インターのようにぎゅうぎゅう詰めだったらどうでしょうか。

ササキ　それはとても嫌ですね。

田中　嫌な感じを味わいながら、ぎゅうぎゅう詰めの中に行ってください。前にいる車はなんですか。……トラックですね。トラックはお好きですか。

ササキ　嫌いです。

田中　横にいると嫌ですよね。今、不安な気持ちは何点ぐらいになりましたか。

ササキ　50点です。

田中　トラックの運転手の顔は見えますか。

ササキ　見えません。

田中　横の車は何ですか。

ササキ　横は、ワゴン車です。

田中　ワゴン車の運転手の顔は見えますか。どんな顔をしていますか。
ササキ　こわもてのお兄ちゃんです。
田中　こわもての人が横にくっついたら、嫌な気持ちになりますよね。そうやって、そのまま渋滞の中をとろーりと進んで行ってください。阪神高速の神戸線だと、一度詰まるとなかなか前に進みませんよね。そんなときに、もしあなたの取引先のとても大切な人が横に乗っていたらどんな気持ちになりますか。
ササキ　それは勘弁してほしいです。
田中　どう勘弁してほしいのですか。
ササキ　何かしでかしたら駄目だなと思います（眉間にしわがより、身体に力が入る）。
田中　今は少し眉間にしわが寄っている感じと体に力が入っている感じがしませんか。
ササキ　眉間にしわですか。たしかに寄っていますね。
田中　身体に力が入っている感じはどうですか。
ササキ　意外と気づいていませんでした。入っていますね。
田中　その状態で、そのまま有馬口のインターに向かって、とろーりと進んでいきましょう。インターの近くには何がありますか。……木がたくさんありますね。どうですか、その木は見えてきましたか。そこで後ろの席にどうも私が乗っているみたいです。
ササキ　先生が乗ってくださったら大丈夫かもしれない。リラクセーションなどをやってもらえるかもしれない。
田中　実は私は性格が悪いのです。あなたのことを脅かしに来たみたいです。あなたはそのまま有馬口のインターに出たいのですよね。ところが、私がハンドルを回すのを邪魔します。そのまま通り過ぎてしまいました。道はずっと渋滞。また体が硬くなりましたね。今、不安な感じと嫌な気持ちは何点ぐらいですか。……65点ですか。いいですよ。そのままゆっくり65点を味わいながら、行ってみましょう。息の苦しさなどはどうですか。
ササキ　喉の奥が苦しいです。
田中　その眉間のしわをお隣に乗っている仕事の方がすごく心配しているような顔でのぞき込んでいます。「顔色悪いよ。大丈夫？」と聞いてきています。
ササキ　やめてほしいです。
田中　今、不安な気持ちは……75点ですか。たしかに眉間のしわも強くなり

ましたね。やっと次の出口を出ました。下りてすぐ右側にコンビニがありますね。そこに車を止めてみましょうか。はい、止めました。隣の人が「おい、大丈夫だったか。顔色悪かったよ」と言っています。なんて答えますか。

ササキ　いやいや、少し暑かったですからね。

田中　……では、目を開けましょう。ご自分のときとどう違いましたか。

ササキ　田中先生のときは、私の身体の反応をより強めるような声かけがありました。私は、認知を不安にさせるように声かけをしましたけれど、身体の反応を先回りして強めるような声かけはできていなかったと思います。

田中　怖いときというのは、頭の中で「これはこういう理由だから怖いよ」と先に考えるというよりも、先に身体のほうが反応して、後から「ああ、あれが怖かったんだな」と認知することが多いと思います。エクスポージャーでは、不安を感じたときの身体の反応を直接体験することがまず重要です。不安が下がって落ち着くというプロセスよりも、自分がここまで不安な気持ちになれたという体験をすることがとても大切なのです。ちなみにロールプレイをこのまま続けていたら、実際に怖いという思いを体験してみてどうだったか、実際に車を運転しているわけでもないのに同じように不安な気持ちが高まったというのはどういうことが起こっていたのか、といったことをお聞きしていくと思います。不安が生じていないところから、しっかり生じさせるところまでイメージさせて、自分の体の中に起こってくる様々な反応に注目をしてもらうことが、イメージエクスポージャーではとても大切なのです。

ササキ　今までのケースも、イメージを用いて練習をしていました。うまくいったケースは、日々不安が強い方が対象だったので、自分の不十分な教示でも、はっきり不安が出たのではないかと思います。このクライエントは、今まさに毎日不安だというのではなく、なんとなく嫌な感じという程度でした。さらに、イメージを思い浮かべるのがあまり得意ではないのに、上手な人と同じ教示をしてしまっていたのかもしれません。

田中　この方は、7回目の現実曝露ではメモはしていないけれどもわりと効果があったと本人も自覚されたのですよね。

ササキ　本当に効果があったのかが私の中で自信がなくて。

田中　もし「効果があった」というのが事実だとしたら、どうなると思いますか。

ササキ　そういう発想では見ていなかったです。効果があったのが事実だとし

たら……。そのあとは高速道路を使うようになる、でしょうか。

田中 そういうことが出てくる可能性がありますよね。「最初は不安でしたがやってみたらなんとかなるものですね」とお話しされていましたから。この場合の記録は、SUD を測定するだけではなくて。高速や苦手な道を使う回数が増えた、あるいは、乗るよう指示したときに実際に達成できたかどうかということででも評価ができるとも思います。

　さて、時間が近づいてきましたので、全体をまとめながら見ていきましょう。この方の回避について、「回避をするから駄目なのだ」ではなくて、回避せずに取り組めるようなプランを色々と考えてみましょうとお伝えしました。その際、先生一人で考えるのではなく、クライエントやもしかしたらクライエントの奥様にも加わってもらって、一緒に考えられるとよいのではないでしょうか。この方は特に「楽をしてやれるにはどうしたらいいか」と考えながら、セラピストが可能な範囲でツールなども活用して、記録やホームワークなど回避をせずにすむような工夫を考えることができるのではないかとお話ししました。そしてエクスポージャーの実際について、少し実際に体験してもらいました。それから、パニック障害の人が面接に来る理由のひとつには、負の強化による状況というのがあるのかもしれないこと、それをできるだけ正の強化にして、仕事の優先順位が高いのはもちろんですが、来れば来るほど何かを得られるという方向に持っていく工夫が何かできないかということをお話ししました。

　奥様からの情報だと改善していないようだということですが、これは改善しているかいないかを判断するための材料がないということですよね。この方の場合は、どのような指標を使えば改善している・していないことの物差しになるのでしょう。

ササキ 「パニック障害の CBT ではなく、本人が実は困っているという家族問題を扱う必要があったのでは」ということに目が向き過ぎていて、先生がご指摘の点はしっかり考えていませんでした。「なんかやれた」「ちょっとまし」というご本人の発言では判断が難しいなと思う一方で、何をもってよくなったと判断するのかについて、私の中ではっきりしていませんでしたし、そこをしっかり考えてもいませんでした。

田中 最初に行った PDSS も、パニック障害の症状のひとつの評価ですよね。これを、ご自身とご家族、奥様などにつけてもらって、それぞれの違いを検証することができるかもしれません。あるいは、外出や高速に乗った回数などを

指標として、数えてもらうことができるかもしれません。そうした方法でも、パニック障害の症状や広場恐怖の症状の改善が測定できるかと思います。だからと言って、この方の生活の問題がそれで改善していくかどうかと言うと、それはまた別の話かもしれませんね。おっしゃるように、家族間の問題のほうがもっと大きい可能性もあります。仮にパニック発作や予期不安が軽くなったとして、この方のセラピーや治療に対する満足感は上がりそうですか。

ササキ そこが自分の悩んでいることなのだと今気づきました。正直なところ、クライエントのセラピーや生活の満足感を考えてというよりも、主治医にCBTと言われたからCBTという流れになっているなという気がします。

田中 だとすると、ある程度問題となっている点が改善してきた時点で、それがこの人の生活や人生の改善につながっているか、つまり「何ができるようになったら、もっと楽になれるか」を改めて検討することができるかもしれませんね。「パニックが治っても、家族のことが困っていたら意味がないですよね」と、こちらから水を向けてもいいですし、「なかなか、厳しい奥さんですね」と少し言ってみて、クライエントの反応を見ながら、「それも取り上げることが可能な問題かもしれません」と話すこともできるでしょう。

ササキ 主治医から「パニックのCBTをお願いします」という感じで進んできていて、途中から「いや、やっぱり家族のことを」という話が出てきたとき、面接全体としてはどう仕切り直しをしていくのがよいのでしょうか。

田中 パニック障害のCBTという契約でセラピーが進展し、症状の改善が認められる、あるいは見込めていることが、主治医とクライエントの両者から見て確実であるならば、改めて新しい面接の契約として取り組むことができると思います。パニック障害のCBTという方針がそもそもずれている場合には、主治医となぜずれているかということについて見立てを明らかにしながら話をすることもできるでしょう。

ササキ 主治医に見立てを説明するような機会は、今の職場ではほとんどない感じです。言われたことを頑張ってやります、という感じにどうしてもなっていました。

田中 そこはこれから取り組むべき課題かもしれませんね。ちなみに主治医の先生とちょっとした時間を取ってお話をするとしたら、どんなときだったらできそうですか。

ササキ 同僚と簡単でいいからカンファレンスをしようと話しているところな

ので、そのときに主治医にも顔を出していただくことぐらいからでしょうか。
田中 ではそういったときに主治医の先生に「現状の見立て、これまでの介入の振り返りをしたい」とお伝えした上で、こういう方向も考えているのだと提案できるかもしれませんね。大体これで終わりなのですが、感想などがあれば教えていただけますか。
ササキ 一番インパクトがあったのは、今までのうまくいったケースと比べてみようというところでした。それから自分は、妻からの情報などもあり、面接のうまくいっていないところに注目してしまっていたようです。このケースは「パニック障害のCBTという方針が間違っていたのでは」という発想になっていましたが、先生のご指摘で、パニック障害のCBTとしてやれたことやクライエントが実感している変化にしっかり目を向けながら、一方でCBTだと自分が考えている介入がCBTとして成り立っているのかを検証することが大切なのだと気づきました。

3-3　認知行動療法はあくまでひとつのツール

加藤　敬

加藤 この方は困っていると言っていますが、パニック障害を抱えて5年ぐらい経っていて、記録の感じですと、回避行動が癖になって生活体験に組み込まれているという状態ではないでしょうか。このタイプは改善が難しいのです。それから、薬物療法は本格的ではないですね。広場恐怖が併発しているから、抗うつ薬とCBTを治療として考える医師が多いと思いますが、抗不安薬だけですね。CBTにおいて心理教育を行う際、障害と薬との関連性をわかりやすく理解してもらうために、脳科学的な説明がやはり必要だと思うのです。「パニック障害は今のところ、持続的な精神緊張から脳が疲れてしまうのだろうと言われています。呼吸中枢に影響を与える青斑核という神経細胞が誤作動を起こすという仮説がありまして、そこに働きかけるのがいわゆるセロトニンの状態をコントロールする薬の役割とされています」というような。心理職には認

知行動面からコントロールをする技術を教える役割もありますが、薬物療法の必要性がピンときていない人に説明をする役割もあると考えています。広場恐怖が併発してしまうステージが大きく3段階ありますよね。パニック発作がわーっと出てきてしんどかったという第1ステージ。「またなるのではないか」という予期不安が出てくる第2ステージ。広場恐怖にまで広がってしまう第3ステージです。第2、3ステージでは抗うつ剤が必要だと言われます。この方はもう第3ステージだからCBTと抗うつ薬を処方しようと主治医も考えているのではと思うのですが、クライエントは病気の特徴をよくわかっていないなという感じを受けます。その点をこの方には教える必要があると感じました。

また回避行動は、不安を維持してしまうという点ではよくないものです。ただ、仕事や生活をずっと続けていかなければいけないという観点からすると、回避傾向というのは、ある意味この方の工夫なわけです。「今まで、そんなに発作を大きくせずによくやられてこられましたね」という形で、この方の苦労をねぎらう、心情面を支えることも大切かと思います。

このあたりが、面接の基調になるでしょう。この人なりの病気との付き合い方の歴史をよく聴取して、病気に対する認識と取り組みを理解してあげる。そうすると「実は妻が……」という形で、家族の問題が面接の中で出てくる可能性もあります。そういうことで言えば、このようなケースの場合は最初から進め方を決められないことも多いのではないでしょうか。ジュディス・ベックなどのCBTの進め方は最初から大体の型が決まっていますが。

ササキ 一般的なパニック障害のCBTの手順に基づいて進めたという感じで、おっしゃったようなねぎらいは十分にできていなかった気がします。

加藤 マニュアルは、初めてCBTを行う場合のよりどころになるのですが、CBTというのは、あくまでひとつのツールなのです。傾聴型のカウンセリングを心がけて、まず何をしていくのかをしっかり理解し整理していくことが、この面接では不足していたのかなと感じました。これは「どのようにクライエントの回避行動を扱えばいいか」というご質問へのコメントにもつながりますが、扱うというよりも「どう理解するのか」「理解した上で、どう関わっていくのか」ということだと思います。

ササキ 先生がおっしゃった「結果として問題になっているが、そもそもはこの人なりの工夫なのだ」という発想でお聞きできていなかったと感じました。それから、現在入職して2年で、CBTはこの1年ぐらい実施していますが、

今までお会いした不安障害の方は、マニュアルベースでそれなりに対応できていたのですが、今回はそうはいかなくて。そういうときに、いかに標準的な手続きに乗せるかではなく、傾聴という面接の基本に立ち戻り、クライエントの対処行動の歴史を聴取することが必要なのだろうと感じました。

加藤　次に「本人が述べるように、パニック障害による困りごとが他の困りごとより重要度が低いのだとすれば、他の困りごとを先に扱うべきか」というご質問について。医師の診察については、たとえば風邪を引いて受診したとき、医師の問診に対して症状を答えて、「検査を受けてね」と言われて検査を受け、その結果「風邪だね」と言われて、対処方法を教えてもらったり薬を処方されたりする、そういうことを幼い頃から経験的に学習していますよね。だから、医師との関係は、わざわざ教えられなくても診察室で何を話せばよいかわかります。一方カウンセリングは、多くの人は「悩みを聞いてくれるんだな」という程度で、何を話していいのかがよくわかりません。「何か悩みを言ったらいいのかな」という感じでしょう。クライエントにこちらが質問をして話を聞いていけば自然といろいろなことが聞けるのではないか、とセラピストは思いがちですが、クライエントは面接室で何をどのように話せばよいか自体を知らないから、何がどう問題なのか伝えるのが難しいのです。

このクライエントは、家の問題がパニック障害と関係しているという発想がないために、セラピストの質問がピンとこないのではないでしょうか。我々は色々なストレス要因がパニック障害の発症や維持の因子になっていると理解しています。しかしそれを伝えなければ、クライエントは何を聞かれているのかわかりません。ですから、心理教育を毎回行う必要があるのです。セラピストがパニックの症状だけを扱い、症状をどうコントロールするかということばかり聞いていたら、環境面など他のところが見えなくなってしまいます。もう少し広い視野で、この人にピンときてもらうための質問を多く行っていく必要があるのかなと思ったのです。

もう１点、奥さんがやってきた、家族の問題がわかってきたというのは、治療が進展しているのだと思うのです。私自身もそのような経験をしています。面接で、ご主人が「だいぶよくなってきました」と言っていたのに、あるとき奥さんがやってきて「一体治療はどうなってるんですか。主人には内緒で来たんです」と語る。そんなふうに、ご主人が面接で語るのとまったく違うことをおっしゃることが多いなというのが、僕の実感です。それが出てきたというこ

とは、治療がぐっと進んでいる現れなのです。奥さんとご主人との話し合いがあまりないという人も多いでしょう。奥さんにしてみれば、ご主人が仕事から帰ってきて、ご飯を食べて風呂に入って寝るばかりで、ぶつぶつ文句を言っているなんていう様子を見ると「全然変わっていない」と思うわけです。何が起きているのかさっぱりわからないのだが、質問してもご主人は説明してくれない。そうなると奥さんは不安になりますよね。このクライエントの奥さんは、パニック障害のことをどれくらい知っているのかなと感じます。知らないのであれば、やはり教える必要がありそうです。奥さんが訴えにやってきた際にご主人の病気について説明すると、「それは知っているんだけれども、どんな治療を受けてるのか、ちっとも話してくれないんです」というような例が多いのです。そこで説明をこちらからしていくのです。

　ご主人が医療機関では「お酒は缶ビール1杯ぐらいです」と適当に言うけれども、「最近はお酒ばかり飲んで、酒量も増えて。はたから見ていたら、もう心配で仕方ないんです」と奥さんが言うこともある。そういう方は結構多い。だからと言って、セラピストに嘘をついていた、適当なことばかり言っていたというわけでもないのです。たいていカウンセリングに対する経験がない、知識が不足しているというところからきているだけの問題なのです。このケースがそれにあてはまるかはまだわからないのですが、私の場合、そうなったらご主人と一緒に来てもらって、夫婦で作戦会議みたいなのをやる。そうすると、結構落ち着いたり、うまくいき出したりという例もあります。奥さんの登場というのは、ある意味チャンスだなというような感じです。

ササキ　私自身も、最初のインテークのときにいろいろお聞きしたつもりではいるのですが……。今回は主治医から「あなたパニック障害だから、認知行動療法というのを心理士にお願いしたからね」と、クライエントも言われるがまま面接が始まっていまして。広がりのある情報をクライエントがあまり話してくださらないのも、治療の延長線上の感覚で、ご自分で「ここは重要じゃない」と決め込んでいる可能性があるかもしれません。先生がおっしゃったように、カウンセリングとは何かを知らないということを想定した関わりが十分にできていないように思います。

　もうひとつ思ったのは、やはり奥さんのことです。面接経過には書いていませんが、過去に精神科の入院歴があるということも聞いていて、「この奥さん、要注意だな」と思い込んでしまったところがあります。こういったことを逆に

チャンスと捉えるという発想は全くなく、リソースにもなり得るという理解すらしていませんでした。

加藤 担当した女性のケースで、うつということで面接を進めていたのですが、ご主人の「オーバードーズはするわ、自殺未遂するわ、リストカットするわ、もうそんなです」という情報が飛び出し、状態はもっと深刻だったということがわかったというケースを思い出しました。奥さんはご主人が来るのをいやがっていたのですが、最終的にご主人とも協力しながらやっていきましょう、ということになりました。最初はCBTで進めていたのですが、うまくいかなかったので、夫婦でどのようにしていくか考えていくという方針に切り替えたケースでした。

ササキ 心理教育についてもう少しお聞きします。今回のようにクライエントが重要なことを話してくださったときに、そういった生活上のことが実はあなたのパニックの症状にも関連しています、と何度も伝えることが大事だということなのですね。

加藤 そうなのです。その際、わかりやすく伝えることが大切です。心理教育は問題理解の仮説に基づいて行われますが、クライエントがまだ十分に話してくれず、わからないことがたくさんある段階から、セラピストは仮説をつくっていくわけです。ですから、面接の進行とともにその仮説はどんどん修正されていくのが普通で、最初に立てた仮説にこだわる必要はありません。「仮説がだんだん深まってきた」という場合もあれば、「最初の仮説は間違いだったから捨てよう」という場合もありえます。この作業を、クライエントとともに行えばいいのです。

ササキ 自分は「恐怖がレスポンデント学習で条件づけられて、オペラント学習で回避するということを理解してもらえるまで何回も言おう」という意識はあったのですが、それ以外の、心理・社会的な要因や、妻との関係など、そういう個々の体験が語られたときに、それを「心理教育に組み込んで伝え直す」「クライエントと一緒に立てた仮説を見直す・アップデートする」ことまではできていなかったと思います。

加藤 4番目の「もっと課題実施に工夫をすべきなのかもしれない」という点について。いくつかの視点から考えることができそうですが、ひとつ挙げるとすれば、もう一度この方の来談動機を捉えることが役立つかもしれません。「できないことができるようになったという喜びをあまり見せず、淡々と語るカタ

ヤマさんを見て……腑に落ちない気持ち」というくだりがありますね。そもそもどういう方なのか、可能性を考えてみましょう。まず、もともとあまり感情を表現しない人だった。だとしたら、そういう人として扱って、淡々と治療を進めることもありえます。次に、クリニックには薬をもらうという動機づけで来ていて、CBTに対してあまり意欲的ではないが、自らCBTは必要ありませんという気もないし、あまりわかってもいない。このような場合、ドロップアウトの可能性が出てきます。3番目に、パニックの症状以外に気になる問題があって、パニック障害の治療は大事だとわかっていても身が入らない。しかしどこが問題なのか、本人の中で今ひとつはっきりしていない。もしこの3番目だったら、先ほどの家族背景を含めた問題も組み入れていくと、この方の中で少しずついろいろなことがはっきりするでしょう。いろいろな可能性を考えてみる必要があると思います。

　勤め人で、このクライエントのような来談頻度の方は結構います。予約したが仕事が入ったとしてキャンセルになる、ということがある程度続いている場合、私としてはそのこと自体を扱ってみたくなります。たとえば「月に1回ぐらいになっていますが、その頻度でこの面接はどのくらい役に立ってますか」というふうに。「面接で言われたことを忘れちゃって、どうしたらいいのかなと思っています」とか「面接の中で、実際に練習をしてみたい」とか、いろいろと要求が出てくれば、それを糸口にして話し合いが進められます。ちなみに私は、来談の頻度が不安定な人に対しては、1回のセッションでやった内容を紙にざっと箇条書きにして、お渡しすることが多いです。「これを見ておいてください」と言って、次につなげる感じにするわけです。このように、面接の仕方をもう一度検討し直すというのも、ひとつの手でしょう。

ササキ　来談が不安定なことについて扱おうとすると、「誠に申し訳ございません」と先回りして謝ってくださるので、それ以上お聞きできないムードだったのです。……ひょっとしたら。この人は怒られるのが嫌なのかもしれません。当院はたしか3ヵ所目です。前院でも抗不安薬に加えて抗うつ薬が処方されて、「抗うつ薬は嫌だ」という理由で中断したのだろうと思われます。当院の主治医は、患者さんが嫌だと言ったら、「じゃあ、抗不安薬だけでマイルドにやりましょう」みたいな先生なのです。だから通院が続いているのかもしれません。妻からはしょっちゅう叱られているようです。私との面接も、主治医から言われたとおりにやっているという感じで、周りから叱られたくないという構えに

なっているのではと今気づきました。そうすると、先生がご指摘くださった点を聞くためには、少し関係を見直さないといけないと思います。

加藤　医療機関にかかるクライエントの心境として、「お医者さんが怖い」というのはあるでしょうね。カウンセリングも同じでしょう。我々が一般のユーザーにどう思われているのかについて、ある程度の仮説を持っておく必要があります。小さい子の場合はわかりやすいですね。小学校の低学年の子が初めてやってきたときに、すごくもじもじしたり、何か不安な顔をしていたりすることがありますよね。それは大概、注射を心配しています。最初に「今日は注射はしないよ。お話しするだけだよ」と伝えてあげると、本当に安心した顔になります。医療機関で働いているのであれば、クライエントは一般の医療のイメージで来ている、ということを念頭において関係を作っていく必要があるでしょう。ですから、今おっしゃった、この人は怒られるのが嫌なのではという視点は、とても大事だと思います。ただ、年齢が上の人に対して、「怒りませんからね」などと言えるわけはないですよね。そこで、カウンセリングというのは叱りながら進めていくようなものではない、ということをわかってもらう工夫が必要です。来談の頻度が不安定になっていることに対して、「お仕事が大変な中でも予約を取って来られて、本当に頑張っておられると思うんです」という感じで、しっかりねぎらった上で、「こういった形態の来談頻度だとすると、どういうようなやり方が一番役に立つか考えたいんです」という感じで、ソフトに導入するのがいいのかなと思うのですけれど。

　それから、奥さんが来られたことはひとつのきっかけになりますよね。ご主人は自分で頑張って、少しずつよくなっているように感じておられるかもしれないけれども、奥さんは、あまりそういうふうには見ていない。だとすれば、このお二人の認識が一致するようにもっていくことが大切でしょう。「二人の関係が不安定だと、どちらにとってもストレスですよね」という流れで、奥さんを巻き込むような面接体制に持っていくという案もあるかと思います。

　他にも、エクスポージャー以外に気になることも話していいのだということを伝えていく工夫ができそうです。「先ほど申し上げたパニックの要因との関連でいろいろ重要なことがあるかもしれませんから」という感じで「少し幅を広げたような面接にしていきます」というサインが伝わるといいでしょう。「あなたのことを叱りつけたりしませんから」と直接伝えるのは、この方のプライドもあるから難しいでしょうね。

ササキ 情報がつかめなかったのは、クライエントにこちらの問いかけが伝わっていなかったからかもしれません。「幅を持たせる」ことを、セラピスト側がしっかり意識して、それを「そのクライエントに伝わる形で」伝える必要があるのですね。その際に「何度も行う」ことが大切なんですね。家族背景は聞いたつもりでいましたが、聞いてもあまり出てこなかったと判断して、課題を進めることに気を取られすぎたのか、その後再度お聞きすることはありませんでした。「出てこなかったな」と簡単に結論づけてしまうのではなく、大事だと思うことは何回も手を変え品を変えして聞くことが大切である、と気づかされました。面接の進展やクライエントの状態の変化に伴って、その都度新しい情報が出てくるのですから、それを拾って、心理教育や面接の幅を広げるということを地道に繰り返す、という感じでしょうか。私はあきらめが早く粘らなかったんだと気づかされます。

　間が開いてでも来てくださったときにも、やるべきことをやらねばと焦ってしまい、中途半端な感じで面接が終わってしまうのです。面接間隔が開いてしまうと、クライエントもホームワークや前回の面接内容を忘れてしまいますし。

加藤 来談の不安定なクライエントへの対応は難しいですね。こちらが「こういう方向でいけるかな」と思った回があっても、次の回までに期間が空いてしまうと、そのよい感触が消えてしまうことはあります。セラピストができる限り粘ってやっても、ドロップアウトする場合もあります。こっちの持っていきようでできる場合と、できない場合とがありますね。そうなったら、主治医と何回も話し合います。「何となく切れました」ですと、主治医も不審に思うでしょうが、「こういうクライエントさんなんです」ということを主治医と共有しながら進めると、セラピスト側も安心ですよね。

ササキ 主治医との共有という点は、当院ではまだ不十分です。クリニック自体、私が入職したときにできたところで、とにかくリワークを回すので1年目は皆が一杯いっぱいという感じでした。いろいろと見直そうと心理士の同僚と話しているところです。おっしゃたようなことができれば、心理職としてもう少し落ち着いてやれそうです。

加藤 主治医は午前に何十人、午後に何十人と診なければならないでしょうから、なかなか時間を取るのが難しいですね。自分の施設では、水曜日の午前中を全部カンファレンスにして、医師と一緒に対応の難しいクライエントをピックアップして話し合っています。あとは合間で少しずつ、というのを繰り返し

続けることです。こうしたやり方に落ち着くまでには我々もいろいろ試行錯誤してきました。

ササキ　心理教育のところに戻りますが、薬物療法や脳の話は心理職がどこまで話してよいのか迷うところですが、先生はどのようにお考えでしょうか。

加藤　医師に「薬物に対する抵抗や、薬物に対してのコンプライアンスを高めていくためには、こういう話も必要になるときがあるのですが、私たちがやってよろしいですか」と聞いてみるのです。大概は「どうぞ、どうぞ」となりますよ（笑）。

ササキ　なるほど（笑）。CBTでやるべきことがたくさんあるときに、特にこういう来談頻度の方の場合、幅を広げて情報を収集することや性格を把握することが難しいと感じます。何かできる工夫があるでしょうか。

加藤　面接のスタイルは人によって違うと思いますが、一般的なのは傾聴タイプの面接ですよね。私はロジャーズ系のマイクロカウンセリングの発想で面接をしていきます。マイクロカウンセリングには、最初に基本的関わり技法として、信頼関係をつくるための質問や応答の技術がありますよね。そのあたりを意識しながら面接をして、信頼関係ができたら、その人の主訴にまつわる様々な問題点が出てくるので、そこで応用を効かせていくわけです。私の場合は、そこで問題解決療法を組み込んでいます。問題点について、まずどれを優先して解決したらいいのかを話し合い、ひとつに絞っていくのです。そこで、認知行動的なツールが使えるかな、応用行動分析でいけるかな、自律訓練法でいけるかな、ここをかけ合わせたらいいかなといったことが見えてきます。面接過程の中で、設計図を引いていくという感じでしょうか。その中で「これは家族の問題やから、家族をどう扱っていこうかな」ということが出てくると、それをまた組み込んで考えていくわけです。そしていろいろな技法を使いながら面接を進めて、最初の仮説がどうだったかとクライエントと話しているうちに、「ちょっと違ってた」ということが出てきたら、変えればいいのです。

ササキ　今はまだ「不安障害の人が来たからしっかりエクスポージャーをやらなくては」という姿勢になりがちです。「CBTをお願いしますよ」という主治医からの依頼にしっかり応えなければと、どこか気負っているのかもしれません。今まではこの姿勢でもそれなりに不安障害のケースが改善していましたが、今回のケースを経験して、先生のコメントをいただいて、気づかされました。面接そのものについて自分なりの大きな設計図を作り、今回で言うとその中で

パニック障害がどう位置づけられるかを考えるのが大切なのに、いかにCBTを実施するかという姿勢にとらわれていたと思います。

加藤　「クライエントはどんな性格なのだろう」という視点、特に「クライエントの性格の情報が治療にとってどんな役に立つのか」と問う姿勢が大切です。性格検査を実施するにしても、「こちらの言っていることがわかってもらえるか、きちんと実行してもらえるか、こちらを信用してくれるか」といったことを考えるための情報として見ることが重要だと考えています。そう考えるとあまりたくさんの情報は必要ありません。性格検査を実施すると、このクライエントは内向的な人で、協調性はこうで、○○は△△で……と様々な情報が集まるわけですが。もっと言うと、ASD、ADHD、不安障害、ボーダーラインといったような診断名も、面接のうえではやはり「きちんと言うことを聞いてくれるのかしら」という程度の情報にしかなりません。

ササキ　そういう発想で性格というものを捉えたことがありませんでした。

加藤　私に関して言えば、そもそもロジャーズが基礎でした。ロジャーズだけでは現場で全然役に立たないとわかり、もっときちんと勉強しようと精神分析を学びました。精神分析によって「心のいろいろな深い側面というのは、こうなのだ」とクライエントを深く理解することがいいのだと教えられてきましたが、「それで、だからどうなの」という世界なのが医療なのです。そして自分が医療機関にいるからなのかもしれませんが、通常のユーザーの方は、専門家には助言を求めます。助言を求めている方に「あなたの無意識の抑圧が」などと言っても、ピンとこないわけですよね。「抑圧があるのだったら、どうしたらいいのですか」と聞かれたときに「抑圧を解き放ちましょう」と言ったって、どうしたらいいのかわからない。助言するためには、その人が実際にどうなりたいのかをきちんとこちらがわかって、それに応えられるようなツールや技術をセラピストが持っておく必要があるわけです。そうなると、今のところそういう情報やツールが多いのは、認知行動系かなと思っています。

　助言を伝える際には、CBTの情報やツールをその方にフィットさせるようにカスタマイズする。そのために「こちらが伝えたことがきちんとわかっていただける方か」「セラピストとクライエントの両者で面接を進めて行く際に、そこで障害になるような性格があるか」という性格に関する情報──たとえばADHDの人だったら聞いたことを覚えていない、ASDの人だったら頑固で考え方が変わりにくいなどの情報──は役に立つのです。また、その人にフィッ

トしやすいような技術の適用の仕方を考える際にも役立ちます。たとえば外交的な人には「まず行動するのはいいけど、そのあとでよく考えるようにしましょう」と伝えるかもしれないし、内向的な人には「まあいっぺん行動でやってみて、やってみてから考えようよ」というような感じで助言をアレンジするのです。

ササキ もうひとつ、本日何度か登場した「心理教育」という言葉に関連することです。助言がほしいとおっしゃる方は多いのですが、大学院の授業等で、セラピストは助言する立場ではないという点が重視されていたためか、助言を与えるという行為にとても抵抗がありました。でも、助言というものをどう捉えるかが大切という話をうかがって、クライエントがどのような理由で、何に対してどういう助言を求めているのかを整理し、問題全体の理解と照らしながら、クライエントがわかりやすい形でお伝えすることは、心理教育そのものだと理解できました。そろそろ時間ですが、他にお気づきの点があれば。

加藤 先生は今回、DTR（非機能的思考記録表）を使われましたよね。どのように実施されていますか。

ササキ 行動実験のリハーサルを、イメージでその場を思い起こしていただきながら実施しましたが、面接場面では十分に不安が喚起せず、自動思考も「何か嫌だな」という程度のあまりリアルではない内容でした。そこで、現実場面で不安を高めた状態でないとうまくやれないのかと思って、ホームワークによる課題に切り替えました。

加藤 クライエントが「嫌な感じが」と言うことは、よくありますよね。嫌な感じ、の具体的なイメージについて、突っ込んだ質問はあまりされていない？

ササキ 他に何かありますかと聞くのですが、「嫌だな、という感じですね」と……こういうやり取りです。

加藤 感情を言語で表すのが少し苦手な人なのかもしれません。「嫌だな」が出てきたときに、セラピストが手伝ってあげるといいかもしれません。たとえば「身体にこういうような感じがすると、こういうふうに感じるから嫌だなと思う？」など、こちらがたくさん例を出して「どれだと思います？」と聞いてみる。あるいは紙に思いつくまま書いて「どれだと思います？」と見せる。そうすると「ああ、この3番目に近いですね」という話が出てきます。内面を言語化しづらい時期の中学1-2年ぐらいの男の子に気持ちなどを聞いて「わからない」と言われたときに、自分はこの方法をよく用います。そうすると「そう、

そう」という感じで反応が返ってくることが多いので、そこから話を広げていく。また詰まったら、同じようにこちらが例を挙げてみる。そうやって、少しずつ、この子が何を感じているのかがわかってくることがあります。こうしたテクニックが導入できるかもしれません。

3-4　解説

　田中恒彦先生はスーパービジョンをCBTの面接のように構造化しながら、ササキ先生にソクラテス式質問を細かく投げかけて気づきを引き出すスタイルをとっています。一方、加藤敬先生は、「助言が欲しいというクライエントのニーズに応える」という臨床姿勢そのままに、ササキ先生の投げた質問にまず回答し、その回答に対する反応に合わせて、丁寧にコメントを繰り返しながらスーパービジョンを展開しました。

　ササキ先生はCBTがうまくいかないと感じ、それ以外のアプローチを取るべきではと悩んでいました。セラピストがこのように感じたとき、自分の面接をどのような点からどのように検討すればよいのでしょうか。

　このような場合、「CBTを行うという方針は間違っていないが、諸技法の実施方法が未熟である」と「CBTを行うという方針自体が誤りである」という両方の可能性が考えられるでしょう。ササキ先生は後者の可能性を主に思い浮かべていたようですが、両先生とも前者の可能性をまず指摘しています。田中先生はイメージエクスポージャー、加藤先生は心理教育というCBTの技法を取り上げ、今回のケースで行いえた工夫や改善点を具体的に解説しました。

　並行して、面接全体の中でCBTによる介入をどのように位置づけていくのか、そしてクライエント個人の要因や環境要因を検討し、いかに見立て、いかに介入プロセスへと導入していくか、それを様々な視点から考えていくこと、そのために具体的に行えることへと話題が展開していきます。主治医と連携しながらセラピーを実施できる基盤づくり、CBTを実施する前段階の準備を丁寧に行うこと、そして医療という場面で特有に生じやすい事項への配慮など。このうち面接の目標を共有していくために必要な導入時からの関係づくりと、それ

を面接でいかに展開していくかについては、加藤先生が特に取り上げて具体的に述べています。

　スーパービジョンを受けて、ササキ先生は自身が「行ってきたセラピーすべてが無駄だった」という自動思考に囚われていたために、うまくいっている部分に注目できなくなっていたことにも気づかされました。この行き詰まりに対して行えることは、まさにCBTのプロセス、すなわちできていなかった部分や配慮が必要だった部分と、うまくいっていた部分を整理し、対策を考えようという問題解決志向の態度になった上で、これらをひとつひとつ検討していくことです。そして、同じ作業を改めてクライエントと行っていくことが必要でしょう。

　CBTのマニュアルありきの面接ではなく、あくまでも見立てと、クライエントと共有した目標を基盤にした面接を行うこと、そして技法そのものを疑うのでもなく、自分の技術の未熟さを疑うのでもなく、できていること、できていないことを柔軟な視点から判断していき、できることから手をつけていくという方針の立て方を、二人のスーパービジョンに見ることができるでしょう。（中村菜々子）

4
様々な症状をあわせもつ小学4年生女児・リコちゃん

本人は現状維持で精一杯、
母親の不安が高い場合はどうしたら？

4-1　事例紹介

[主訴]
　登校しぶり／保健室登校。朝から大泣きしてパニックになる。「周囲がうるさくて給食が食べられない」と言って泣く。（母親の相談申込票の記入から）

[自己紹介]
　私はシマモトリョウコ、27歳女性です。臨床心理士の資格を取得して2年目、教育相談センターの非常勤相談員として週4日勤務しています。大学院時代は、行動分析的なオリエンテーションの臨床指導を受けていました。また、他コースの発達障害に関する科目も可能な限り受講し、障害児・者の施設でボランティア活動に参加してきました。
　教育相談センターでは、非常勤相談員が5名いますが、言語聴覚士1名と臨床心理士4名の構成です。臨床心理士の4名はオリエンテーションもみな異なっていますが、それぞれの専門分野への理解があり、常に相談しやすい職場の雰囲気にとても助けられています。ただ、私自身は大学院修了後、有料スーパ

ーバイズを受けていないこともあって、常に不安を感じています。臨床心理士会から送られてくる研修会には参加しますが、経済的に厳しい部分もあって、参加できる研修会は限定されてしまいます。

［事例検討の目的］

　様々な症状をあわせもつ小学4年生のリコちゃんとその母親のケースです。学校の先生からの紹介で母親が発達相談の申し込みをされました。リコちゃんの自閉スペクトラム症の特性に近い部分（特に感覚過敏や情緒面の幼さ）、場面緘黙的な部分、強迫的な部分、家庭環境、学校での指導方法など、様々なことが重なり合って現在の状況に至っているようです。週1回の母親面接を行うたびに新たな課題が次々と出てきてしまって、セラピストとしては標的行動を定めたいのに、思うように面接がまとまらず、今後どのようにアプローチをすればよいのか、考えが定まりません。

　母親はリコちゃんの発達の様子が不安で、気になることがあればすぐに担任へ電話を入れるタイプでした。小学校低学年の2年間はしぶしぶですが登校できていましたが、小学3年生に進級した頃、「学校に行きたくない」と登校しぶりが始まりました。複数の医療機関を受診したのもこの頃で、「アスペルガー症候群」「夜驚症」など医療機関によって診断名が異なります。診断名を学校に伝えましたが、学校は支援学級に移ることに否定的で、母親も迷っている部分でした。これら受診した医療機関との連携はまだしていませんが、担任の先生との連携はいつでも可能です。スーパーバイズを受けることで、今後のアプローチ方法を整理できればと思っています。

［家族構成・生育歴・問題の経過］

　インテーク面接で母親から聴取した内容は次のとおりでした。相談対象者は小学4年生のリコちゃん。家族は父親、母親、リコちゃん、妹の4人家族です。父親はタクシー運転手で会社員、母親は医療事務のパート勤務、妹は小学1年生です。父方の祖父母は徒歩圏内に住んでいますが、あまり交流はしていないようです。一方、母方の祖父母は郊外に住んでいますが、母親とリコちゃん、妹の3人は頻繁に泊まりがけで遊びに行き、交流が多いそうです。リコちゃんは、こちらの祖父母宅で泊まることを楽しみにしているとのことでした。

分娩時の異常はなく、出生時体重2950g、首のすわり4ヵ月、独歩11ヵ月、初語1歳（マンマ）、2語文2歳1ヵ月で、保健センターでの各健診での指摘はありませんでした。しかし実は、3歳半の時点で人見知りがひどく、外ではほぼ（特に大人に対して）お喋りをしないため、母親は心配していましたが、周囲の誰かに相談することはありませんでした。家では妹をあやしたり、おむつを持ってきてくれたりとお手伝いも大好きで、妹にはよく話しかけていたそうです。

　日中は母子だけで家庭にいたので幼稚園は5歳になってから入園、初めて集団生活を経験します。入園後すぐに担任の先生から「集団活動をやりたがらず、一人で離れた場所で立ったまま他の園児を目で追っている」「ひとり遊びを好む」と指摘され、母親の不安が強まりました。この頃から、夜の寝つきが悪く、夜泣きや夜驚のようなこともあって、母親もリコちゃんも寝不足の日々が続きました。

　小学校入学の頃には、集団生活にも慣れてきたようで、あまりお喋りはしませんでしたが、仲のよいお友だちと遊ぶ場面もあって母親の心配も少しずつ減っていきました。ところが2学期になって「学校が嫌い」と言い出し、「しんどい。お熱がある」と毎日保健室へ行くようになったのです。

　小学3年生に進級した4月始めには、担任から電話があり、「『周りがうるさいから、給食が食べられない』と泣き始めて、なかなか泣き止まなかった」と報告がありました。次の週から登校前に大泣きして「学校に行きたくない」と訴えるようになりました。集団登校の集合時間に間に合わず、母親が毎日学校に送り届けますが教室に入れず、保健室に入ってもパニックになることがあり、そうした日は早退するという状況に。このときに受診した医療機関で「アスペルガー」（当時）と診断を受けます。担任に伝えて支援学級へ移るほうがいいのか母親から相談したところ、担任からは必要ないと言われたそうです。

　その後、教室に入れる日と保健室で過ごす日が繰り返されました。保健室の先生によるとリコちゃんからは「なんで？」という問いが頻出し、際限なく続くということでした。これは課題に関することだけではなく、会話中で文脈に合っていなくとも、突然問いかけ、確認するのだそうです。保健室の先生も答えられることには答えていたそうですが、何を質問されているのかわからないときには反応しませんでした。この頃には、母親にも「なんで？」と言ってく

ることが増加し、あまりに続くと母親もイライラして怒ってしまったとか。夜泣きもひどく、別の医療機関を受診したところ、「夜驚症」と言われ、漢方薬を処方されました。その後、母親によれば、リコちゃんを無理やり登校させるのをやめると、夜泣きが収まることに気づいたとのことでした。

しばらく休ませると「学校行こうかな。保健室行く」と言って登校するので、登校するかどうかはその日のリコちゃんの気持ちに任せるようになりました。行くと決めた日には、まず教室に入り、給食は保健室で食べ、午後はそのまま保健室で過ごすという生活を送りました。このパターンが1年間続きましたが、小学4年生に進級するにあたり、「本当にこのままでいいのか」と不安になった母親が担任に相談をしてきたそうです。この担任からの紹介で、教育相談センターに来所するにいたりました。

[面接経過]
インテーク面接には、リコちゃんと母親の二人で来談しました。父親も一緒に来るつもりだったそうですが、仕事の都合がつかなかったとのこと。ロビーに迎えに行くと、母親はソファに座っていて目線はリコちゃんの方に向けられていました。リコちゃんはロビーに飾ってある広告を興味深そうに眺めていました。直後にロビーの時計の音楽が鳴りだして、リコちゃんはとても驚いた表情となり、母親のほうに急いで戻る様子がうかがえました。母親はリコちゃんの頭をなでて耳元で何か言っていたのですが、聞き取れませんでした。二人ともストライプ柄の半袖Tシャツとジーンズ姿で、並んでいると一目で親子だなとわかる服装です。リコちゃんは母親の後ろに少し隠れるような位置で、こちらをじっと見つめていました。「こんにちは」と声をかけると、恥ずかしそうな表情に変わって、小さな声で「こんにちは」と返してくれます。母親は丁寧に「お世話になります」とお辞儀をされました。母親の腕を握りしめて離すことがなく、周囲の様子に敏感そうで、その不安や緊張が伝わってきて、私も緊張してしまったのを覚えています。母親は、こちらからお願いしていた検査結果の所見のコピーと学校のノート類を持ってきてくれました。丁寧に封筒に入れられ、面接の申込書も整った綺麗な字で記入されていました。

面接の流れを伝えるために、今日の予定をホワイトボードに書いておきました。リコちゃんは、ホワイトボードに近づいてじっと見たあと、「あ、おもちゃ」

と言って笑顔で私を見ました。おもちゃの部分はまだ説明していなかったのですが、リコちゃんがおもちゃの文字に反応して、遊べることを楽しみにしていることが受け取れました。

　今回のインテーク面接では、母親からの聞き取りを優先しようと考え、私が母親面接を担当し、別の心理士（以下、A先生とします）にリコちゃんの相手はお任せしました。最後の5分間は母子同室で、今後の予定を確認する時間となるように設定しました。A先生は、今年採用されたばかりの心理士ですが、前の職場では自閉スペクトラム症の子どもたちとかかわる仕事をしていました。リコちゃんは、おもちゃで遊べることが楽しみな様子で、表情の硬さも少しとれていたのですが、A先生が迎えにくると急に顔がこわばり、母親の腕を握りしめました。それでも、おもちゃのある部屋の写真を見せられて説明を受けると、A先生に導かれて部屋を移動していきました。

　母親とインテーク面接を始めるにあたって、私自身の目標は、①リコちゃん、そして母親の問題について情報収集すること、②標的行動の選定、③今後の面接についての同意を得ることでした。先日聴講した研修会での「行動的アセスメント／行動的インタビューの方法」が参考になるはずと思って、内容を復習して臨んでいました。

　まず、最近の困っていることについて情報を収集しようと試みると、母親は堰を切ったように、リコちゃんの幼少期からの心配について話し始めました。さっきまでの落ち着いた様子とは異なって、私は数十分とにかくうなずいて聞くしかありません。その内容から、これまでも困ったことがあればすぐにどこかの相談機関へ連絡をして、様々な助言をもらってきたようです。この母親の援助を求めるスキルは素晴らしいものだと感じて言葉にすると、母親は「でも、△△クリニックの先生にはアスペルガーと言われたのに、○○病院の先生には夜驚症だと言われて、いったいどっちなんだろうって。薬は私が苦手なので、漢方薬だと言われても飲ませるのが嫌で、結局飲ませていません。学校を休みたいと言った日は無理に行かせないようにしたら、その日の夜はスヤスヤ寝てますし。でも、毎日どう接してあげていいのか、とにかくこれから先が不安で不安で……」と涙ぐみました。どちらの医療機関にも継続的にかかっておらず、今はスクールカウンセラーとの定期的な面接のみとのこと。私との面接に期待をしてくれているように感じました。

現在リコちゃんの行動で気になっていることを尋ねる作業にとりかかると、微に入り細にわたって話してくれて、その場の状況が目に浮かぶようでした。それによると気になるのは、①机の整理整頓ができない。②忘れ物が多くて、ほぼ毎日何か忘れていく。③給食から保健室で過ごしているが本当にこのままでいいのか。みんなと一緒に給食を食べられるようになってほしい。④体が元気なら、毎日学校に行ってほしい。⑤学校であまり喋らないので心配だ。⑥泣き出すとなかなか泣き止まない。この６点でした。

　ここで時間がきてしまったので、私はインテーク面接の目標②「標的行動の選定」を次回にまわして、③「今後の面接についての同意」を得ようとしました。毎週同じ曜日、時間帯に面接を行うこと、まずは問題を整理して何ができそうか一緒に考えていく場にしていくこと、学校との連携も可能であることを説明したところ、母親もこうした提案に同意してくれた、との感触を得たのですが……。

　最後の５分は、予定どおり母子同席で行いました。リコちゃんは遊んだおもちゃを片づけ、時間どおりに元の面接室に戻ってくることができました。ただ、面接後のＡ先生からの報告によると、リコちゃんは部屋の外の物音に敏感なようで、小さな物音がするたびに不安げな表情になり、遊んでいても動きが止まってしまうことがあった、とのことでした。さて、この５分間の母子面接ですが、プレイルームから戻ってきたリコちゃんは少し高揚している様子で、笑顔で母親の隣に座りました。「何して遊んできたの？　楽しかった？」と私がリコちゃんに尋ねたところ、「お絵かきと、おままごとと……くまさん」と答えました。小学４年生にしては幼い遊びに夢中になっていたと思いながら「くまさん？　くまさんのぬいぐるみ？」と質問を続けましたが、リコちゃんはうなずくのみで、それ以上言葉を発しなくなりました。

　面接室を出たあと、母親は振り向いてもう一度お辞儀をしましたが、リコちゃんは来所時と同様に母親の腕にしがみついて、表情はかたく、何かにビクビクしているような感じに見えました。

　２回目の面接に臨むにあたって、私は、目標②の標的行動の選定をしなくては、と意気込んでいたと思います。ところが、リコちゃんの体調がよくなくて学校も休んだ、とのことで２回目の面接は一旦キャンセルになりました。

　その次の週の２回目の面接には時間どおりに母子で来談されました。２人と

も笑顔で挨拶をしてくれ、安心した気持ちになりました。前回同様、リコちゃんはＡ先生と遊んでもらうという構造です。母親は面接室に入るや否や、「今週は本当に疲れました。早くここに来たくて仕方なかったです」と言い、リコちゃんの2週間の様子を一気に話してきます。結局、私は、相槌しかうてない状況になってしまいました。ですが、標的行動の選定をしなければと考え、母親の2週間分の話題に触れずに「前回お話しされていた、今のリコちゃんの困った行動についてもう少し整理していきたいのですが、よろしいでしょうか」と切り出しました。今回は、行動分析シートも用意していて、母親からの情報を記入していく作業を取り入れる等、母親と一緒に取り組む時間になるよう、面接の準備をしていたのです。とにかく、このシートを完成させて、次のステップに進みたい、という思いでいっぱいでした。しかしながら、ひとつ記入すると、それに関連するのかしないのか最終的にわからないようなエピソードが母親からどんどんと出てきてしまい、結果、シートはほぼ未記入のまま面接時間が終わってしまうのでした。

　私はシート自体にもっと工夫が必要だったと考えて、視覚的にもわかりやすく図表をつくり、選択肢を書き出しておくなど、行動分析のテキストを参照しながらシートの修正を行いましたが、3回目以降も、結局2回目と同じことになってしまいました。

　5回目までの面接が終わって、まだ標的行動の選定ができないままの状態で、焦燥感が募ります。Ａ先生からの情報によると、リコちゃんは特に音への敏感さが顕著なようです。「あの過敏さから想像すると、毎日学校で過ごしているだけでもすごいことだと思う。リコちゃんは感覚の敏感さから不安が高くなりやすい。そんな中、よく学校に足が向いている、現状維持が精いっぱいなのでは？」という評価です。ところが母親は、5回目までの面接で何度も「保健室に行かずに一日ずっと普通学級で過ごしてくれれば安心だ」と訴えています。母親の訴えを優先し、標的行動を選定しなければと考えてきましたが、リコちゃんの様子からは現状維持が精一杯なのでは……と感じ始めました。母親の不安を増幅させないように、リコちゃんの状況をどのように伝えればいいのか悩んでいます。

> [助言してもらいたいポイント]
> ①行動分析のテキストにそって標的行動の選定をしようとしたのですが、こちらがそのための質問をするとかえって、母親の話が拡散してしまいました。私の対応が間違っていたのでしょうか。
> ②リコちゃんの発達特性に合った支援方法を立て、リコちゃんが普通学級で勉強できる時間を増やすことを目標にしたらいいのでしょうか。それよりも、母親の不安を解消することを目的にしたカウンセリングを優先し、リコちゃんの生活パターンをこのまま維持することをねらったほうがいいのでしょうか。どちらを優先したらいいのかという疑問にしばられてしまって、何から始めればいいのかわからなくなってしまいました。

4-2　ややこしくなったら基本形に戻る

加藤　敬

シマモト　小学4年生の女の子リコちゃんの事例です。行動分析的なオリエンテーションを受けてきたこともあって、問題に対して直にアプローチできないかと思っていたのですが、この先、お母さんとの面接をどのように組み立てていこうかと悩んでしまっています。お母さんは、リコちゃんが普通学級で過ごせることを目標にされているような感じがするのですけれども、私が何か一緒にやれそうなことがまだ見つけられていない状態です。お子さんはもう一人の心理士さんが別室で見ているのですが、「いろいろなことにびくびくしている様子で、今の状態で精一杯なのではないか」というふうに言われています。それで、余計に悩んでいる状態です。

加藤　こういったケースは、本当によくあるのです。お母さんは、支援学級に行ったほうがいいのかどうか迷っておられる。リコちゃんは小学3年のときに医療機関でアスペルガー症候群との診断を受けているようですね。1〜2年はなんとか行っていたけれども、3年生ぐらいから、じわじわとしんどくなって

きて、4年生ぐらいで「もう、行きません」という状態になった。ASDのお子さんでは、そういうことが結構あります。4年生ぐらいで不登校が顕在化するようなケースでは、早期復帰は思ったよりも難しい。もしかすると、全面復帰はあきらめたほうがいいかもしれません。おそらく、支援学級への通級ができるかどうかというところでしょう。可能ならば、フリースクールや適応指導教室のように、学校とは違う小集団で、一種のソーシャルスキル・トレーニング（SST）を意識した対応を受けてもらうのがいいのではないでしょうか。放課後デイサービスなどでSSTを取り入れているところもあります。学校以外の療育というのも視野に入れてみていいかもしれません。こうした対応は、中学校に上がったときに教室復帰できるための下準備と考えてください。今の時点で支援学級との連携をつけておかないと中学校生活も落ち着いてできない、というぐらいの見通しを持っておいたほうがいいでしょう。

シマモト　そういう見通しをまず持つ必要があるのですね。

加藤　そうですね。こうした見通しを持ったうえで、リコちゃんの学校生活を支援するにあたって、教育相談センターがどういう位置づけにあるのかを考えることです。他の関連機関との関係の中で、どういう役割を取ったらいいかという視点がいるのです。

シマモト　というと？

加藤　教育相談センターだけで、すべてを引き受けることは当然無理なので、連携を考えてやっていかなければなりません。たとえば、考えられる連携先として、学校と医療機関があるでしょう。リコちゃんが小学6年までの学校生活を送るにあたって、当面3つの機関がどういう支援を分担したらよいのかを見極めることが求められます。まず、どこがコーディネートしていくのかという点が大切になるでしょう。「連携が必要だ」とよく言われますが、リーダーやコーディネーターをどこが引き受けるのかはあまりはっきりしていません。ケースや支援の時期にもよりますよね。まだまだこういった子たちへの支援の歴史は浅いですから、決まった形はありませんが、そういうことを教育相談センターの人たちも意識していきたいですよね。医療はある意味、役割が単純です。診断と薬物療法を担うわけです。薬物療法に関して言うと、みんなが期待するのは、薬によって衝動を抑えるということですね。衝動・不安をコントロールする、抑える薬を出してほしいという要望が多いです。あとは、注意・集中力を上げる薬です。おおざっぱに言えば、この2種類ぐらいしかないのです。

シマモト　なるほど。

加藤　教育相談センターで「リコちゃんのこういう状態が非常に不安定」という点が見えてきたら、医療との連携をどうやっていくかという準備が必要になってきます。

シマモト　リコちゃんは今、漢方を処方されているのですが、お母さんご自身が「お薬が苦手」ということで、飲ませていないようです。先生がおっしゃったように、お母さんにも主治医との連携について伝えていく必要があるのですね。

加藤　リコちゃんのお母さんがどうかはわかりませんが、親が障害のことをよくわかっていない場合があるのです。リコちゃんのお母さんも「アスペルガーと言われたのですけれど、夜驚症とも言われまして」とおっしゃっていますね。アスペルガーと夜驚症との関連がわかっていないと思うのです。夜驚症というのは睡眠障害です。発達障害のお子さんには、睡眠障害がかなりの割合で併発するのです。特に情緒が不安定になると、睡眠障害が出やすくなります。この場合、情緒が不安定な理由がなんなのか、考えていく必要があるでしょう。おおざっぱに2種類ぐらい想定できるでしょうか。ひとつは勉強の問題。もうひとつは人間関係です。検査結果の所見と、学校のノート類を持ってきてくれたとありますね。IQはどれぐらいでしたか。

シマモト　IQは平均の範囲内であったと思います。しかし、指標得点間のばらつきは結構ありました。

加藤　指標得点間のばらつきが大きいと、勉強でも要領がつかみにくいという問題が出てきます。

シマモト　4年生になると勉強も難しくなってきますよね。

加藤　それがまずストレスになりますね。また、友達関係のストレスも大きいでしょう。詳しい情報があるといいのですけれども。

シマモト　友達関係については、お母さんから全然うかがっていなかったと思います。

加藤　先ほどの大きな見通しともつながる話ですが、見通しを立てて、問題を構成する要因を絞り込んでいかないといけません。見通しを立てるにあたっては、主に2つの方向から考えていくといいと思います。環境的な側面と、本人の内部要因です。この2つが絡み合って、問題行動が出る、頭が疲労してしまうのですね。私は面接場面で、次のようなやりとりをしています。ものすごく

単純なのですけれど、「環境、本人、問題」と3つの円を描きます。そして考えられる環境的ストレスや、本人が自分で自分の首を絞めているというような要因を列挙していくのです。その中にはASDなどの発達特性も入ります。この子は聴覚過敏があるので、それも書き込みましょう。勉強の問題は、友達関係は、親との関係は……と書いて確認していく。そして、それが問題の項目に影響している、と示してあげる。リコちゃんの場合、問題の部分というのは登校傾向になるわけですよね。今は保健室に行っている、ということでしたか。

シマモト　そうです。

加藤　書き出した項目で言えば、ASDは治りませんよね。ですから、そこを変えるようなことはできません。では、聴覚過敏はどうか。これは情緒的に非常に不安定になると、もとある傾向が余計に増幅されてしまうことがある。だから、環境的なストレス要因はないのか、まず探さないといけません。あるいは対症療法も考えられる。たとえば、聴覚過敏にはイヤーマフやノイズキャンセラーのついたイヤホン、そういう使える道具もあります。こんな感じで、対策を考えるときには紙に書き込みながら列挙してみると非常にやりやすいのです。ただ、こうした作業をいつやるのか、どの対策をいつ実行したらいいのか、ということは面接の中で進めていかないと見えてきません。

　リコちゃんが自分から登校すると決めた日は、まず教室に行って、給食は保健室で食べ、午後はそのまま保健室で過ごすという生活を送っています。このパターンが、1年間続いたとありますよね。保健室の先生によると、リコちゃんは頻発して質問をして、際限なく続くとか。課題に関することだけではなくて、先生との会話の中にも、文脈に合ってなくとも突然「なんで？」と質問するということですね。また、家でも「なんで？」が続くことがあって、そうするとお母さんがイライラして怒ってしまうみたいですね。これは質問固執と呼ばれるもので、いわゆる「自閉っぽい」行動です。ただ、注意する必要があるのは、生活様式との関連で、こうした行動が儀式的にパターン化されている可能性です。

シマモト　ああ、なるほどです。

加藤　実は、パターン化というのは防衛的な行動なのです。パターン的な行動をして、生活を安定させようという、リコちゃんなりの努力なのです。ただ、それに囚われすぎると、物事が先に進まなくなることがある。そこで、ステップを組んだ行動変容を試みる必要があるかもしれません。これには応用行動分

析が使えそうです。

シマモト　何回も質問するということも、やはり特性のひとつだったということですね。今のような分析は、お母さんにも伝えていくべきなのでしょうか。

加藤　そこは気をつかわなければいけない点ですね。子どもの障害に納得のいかない親御さんの場合ですと、何を伝えても、「わかってくれているのかな、この人」というような反応になりがちです。親にとって障害受容というのは、すごく大変なのです。子どもの障害を認めたくないという気持ちはあって当然です。だから、そこら辺もくみ取ってあげてお話を聞いてあげないと難しい。

シマモト　理解を得てリコちゃんのもつ課題につなげていく、そういう見立てを行うということですか……？

加藤　うーん、見立てというのは、あくまで専門家側に求められるものです。リコちゃんならリコちゃんの状態を知った上で、積極的に推し進めていかなければいけない物事と、お母さんの思いとを、すり合わせていくというのが近いでしょうか。「給食から保健室で過ごしているが、本当にこのままでいいのか。みんなと一緒に給食を食べられるようになってほしい」というお母さんの希望と、リコちゃんが今、一所懸命不安を防衛しつつパターン行動を重ねている事実。この２つをすり合わせていくことが必要です。

シマモト　お母さんの希望と、こちらがやろうとしていることが解離したままだと、このままずるずると行ってしまいそうです。

加藤　これは本当に難しいのです。発達障害のある子が情緒的に安定して学校生活を送っていくために何を優先すべきか、何が大事なのかというのは、専門家のほうがわかっていることも多い。親は知っているわけがありません。その点で認識にギャップがあるのです。だからといって「いやいや、お母さん、それ違うからね。こっちのほうを優先するんですよ」と、いきなり結論へ持っていこうとしたら、「あの先生は、私の言うこと聞いてくれない、私の気持ちをわかってくれない」と思われて関係がつぶれてしまいます。そこが難しいところなのです。

シマモト　そのためにも、まずお母さんの希望や思いを聞いていくのがとても大事な作業になるということなのですね。

加藤　ええ。シマモト先生の面接も役立つ工夫を組み入れようと頑張っておられると思います。最初に、面接の進め方の同意をとりますよね。そのときには、お母さんも「わかりました」などと言うのですけれども、はっきり言って、利

用者はこういった面接の手続きなんて全然知らないでしょう。

シマモト　はじめてのことですよね。

加藤　実際には、先生がそんなことを言っているのだからお願いしましょうか、みたいな感じですよね。面接がどういう構造を持ち、どういう目的があって、どういうふうに役立てていくのかなどということは、親にはわからないわけですよ。「このようにやっていきましょう」と告げると、ありがたいという気持ちのまま、深く考えず「やります」と言ってしまう。依存的で不安の高いお母さんだったら、次は「もう先生とお話ししたくて、仕方がなかったんです」みたいな感じで、どーっと話を続けてしまうのですよね。

シマモト　まさに、そういった感じになりました。「来たくて仕方なかった」と言われたときは嬉しかったのですけれど、そう思ってはいけなかったのでしょうか。

加藤　教育相談センターの面接を頼りにはされているのでしょう。その頼りの仕方と、こちらの面接の進め方とにギャップがあるということですよね。

シマモト　うーん……。

加藤　僕らの場合でも、「こういうふうにしましょう」「わかりました」と合意ができたはずなのに、次に来たときには、もう話が全然違う方に向かっているということがあります。そういうときは、こっちのほうも、ガラっとやり方を変えてしまうのです。こんなときに一番使い勝手がいいなと思うのは、受容・共感・傾聴ですよね。

シマモト　そうなんですか。

加藤　原点に立ち戻って、お母さんの話を聞く。そうするうちに、お母さんの解決したい問題点が出てくるのです。それをすかさずメモに残しておく。もうひとつ、こういうときにお母さんというのは感情をものすごく吐露するわけですよね。「本当につらかったんです」みたいなことを言うでしょう。

シマモト　ええ、そうです。

加藤　それを「ご苦労さまでした」とか、「よく頑張ってますね」と、いっぱいねぎらってあげる。そうすることで、感情的な安定が図れるわけです。そうやってちょっと落ち着いたときに、傾聴の得意技である、まとめと要約みたいなものをぽんと出してみる。「先ほどまでの話にあったのは、こういう点でしたよね」とね。それをメモしておく。そうするとまたお母さんから、わーっといっぱい話が出てくる。それを、さらに傾聴していく。そうやって、しばらく

はお母さんの情緒安定の時間にするのです。

シマモト　なるほど。

加藤　次のポイントを考えてみましょう。「行動分析のテキストにそって標的行動の選定をしようとしたのですが、こちらがそのための質問をすると、かえって母親の話が拡散してしまいました」というところ。これは「かえって」ではないんですよね。お母さん自身がよくわかっていないから、「自分の不安や悩みを言ってもいいんだ。先生は話を聞いてくれるわ」という状態になっているんです。

シマモト　ああ、そうだったのですね。となると、たくさん話してくださるのは、私としては、いいことだと受け止めてもよかったのでしょうか。

加藤　そうですね。

シマモト　それを聞いて、とても安心しました。

加藤　これが大事なのですね。お母さんのほうも信頼しているという気持ちになっているから、あれこれいっぱい言いたいのですよ。おそらく、このお母さんは話を聞いてくれる人が周りにあまりいないんです。だからこそ、後々考えていく必要があるのは、お母さんのサポーターについてです。たとえば、勧められるサポーターとして親の会があるでしょう。

シマモト　なるほど。タイミングを見て、そういった会にお誘いする。

加藤　そこでソーシャルサポートが得られますから、だいぶ楽になってくるはずです。

シマモト　ああ、お母さんをサポートするという視点は、私自身の中で、本当に抜けていました。

加藤　大事なことですよ。お母さんのサポートは絶対に必要ですからね。サポートを続けて、だんだんと障害受容がなされるようにしたいですね。そういうとき、行動分析は、非常にクリアでわかりやすい。このケースの場合も、行動分析は適用するぶんにはいいのですよ。ポイントは導入時期ですよね。

シマモト　導入のタイミングを待つという感じでしょうか。

加藤　待つ場合もありますが、少しずつ慣らしていく、というやり方もあります。たとえば、お母さんの話を聞いていて気づくことがあったら、こちらから「それじゃ、お母さん、さっきの話は、これこれこういう条件があったときに、お子さんがこういうふうなことをしたんですね。そうなると、これとこれが影響しているようですね」というふうに伝えていく。そうやって、こちらの理解

の仕方、見方に少しずつ慣れてもらう。こういうのも心理教育ですよね。

シマモト 具体的にエピソードを拾って、その都度伝えていくわけですね。

加藤 ええ、こちらの理解の仕方をお母さんに例示していくんです。

シマモト それであれば、次の面接からでも、そういったエピソードが出てきたら話してみることができそうです。

加藤 思春期の子などは、僕らが認知行動療法的に接すると、そのやり方に興味をもって、自分でやり出すことがあります。面接そのものが、認知モデル、行動モデルといったものの紹介になっているんですね。面接から「そういう見方をしているんだ」と学ぶわけです。

シマモト なるほど、すっきりしました。どうしようかと戸惑っていたんです。このまま、お母さんがずっと喋るだけの時間で終わってしまいそうな気がしていて。自信も少し回復しました。

加藤 よかったです。

シマモト 基本に立ち返るというのは、すごく響きました。受容・共感・傾聴なんですね。

加藤 基本形に戻るというのが一番ですし、頼りになりますよ。ややこしくなったら、基本形に戻るのです。カウンセリングの型というものは、人それぞれあると思うのですが、僕自身は、マイクロカウンセリング（カウンセリングのメタモデル）というのを意識しています。ちゃんとできているかはわかりませんが、関わり行動という基礎段階があって、つねにその点に立ち戻るのを心がけています。あと、問題解決療法というのがあるでしょう。ああいう考え方は便利ですよね。問題解決療法的なアプローチでは、「今、何が問題になっているのか」というのを重視するわけです。そうして「どれを先に解決したらいいのか、どれをあと回しにしたらいいのか」というような順番を、カウンセラーとクライエントで決めていく。「これは、お母さんが動いて解決できる」や、「これはこちらが支援して他機関へ連絡する」などというように分類するのですね。その上で、「これは、この応用行動分析で解決するところだと思いませんか」みたいな感じで展開していく。ひとつずつお母さんと一緒に着手していくのです。

シマモト なるほど。新米の私には難しいかもしれないですけれど、できることからやっていくしかないですよね。基本に立ち返るという言葉はとても響きました。せっかくお母さんが話をしようと思って来てくださっているので、そ

の状態を大切にしたいなと改めて思っています。あとは、学校と医療との連携ですね。お互いができることを、まず考える。そこからスタートしていきたいなというふうに思いました

加藤 それと、もうひとつ気になるのが、リコちゃんのプレイセラピーの位置づけです。

シマモト 今は、どうしても託児的な感じになっているところがあります。お母さんとの面接のときに、もう一人の心理士 A 先生が見ているのですが。もちろん、いろいろなお子さんを知っている A 先生なので、ただ遊んでいるだけということではないと思いますけれど。

加藤 たとえ託児所的なポジションであっても、リコちゃんの行動特性や何が大変そうなのかなどの情報は見えてくるものです。その情報を、時期を見ながら「今、リコちゃんはこうですよ」と、理解度に応じてお母さんに伝えていくといいかと思います。

シマモト そのあたりも A 先生に伝えて、連携も深めたいと思います。

加藤 親御さんも、そういうことを伝えてもらうと、専門家の先生が見ていてくれるんだ、と安心するのです。「単に遊ばせているだけではないのね」と感じて、信頼度も増すでしょう。

シマモト なるほど。せっかく一緒に来てくださっているんですから、その時間を有効に使わないと。これも十分できそうなことですね。来週面接日なので、A 先生にも伝えます。ありがとうございます。すごくすっきりしました。

4-3　できていることに目を向けて

東　俊一

東　いただいた資料では、お母さんが1週間の出来事をしゃべって時間が過ぎるということが繰り返されて、なかなか進めないということですよね。次々新たなことが出てくる感じなのですか。

シマモト そうです。同じ話を何度もするというより、新しい話題が次々と出

てくるという印象です。

東　同じことで困り続けているというよりは、新しい話題が出てくるわけですね。それに対して「こんなことがあって、こうしてみたのだけど」というような、お母さんなりの努力やあがき、成功した失敗したみたいな話題はありますか。

シマモト　たしかにそういう話題もあります。たとえば、リコちゃんのお腹が痛くなったときに、学校を休ませるとお腹が痛いというのが治まって、その日の夜はぐっすり眠れたそうです。「学校を休ませたら夜もゆっくり眠れるのか」と、お母さんなりにそういう経験をお話ししてくださる感じです。

東　お母さんなりに考えて休ませたのか、根負けしてしまって休んだら落ち着いたみたいなことなのかというのはわからないけれど、休みが続くと落ち着いて「また学校に行ってみる」と言いだす、ということですね。

シマモト　そうです。

東　学校の先生との連携は可能だという話ですけれど、今も学校の先生は、お子さんやお母さんにコミットしてくれている感じですか。気にかけてくれているのでしょうか。

シマモト　まだお母さんからしか話をうかがっていないのですけれど、もともと私の教育相談センターと学校との連携はできている状態です。私から担任の先生にコンタクトを取ることもできるのですが、まだ取っていません。

東　標的行動が決まらないと、お願いすることはできないということでしょうか。

シマモト　そう思っていました。

東　お母さんさんとしては、みんなで給食を食べて、通常学級で過ごしてほしい、というのが最終的な希望ですかね。

シマモト　保健室で過ごせていることを最初はいいように捉えていたけれど、やっぱり通常学級に入って１日過ごしてほしいと言っています。お母さんはそこを一番願っていらっしゃる感じがします。

東　そのことはお子さん本人にも伝えているんでしょうか。

シマモト　そこはわかりません。センターに来たときに、リコちゃんに向かってそういう話をすることはありませんが、家の中での会話は確認できていません。

東　給食から保健室に行くということは、午前中の授業は教室で受けて、休み

時間も一緒に過ごしているのですね。

シマモト そうです。お母さんがおっしゃるには、最近は学校を休む日もあるみたいですけれど、朝から行けた日は、午前中は授業を受けて休み時間もそのままということです。ただ、午後はほぼ保健室で過ごしているようです。

東 登校しぶりが始まって1年以上経っているわけですよね。1、2年生のときに渋々行っていたけれど、3年生になって、行きたくないと言いだした。

シマモト そうです。「給食が食べられない」と初めて先生に言えたみたいです。今は4年生なので1年以上になります。

東 1年以上経っていて、完全な不登校になるわけではなく、休み続けても自分で復帰するわけですね。

シマモト たしかに休み続けることはなかったようです。

東 きっかけは給食をみんなと一緒に食べられないからですか。

シマモト はい。その頃に医療機関でアスペルガー症候群という診断を受けてます。ただ、担任の先生からは、支援学級に移るような必要はないだろうと言われて、今も普通学級で頑張っている状況です。勉強は好きなものは特にできているようなので、支援学級に行く感じのお子さんではないと私も思っています。

東 給食に行けない理由については、教室がうるさいということですか。

シマモト 周りがうるさいからと先生に訴えたようです。

東 授業と比べて、給食はおしゃべりや食器の音などがあるかもしれません。でも、騒がしさだけでいったら、休み時間はもっとにぎやかですよね。

シマモト たしかにそうですね。休み時間の様子についても、お母さんから聞かなければいけないと今気づきました。もし連携が取れたら、担任の先生からも学校の様子をもっと細かく教えてもらえそうです。リコちゃんを見てくれているA先生が「すごく音に敏感だ」と教えてくれました。そういうそぶりを私も感じます。だからその辺は、学校で苦手な音が結構あるのだろうというふうに想像するのですが。

東 休み時間の喧騒や体育、音楽の授業もうるさく感じそうですよね。給食にしても、おしゃべりをしながら食べるクラスなのか、静かに食べましょうというクラスなのか。大きさだけなら、もっと大きい音でも平気ということがあるのかどうか、そこは気になりますね。給食も、2年生と比べて3年生でうるさくなったと感じたのかどうか。家族で出かけたときに繁華街ではどうなのか、音楽がガンガン鳴っているところではどうなのか。知らない場所で遊んでいる

ときに物音がしたら、人が来るのか来ないのか気にする様子があるか、単純な音や騒がしい音ではどうなのか。

シモト ああ……。そのあたり、私のほうから、お母さんにもっと聞いたほうがよかったのでしょうか。

東 このお子さんは、パニックになる、しぶる、教室で給食が食べられない、学校に行けたり行けなかったりする、といろいろな症状がたくさん出ています。感覚過敏というか、音の問題というのも、きっとあるのでしょう。リコちゃんのふるまいで、お母さんが困ること、あるいは学校生活がうまくいきにくくなっているようなことがいくつかあるのでしょうね。そのあたりを整理して、その原因の手がかりを探っていくことができないかな、という気がします。

シモト お母さんとリコちゃんに何か目標を持って取り組んでもらうというより、音の何が嫌なのかをもう少し探っていって、その環境調整をしてあげたほうがよいということでしょうか。

東 目標を立てるには、まずリコちゃんの反応のきっかけや維持要因を探る必要がありますよね。たとえば、自分から登校すると決めた日は教室に入るといいますが、それに曜日のパターンがあるのか。朝の会が終わるタイミングや、子どもたちがわらわらと登校しているときは騒がしいですよね。門の前に教頭先生がいて、生徒がわいわい言っているけれども、それが終わってから入るのか、またはそれよりも前に入るのか。そういったパターンがあるのかないのか。そのタイミングがずれると、その日は行かないとなるのかもしれません。よく観察すると、音楽の授業のある日は行っていないということもあるかもしれません。運動会や行事の練習を避けて終わってからなら行くのかどうか。曜日、時間、苦手科目などというのがあるかなど、いくつもの維持要因がきっとあるのではないのかというふうに思います。

シモト 曜日に関しては、たしかにお母さんに尋ねたのですけれど、「あんまりそのパターンがわからない」というお答えでしたが、もっと掘り下げて聞くべきだったと今になって思います。

東 登校のきっかけがあるのかどうか。まず、再登校すると決めた日に、何らかの傾向があるかを探ってみるといいだろうと思います。背景や理由にある程度仮説が立つと、それが不必要なものならキャンセルしてあげることもできますし、環境調整できるかもしれません。どうしても避けられないことでも、どうやったらやりやすくなるかを考えることはできるでしょう。まずは、維持要

因の仮説を立てるための情報収集をするのがよいと思います。

シマモト　そうすると、お母さんからだけではなくて、早めに担任の先生からも情報をいただくほうがいいでしょうか。

東　そうですね。連携がいつでも可能という状態なのであれば。「通常学級で大丈夫です」と言ったのは3年生の担任でしたよね。現在の担任は持ち上がりですか。

シマモト　いえ、違う先生です。しかし、引き継ぎをしっかりしてくださっていたようなので、リコちゃんと上手に関わってくださっているとお母さんからは聞いています。

東　アスペルガー症候群とわかっても、支援学級に入らずクラスでやっていけると思います、といったぐらいの感じでクラスが運営できているということは、先生には「こうしたらこの子は教室に入れる」「こういうときにはうまく動く」といったことが少しわかっているのかもしれません。対応方法の統一を図る上でも、学校から情報をとれば、そこで対応を一緒に組み立てることができるのではないでしょうか。

シマモト　本当ですね。担任の先生に今すぐ連絡したくなりました。

東　まあまあ（笑）。お母さんは気づいていないけれども、担任の先生は「こんな日はちょっとあるよね」とわかっているのかもしれませんよ。まずは教室に入ってこられているときと入れていないとき、どういうときに様子が崩れやすいかなど、探れるといいですね。調子が崩れたときの居場所として、保健室が彼女にとっていい場所になっているのだとすると、それはそれで当面いいと思うのです。まずは教室にいられる、参加できているときとそうでないときの様子を確認したい。もしかして、「ああ、そろそろ崩れる」と先生は予測のつくようなことがあるかもしれない。どういうときにいい感じで過ごしているか、学校生活がリコちゃんにとって楽しい時間や行きたくなっているようなタイミングはなんだろうかという点も探れるといいですね。

シマモト　その点は、お母さんに聞けていませんでした。次の面接で聞いてみたいです。できないことばかり偏って聞いていたのかもしれません。面接自体が、お母さんにとってしんどかったかもしれないです……。

東　いえいえ、仕方のないことです。親御さんは「こうなってほしい」「これはできない」と言うものですよ。「うちの子、こんなにできている」とは言いに来ないでしょう（笑）。しかし、親の評価のとおりだったとしたら、1年以

上行けたり行けなかったりということがなかったのではないでしょうか。少し落ち着くと、自分から「行ってみようかな」と言うのですから。

シマモト そうですね。学校にも楽しいこともあって、リコちゃんにいいことがあるということですよね。

東 学校に彼女にとって居場所がある、そこそこ楽しいことや満足できることがあるのでしょう。それが勉強なのか、友達なのか、ウサギの餌やりなのかはわからないけれど、何かしら行きたくなるような居場所がありそうです。ときには避けたい場所になることがあったとしても、時期を過ぎたり、刺激が少なくなったりしたときには行くのかもしれません。自分から再登校するには、動機づけになるようなものがあるんだと思うのです。

シマモト そのあたりはしっかり情報を集めてみます。

東 学校や仕事などは、疲れることもあるし、やらなければいけない義務もある。そういう意味では多少嫌悪を覚えるものですよね。「休み時間のドッジボールは最高に面白いけど、算数は嫌だ」とかね。楽しいことと嫌なことのどちらが多いかで、「頑張って行ってみようかな」となるものでしょう。リコちゃんも、行けなくなるときには疲労があるかもしれないし、苦手な活動や、見通しがつかなくてわからないということや、教室の環境というようなことがあるのかもしれません。嫌なことばかりだったら欠席行動が維持されるでしょうけれど、リコちゃんは自分から再登校しているのです。ですから、その文脈を精査していくと、要因が透けて見えてくるのではないでしょうか。

シマモト そうですね。せっかく学校と連携を取れる体制なので、そこは使ったほうがよかったと思います。さっそくやってみたいと思います。

東 嫌悪を覚えるようなものを退けるとか、楽しいことを増やすとか、いくつかやれることが、あるのではないかと思うのです。

シマモト 本当ですね。できることが見えてきました。ありがとうございます。

東 それにしても自発的に再登校を1年以上繰り返すというのは、驚きですね。

シマモト すごいですよね。

東 つらいけれど頑張ってやっているというだけでは続かないでしょう。きっと面白いこと、まんざらでもないことがあると思うのです。

シマモト そのことを探っていったほうがよさそうですね。

東 しばらくしたらリコちゃんが学校へ行くことにお母さんも気づいているわけですから、お母さんにも、一緒に探していきましょうとお伝えしていいので

はないのかと思います。

シマモト　わかりました。できないことや課題を設定しようということにばかり力が入ってしまっていたようです。できているところをお母さんとも探していくように、というのは、面接の中でもすぐにやれそうなイメージが湧いてきました。

東　「これが駄目だった、大変だった。だから困って、不安になって」とお母さんはどうしてもセラピストに話しがちだと思います。それに対して、お子さんがきちんとできていることに目を向けてもらうよう促すのです。

シマモト　セラピスト側から、お母さんに気づいていただくような形の質問や声かけをするとよかったのですね。私も、それを心がけて面接に臨みたいと思います。

東　もうひとつ、お母さんとできる作業を考えてみましょうか。お母さんから語られる「家でこんなことがあった」という内容についてです。そうした出来事が、何がきっかけで、どれが維持要因になっているかを見つけていくように促すのです。

シマモト　お母さんは一緒にやってくださるような、力のある方だと思うので、やれそうな感じがします。

東　それはぜひやっていただければと思います。「私がリコちゃんにこう構ってみたら、リコちゃんが少し変わったかもしれない、この方法がうまくいったんじゃないか」とお母さんに思ってもらうことが、すごく重要でしょう。

シマモト　そうですね。

東　お母さんは、いろいろな病院に行ったり、けれど薬を飲ませていなかったりもされてますよね。病院で聞いて回るのと、そこで受けた助言をもとに何かをやってみるというのは別ですから、そこは注意する必要があるでしょうね。ドクターショッピングというわけではないでしょうが、「こうこうこうですよ」と言われて「はい」と言っても、どうやればいいのかわからないのかもしれません。

シマモト　具体的な助言でないと、たしかにそうなってしまいますよね。

東　「共感的に子どもさんの気持ちを受け止めてみてあげてください」と言われても、「行きたくない」という気持ちは受け止めづらいし、「学校行ってよ！」と思うだけでしょう（笑）。

シマモト　そうですね（笑）。

東　きちんと相談をして解決をしようとされているわけですし、そうやって動くことはできているお母さんです。だったら、受け取った助言をもとにお母さん自身がやっていけるようになる、ということが重要でしょう。たとえば、シマモト先生から言われたことを家でやってみたら、「落ち着いた」「これができた」という経験をすれば、他のことに対しても目が向くようになるでしょう。そうやって、自分が関わってみて少しよくなったという経験を積んでいくと、いい循環が生まれます。そういう体験を、お母さんにしていただく。お母さんの不安は、リコちゃんの学校生活が安定しないということですけれど、もしかすると「このままで大丈夫か？」という不安が大きいのかもしれません。だとすると、その不安を減らすためには、「先月よりリコちゃんの学校生活が少し安定していますよ」「こう関わったら、こんなふうに出席、登校する時間が増えましたよ」ということを積み重ねていくことで、不安を少しでも解消できるでしょう。そのためにも、先生とお母さんとみんなで協力して、お母さんが動いてみたら子どもの様子が変わった、先生と一緒にやってみたら変わった、見通しが少し立つので不安が減った、というふうにしていきたいですね。不安の原因が子どもさんの現状にあるのだとすれば、お母さんがコミットすることで「様子が変わったな」という経験があれば、不安は減るのかなと思います。そのためにも、とりあえず、やりやすい、変わりやすい、見ていてわかりやすいような点についてお母さんと一緒に取り組んでいくのがいいでしょう。先にお伝えしたことですが、リコちゃんは自分で学校に再登校するぐらいですから。学校を楽しむ部分があるわけですから。やはり、その維持要因を探るのをやってみませんか。

シマモト　一緒にやってみて、その先にお母さんが「できた！」という感覚を持ってもらえたら、「じゃあ、次」というふうに繰り返すわけですね。

東　ええ。家だけでできることでも、学校にお願いするものでも、それは構いません。

シマモト　シートをいろいろと作っていたのですけれど、考えてみると、できないことを一緒に書き込むような感じになっていたかもしれません。そこから変えていきたいと思います。できていること探しをするんですね。

東　お母さんにとって優先順位が高く、見て変化がわかりやすいことから始めるのがいいでしょうね。簡単に変わりやすくて、見てわかりやすい、変化がわかりやすいようなことを、まずはひとつ「一緒にやってみましょう」と。

シマモト　そうですね。さっそくやれそうな勇気が湧いてきました（笑）。

東　担任の先生や保健室も含めて、「こういう理由ではないのか」という見立てが共有できれば、別の場面で問題が起きていても、似たような対応ができると思うのです。いろいろなカンファレンスで「協力していきましょう」「連携してやっていきましょう」と言葉にはしますよね。「この子のために何かしましょう」ということは共有できるけれど、実際の働きかけ方は全員違ってしまって結局混乱することがあるのです。せっかく学校との関係がいいのであれば、そこで具体的なやり方が統一できると、リコちゃんも生活しやすくなるでしょう。

4-4　解説

　加藤敬先生と東俊一先生のスーパービジョンの導入の仕方の違いはとても鮮明です。加藤先生は、まずリコちゃんの状態像や今後の見立てを総合的に評価し、今現在が特別な事態ではないことを明確化し、その結果、セラピストの失敗感が薄らぎました。一方で東先生はケースの課題はどこにあるのか、そしてセラピストのつまずきはどこにあるのかを明らかにする作業から始め、セラピストはスーパーバイザーと一緒に探っていこうと気持ちを切り替えました。導入の異なるそれぞれのスーパービジョンでしたが、最終的なゴールは共通しています。それは、「子どもに対する保護者の思いへの共感」「クライエントがすでに獲得しているスキルを発揮できるような面接」、そして「クライエントのリソースを最大限に活かすこと」が重要であると、セラピスト自身に気づかせている点です。

　セラピストのシマモト先生は、リコちゃんの抱えている課題を母親と一緒にペアレント・トレーニングの枠で解決しようと努力を重ねていました。母親もリコちゃんの様々な気になる行動についてシマモト先生に訴え続けています。子どもの問題を心や内面からとらえるのではなく、その「行動」につながる背景（環境）や文脈から分析し、環境整備をしたり、スモールステップで成功体験を積み重ねたりするアプローチは、リコちゃんの事例にも適応できると考え

られます。ただ、そのアプローチがうまくゆく大前提にはまず、心理臨床実践の基本姿勢が求められます。そのことを二人の先生はそれぞれのスーパービジョンの中で指摘されました。

　加藤先生のスーパービジョンでは、学校臨床・発達障害臨床事例では、複数の機関が連携すること、その連携が機能するための役割を整理すること、クライエント自身の努力やスキルを理解して、たとえば聴覚過敏への対処療法も重要であることなどを改めて学ぶことができました。セラピストのリコちゃんの行動の見立てを母親に伝えていき、行動変容を目指すためのキーポイントは、母親の話を受容・共感・傾聴するという基本形に立ち返ることにありました。そして、「役立つ工夫を組み入れようと頑張っている」こと、「セラピストを信頼しているという気持ちになっているからたくさん話す母親」など、さりげなくフィードバックすることで、シマモト先生は大きな自己肯定感を得ることができたのです。加えてスーパーバイズの目的である、理解の深化、スキルの向上までも期待できる点に注目しましょう。

　東先生のスーパービジョンでは、継続的に来談して問題を解決しようとする母親の力を十分に活用すること、そして断続的ではあるけれどリコちゃんの登校行動が維持されている背景や要因を精査して、それらを活用することを学ぶことができました。問題や課題に注目しすぎてしまうと、クライエント自身が獲得しているスキルやポジティブ要素を見逃してしまうという落とし穴にはまってしまいます。リコちゃんのできていることに注目し、かつ母親の「これならできる！」という感覚を持ってもらう面接は、結果的に気になる行動の変容や軽減につながっていきます。これこそまさに行動分析理論によるアプローチです。（佐田久真貴）

5
小学2年生で自閉スペクトラム症の診断を受けた男児・ユウキくん

今すぐペアレント・トレーニングに参加すること、
それって本当に効果的？

5-1　事例紹介

[主訴]
　自閉スペクトラム症（ASD）の診断を受けて、多動もあり、問題行動が増えてきた。友達とトラブルが多く、担任からの電話はそのことばかりで電話をとるのも怖い。家では困っていることはない。（母親の相談申込票の記入から）

[自己紹介]
　私はイマガワナオト、25歳男性です。臨床心理士の資格を取得してまだ1年目で、療育機関で心理士をしています。大学院時代は、行動分析的なオリエンテーションの臨床指導を受け、発達障害を抱える子どもとその保護者への支援に携わりました。具体的には、年に2クール実施されている相談室主催のペアレント・トレーニングにスタッフとして毎回参加しました。このペアレント・トレーニングには2クール続けて参加したいという保護者もいましたし、希望者が多くて断ることもあって、保護者のニーズの強さを肌で感じます。このスキルと知識を存分に発揮して、発達障害の親子に役立つ心理士になるのが私の

目標です。

　現在勤務している療育機関の発達障害部門は、他機関で発達障害の診断を受けた子どもとその保護者が多く来室しています。私はこれまで学んできたノウハウを活かせることができる、とうれしく思っていました。実際、就学前に診断を受けた子どもとその保護者は障害について理解しているケースが多く、保護者と一緒に日常の生活をよりいっそう過ごしやすくする方法を考えるという面接を担当していました。ところが最近、就学後に発達障害の診断を受けたり、その疑いがあったりする児童と保護者の相談が増えていることもあって、勤務1年目の私にもこのようなケースがまわってくることになりました。私は、障害の告知を受けたばかりの保護者に出会うのは実は初めてでした。そのようなケースはゼミや講義で一部扱われていましたし、基本的な知識は学んできたつもりでしたが、今回のケースの初回面接を控えて、改めて障害受容に関する事例研究をじっくり読み直しました。万全の体制ではなかったと思いますが、新規ケースへの準備に自分なりに努力したつもりでいます。

[事例検討の目的]

　ASDと注意欠如・多動症（ADHD）の診断を受けたばかりの小学2年生のユウキくんとその母親のケースです。1年生の担任から、数々の問題行動を指摘され、担任からの勧めでクリニックを受診、療育機関への来談となりました。クリニックからの紹介状には、検査結果が簡単に記された診断書が同封されているのみ。元教師の母親は、初回面接で子どもの特性に合った関わりを学ぶことに意欲を示したので、個別ペアレント・トレーニングが適応できそうなケースだと感じ、ペアレント・トレーニングについて説明して、隔週で実施してみることを勧めてみました。これまでのノウハウを活かせることができそうに思ったのです。

　ところが、さっそくペアレント・トレーニングを開始したものの、私の予測していたとおりの面接にはならず、一向に進みません。母親は真剣に資料に目を通している様子ですし、一所懸命学ぼうとする姿勢を感じますが、ユウキくんの特性に関わる話題になると黙ってしまいます。家族の支えに関しても、夫と姑に内緒で相談に来ていることもひっかかりました。

　このままペアレント・トレーニングを継続していくべきなのか、それとも母

親のユウキくんの特性について正しい理解を促せるようなカウンセリングを行うべきなのか、悩んでいます。

[家族構成・生育歴・問題の経過]

相談対象は小学2年生のユウキくんとその母親です。父親、母親、ユウキくん、妹4歳、父方の祖母の5人家族です。父方祖母は中学校の教師で現在は塾講師を経営、父親は高校教師、母親もユウキくんを妊娠するまで小学校教師でした。「家に先生は2人もいらない」という父親の考えもあり、母親も育児に専念する生活もいいかもしれないと特に未練も感じず退職を決めたそうです。ユウキくんは大きなケガや病気もなく、元気いっぱい育ちました。1歳半健診では言葉の遅れがみられましたが、個別の発達相談や心理相談は勧められませんでした。3歳前に急激に言葉の数が増え、3歳児健診では特に指摘も受けず、保健センター内を走り回る、「元気いっぱい」の姿が微笑ましく思えたそうです。七五三参りでは、着物を着せるのに苦労したほか、写真館での写真撮影では大泣きで抵抗し、結局一人での写真が撮れなかったとか。他にも3歳半頃から食べ物の好き嫌いが激しくなって、毎日同じおかずしか食べなかった、母親の姿が見えなくても平気で何度も迷子になったなどのエピソードに事欠きません。ただ、発達的には定型の範囲内ということで、健診では指摘されなかったと思われます。幼稚園に入ってからはお弁当に入っているおかずを全部食べてくれるようになり、家でも徐々に食べられるものが増えていったそうです。入園から2ヵ月は毎日泣いていましたが、ピタリとなくなり、毎日楽しく登園するようになって母親は安堵しました。半年経った頃のお遊戯会では、友達がセリフを間違えたり出番を間違えたりすると、それを「駄目だよ」と指摘するリーダーシップも見られました。友達がケンカをしていると、その中に入っていって、泣いている子を「泣いちゃ駄目」と叩いてしまうこともありましたが、先生に注意されるとその行動はなくなったそうです。ただ、勝ち負けのゲームや徒競走等で一番になれなかったときには、大泣きして「もう1回」を要求し、先生を困らせることもあったそうです。しかし、こうした気になる行動も、5歳児（年長クラス）になってからは、徐々になくなっていきました。毎日汗だくになって幼稚園で活動して帰ってくるユウキくんを、両親も祖母もうれしく思っていたようです。

ところが、就学後の初めての家庭訪問で、信じられない報告を担任の先生か

ら受けました。「連絡帳を自分から出せない」「机の周りに物が散乱している」「授業中、出し抜けにしゃべり始め、なかなかとまらない」「友だちが消しゴムを拾ってくれたのを取られたと勘違いしたようで、相手を叩いて泣かせてしまった」というのです。驚きのあまり、他にどのような話題があったかあまり覚えていないとのことです。この家庭訪問を境に、担任の先生から2日に1回は電話がかかってくるようになり、電話が鳴ることに恐怖を感じるまでになりました。担任から「実際に学校に様子を見にきてほしい」と言われ、何度か参観したのですが、たしかに机の周りは悲惨な状況で、チャイムが鳴ってもなかなか着席できず、ユウキくんと他のクラスメートの違いに気づかされます。ただ、ユウキくんは母親が教室にいることに大喜びで、どうやらいつも以上に元気よく「はいはい！」と何度も手をあげるので、「先生が言うより、ユウキはがんばっている」とも感じたそうです。

　2学期の運動会のダンスの練習に参加したがらないと担任から電話連絡があってから、母親自身「やっぱり何かがおかしい」とはっきりと不安を覚えるようになりました。不安を払拭しようと、DVDを先生に借りて二人でダンスの特訓をしたところ、家では楽しそうに踊るのですが、学校ではやはり練習に参加できません。結局、運動会でも一人だけ地面に座ったまま、砂いじりをしていました。父親も祖母もこの様子を観ていましたが、祖母は、父親もみんなと一緒に何かするのが嫌いだったし、似ているのかなと笑いながら話すのみ。不安をぬぐえない母親は、父親と祖母に内緒のまま、担任に勧められた専門クリニックを受診し、ASDとADHDの診断を受け、私の勤務する療育機関へと来談するに至りました。

［面接経過］

　インテーク面接には、ユウキくんと母親の二人で来談しました。私がロビーに迎えに行くと、ロビーのソファの上でピョンピョン飛び跳ねて大喜びのユウキくんとその様子をニコニコしながら見ている母親がいました。母親に挨拶と自己紹介をしているあいだも、ユウキくんはソファの上で飛び跳ねたままです。母親が手招きしながらユウキくんを呼ぶと、チラッとこちらを見たあと、ソファから飛び降りて走って母親の腕にぶら下がりました。すでに全身汗だくです。母親も特別それが変わったこととは思っていない様子で、二人にとって自然で

ごく当たり前のことなのでしょう。ただ、母親がこうしたユウキくんの行動に常に寄り添っていると、疲れ切ってしまうに違いありません。小学2年まで専門機関に頼らず育ててきたことに驚く気持ちが沸き起こりました。

　面接室への移動中に開いているドアがあると、ユウキくんはその部屋をのぞこうとします。ただ、母親から「お部屋に勝手に入らないのよ」と言われていたのでしょうか、中には決して入りませんでした。

　私が面接室を示して「ここでお話ししましょう」と伝え終わる前に、ユウキくんはドアを力いっぱい押して開け入室しました。部屋にはテーブルとイス、窓際にはおもちゃの棚があります。ユウキくんはおもちゃの棚に向かいつつ、こちらを振り向きます。大人に許可を得るのが大切だとわかっていること、遊びたい欲求を制御できるスキルのあることがわかります。母親も、私の動向をうかがっているのか何も言いません。そこで、「まずはこちらのテーブルに来てください。イスに座って、自己紹介と今日の予定をお話ししましょう」と伝えました。するとユウキくんは「そのあとは遊んでいい？」と尋ねてきます。「もちろん、後で遊べますよ」と返答をしました。ユウキくんは満面の笑顔になり、小走りでやってきて、ドーンとイスに腰掛けます。

　そこで、私と母親、ユウキくんの順番で自己紹介を行いました。事前に用意した紙の問いに従って順番に発表するというかたちですが、ユウキくんは私が予測していたよりも上手に自己紹介します。丁寧でハキハキとした言葉遣いでした。母親もそんな彼を笑顔で見守り、時々声をあげて笑いながら、彼の頭をなでています。二人の様子を私も微笑ましく感じました。

　自己紹介が終わって「今日はどうしてここにお母さんと一緒に来たのか、知ってるかな？」と尋ねてみました。ユウキくんは「お勉強のためです」と答えます。母親は微笑みながら「私が今朝そう言ったので」と説明してくれました。母親が「ユウキは、お勉強が好きなんだよねー」と言葉をかけると、ユウキくんは「好きー」と答えながらも、おもちゃの棚のほうをチラチラと見ていて、早く遊びたそうな様子です。そこで私は「ユウキくんはおうちで何して遊ぶのが好きなの？」と尋ねました。ユウキくんはしばらく考えている様子でしたが、突然イスから立ち上がって「トー！」「ヤー！」と大声で叫びながら空中に向かって足蹴りやパンチする動作をします。どうやら実際の体の動きで質問に答えてくれたようです。母親はこの様子に少し表情を曇らせたようでした。私は「す

ごいねー。キック上手！」と言葉をかけてから、もう一度椅子に座ってほしいと伝えました。この後の予定を説明して、ユウキくんとおもちゃ棚へ移動し、5分ほど一緒に遊びました。その後、一人でおもちゃで遊んでいてもらい、私は母親との面談を行いました。

　母親によると、就学してから担任から何度も電話をもらっていたようで、友達を叩く、一番になれないと怒る、授業中じっと座っていられない、提出物が出せない、急に教室から飛び出してしまうといった内容だといいます。「ユウキに合った関わり方を学べるところだから、と主治医に言われて来ました」とのことでした。私からは、ペアレント・トレーニングというプログラムがあり、個別と集団でのものがあること、集団の場合は次のスタートが半年以上先であることを伝え、個別でのプログラムを勧めました。母親は関心を示してくれて、「すぐにやってみたい。ユウキに必要なことなら何でもしたい」と意欲的な様子でした。

　2回目の面接は、ユウキくんが学校に行っている時間帯にしました。母親は時間どおりに来談しましたが、前回のときとは様子が違っています。表情がとても硬く、私が挨拶をしても、簡単な会釈と聞き取れないくらいの声で挨拶を返すだけです。内心かなり動揺しましたが、それを悟られないように必死に笑顔をつくったような気がします。私から「前回から2週間ですね。ユウキくんは今日、元気に学校に行きましたか？」と尋ねると、「はい、いつも通りに……。ただ今朝もちょっと怒りすぎてしまって」と話し始めました。提出しなければいけないプリントがあり、そこには保護者の印鑑が必要なことを母親仲間のLINEで今朝知ったものの、プリントが見つからなくて担任に電話をしたということでした。どうやら、こういったことは日常茶飯事らしく、「何度言ったらわかるの！」「いいかげんにしてよ」とユウキくんを怒ってしまってから、言い過ぎてしまったと落ち込んでしまうということでした。涙ぐみながら話す母親に、もう少し話したいことを聴く時間をとるべきなのか、それとも契約どおりにペアレント・トレーニングについて切り出すべきなのか、とても悩んでしまいましたが、「ユウキのためになることなら何でもしたい」と言っていた母親の言葉を思い出し、やはり予定どおりに進めて、できるだけ早くユウキくんに役立つ方法を身につけてほしいという気持ちに落ち着きました。トレーニングによって母親のこのつらそうな状況が改善されることを期待したのです。

ただ、面接の残り時間を考えると、トレーニングは次回から開始するほうがよさそうでした。私は母親に、ペアレント・トレーニングは次回から本格的に開始すること、そして今日は2週間分のユウキくんの様子を教えてほしいことを伝えました。

　3回目の面接では資料を母親に見せて、今日の予定を伝えました。前回より母親の表情は硬くなかったのですが、顔色が悪いことが気になって、「体調はいかがですか？」と尋ねると「ちょっと寝不足で」とのことでした。それでも大丈夫だというので、ペアレント・トレーニングを始めました。資料に真剣に目を通してくれて、「ああ、たしかに」「こういうことだったんですね、なるほど」とユウキくんの行動を思い出しながら理解をしてくれている様子です。「寝不足の理由など、もう少しお母さんの話を聞くべきだったのだろうか」という考えが頭によぎったものの、その真剣な姿に気を取り直し、ホームワークとして、ユウキくんの気になる行動を記録してきてもらうという課題を出しました。「宿題ですね」と言いながら、何を書くのかを確認する母親の姿に、積極的に学んでいこうとしていると感じました。

　4回目の面接で私は、母親が持参するだろうホームワークをいろいろ想像しながら次の話題の展開を考えていました。ところが、母親はホームワークを持ってくることができなかったのです。正直なところ、どう反応すればいいのか戸惑ったのですが、学生時代にこうした場合、記録の仕方を簡単なものにアレンジしたり、標的行動を再検討したりと軌道修正したことを思い出して対処しました。ただこのとき、ユウキくんの母親の場合はこれまでの方略が通用しないかもという不安がよぎりました。

　5回目の面接では、アレンジしていたペアレント・トレーニングの資料を用いて、ユウキくんの気になる行動について具体的に把握していく作業を試みました。母親は真剣に資料に目を通し、私の言葉に何度もうなずいてくれたのです。その様子からは、ユウキくんのため一所懸命に学ぼうとする思いが伝わってくるのでした。ただ、最近気になっているユウキくんの行動を具体的に記述してもらおうとすると、途端に考え込んでしまいます。そして、「保健センターの健診では指摘されなかったのに」「幼稚園も数ヵ月たてば慣れて、あまり困ったこともなくて先生に怒られることはなかった」という発言が続きます。「担任の先生はベテランで、他のお母さんたちも厳しいって話しているのを聞いた」

「今年で2年生だし、ユウキも学校に慣れてくれる頃だと思う」というのです。こうした発言に、ユウキくんの特性を母親がまだ正しく理解できていない可能性がありそうだと感じ始めました。一緒に住んでいる父親や祖母に、ユウキくんの障害やここでの相談のことをまだ話せていないという状況も気になります。

［助言してもらいたいポイント］
　発達障害の特性は幼児期に関する聴取からも明らかでしたが、母親は専門機関や保健師に相談することなく、自分なりの工夫や子育てを懸命にやってきたのではないかと想像します。そのやり方がユウキくんには合っていたのかもしれません。ところが、小学校の生活には適応することが難しく、母親の不安が解消することなく、発達障害の診断を受けるに至りました。ペアレント・トレーニングを進めていくことで、母親がユウキくんの障害について受け止め、正しく理解する助けになるだろうと考えていましたが、5回目までのぎくしゃくとした面接経過を振り返ると、ペアレント・トレーニングは時期尚早だったのではないかとも思い始めました。今後の面接はどのように進めたらいいものでしょうか。

5-2　どの問題の解決を求めているのか

東　俊一

東　実際はペアレント・トレーニング（ペアトレ）に進めていないと言いましょうか、その準備がうまく進んでいないということなのですが、その後も、こういう感じでいろいろなお話をするけれど、実践に移ろうとすると、止まってしまう感じが続いているということですか。
イマガワ　お話はいろいろしてくれるのです。学校での様子や、ユウキくんの様子などを、すごくたくさんしゃべってくれる。でも、ペアトレの実際の作業に入ると途端に反応が落ちるというか、ペンは持つのですけれど書こうとしな

いというか。資料はすごく読んでくれるのですが、実際の作業になると進まないので「あれ？」と。その反応の違いに、私は少し驚いているところです。

東　饒舌に話されるというのは、学校での出来事ですか。

イマガワ　そうです。あと、おうちでの出来事も、いろいろ話してくれます。

東　おうちでの出来事というのは、結構困った内容を話されるのですか。

イマガワ　そういうわけではなくて、「一緒にテレビ見て、こんなことで笑った」「おやつをいっぱい一緒に食べて」など些細なことです。「家でこういうことがあった」というのが多い印象です。

東　微笑ましいというほどではないにしても、普段の生活の話題が多いと？

イマガワ　そうです。ユウキくんとの関わりは、すごく楽しそうです。実際に来られたときも声かけが上手で。それでユウキくんもお母さんの言うことをよく聞く感じです。ユウキくんは衝動性も高くて、動きもばたばたしているのですけれど、お母さんが言っていることにはすごく従順という印象でした。

東　お母さんのユウキくんへの関わり方について、外であれば多少はよそいきな感じになるとは思うのですが、どういう印象を持ちましたか。

イマガワ　微笑ましい感じを受けるので、お母さんからは、厳しさは感じません。でも、2回目の面接のときには、ユウキくんにきつく朝言ってしまったことや、「何回言ったらわかるの」などと少し叱ってしまったというエピソードが出てきました。やはりユウキくんに対して怒ることはあるのだなというふうに思います。それが頻繁にあるのか、一般的な親子でよくある程度なのかというところまでは聞き取れていません。

東　ユウキくんは、お母さんに好意的に反応していると思っていいですかね。

イマガワ　はい。笑顔もたくさん出る、とてもかわいらしい男の子です。

東　なるほど。いただいた資料で見ると、診断から想定できるエピソードが散見されて、元気いっぱいであっても、微笑ましい母子関係にあるという感じですかね。

イマガワ　そうですね。

東　ペアトレについても、お母さんが熱心なので、参加してもらいたいと思うけれど、なかなかうまくいかないのですよね。

イマガワ　そうなのです。すごく興味を示してくれて、資料も納得しながら見てくれるのですけれど、具体的な作業になると、ぱたんと進まないので、どうしたものかと。

東　どういうふうに進まなくなって止まってしまっている、という印象がありますか。

イマガワ　まず、3回目のときは「寝不足だ」というような話が出て、体調が悪そうな感じだったのです。いざシートに記入しようとすると進みません。そのときは持って帰って記入してきてもらおうと思ったので、その説明をして終わった感じです。お母さんも「宿題ですね」と言っていたので、やる気満々な様子に見えたのですが。4回目のときにそれを持ってくることができなかったということと考え合わせると、すごく気分の波があるのかと考えてしまいます。でも、1週間のユウキくんとのやり取りやエピソードなどを尋ねるのに費やして、私もそのことはついつい後回しにしてしまって。

東　尋ねたエピソードというのは、先ほど言ったどちらかというと何げない微笑ましい感じのことですか。

イマガワ　あ、ユウキくんとやり合ったというか、お母さんがユウキくんを怒ってしまったという話題もしてくださったこともあります。

東　お母さんが相談に来られている動機を考えると、自分のお子さんの問題を捉えて、それを改善したいと思っていらっしゃるのでしょうね。それが周りから勧められてなのかどうか。言われたから来ているみたいなところはどうですか。来談動機というのでしょうか。

イマガワ　どこまで動機づけがあったかはわかりません。「診断をしたクリニックの先生に勧められて来ました」と、そうおっしゃっていました。ただ、「ユウキのためなら、なんでもします」という一言もあったので、まったく動機づけがないという感じではないのかなと勝手に思って、面接を進めてしまったんです。

東　今、なぜそんなことを聞いたかというと、2回目の面接のときに叱りすぎてしまったというお話がありましたよね。どの問題に対して、親御さんが解決や改善というのを求めて動いておられるのかなと考えたんです。今の面接だけで解決できることはあるかな、と。お母さんの申込票では「家では困っていることがない」と書かれているのですよね。

イマガワ　家ではそうですね。

東　家で困っていることがなくて、外からの指摘で相談には来ている。きっかけやスタートが学校からの指摘や勧めだったとしても、生活の中で子どもさんとの関わりの中で困っていることがあれば、それについてコメントされるので

はないかと。「家で困ってることはない」と書いているとしても、たとえば障害の診断名がついたこと、もしくは学校から「これができない」「ああだこうだ」と言われることが納得できなかったりするのか。でも、学校に見学に行けば、言われたようなことが起きているなぐらいは認めざるを得ないのではないか。だとすると、家で困っていることがないというコメントからは、言われたから来ている、または学校での困りごとの話をするために来ている、という状態ではないかと想像してしまうのです。

イマガワ　そうかもしれません。

東　まじめなお母さんが、わが子の学校での様子を見てきて、「まあ、先生の言うことも一理あるな」と思ったり、しかし「あの先生が厳しいから」と思ったり、いろいろ揺れるにしても、「たしかにほかの子と比べたら、うちの子の周りは散らかっている」などと、先生の言うようなこともあるのかもしれないというような状態を目の当たりにされ、問題行動を指摘されてきている。ということを考えると、「お子さんに合った形の対応について、一緒にやりませんか」と言われたら、「やりたいです」と言いそうですよね。ただ、面接やペアトレをどれぐらい必要としているのかという部分は、どうなんでしょうか。エピソードを聞いていると、きっといろいろなことがあるお子さんだと思うのですけれど、お母さん自身は「困ってることがない」と言われてしまっている。

イマガワ　申込票の最後に「家では困っていることがない」とはっきり書かれてました。でも、学校では実際にいろいろと大変そうなところを見ていらっしゃる。そういえば、担任の先生からの指摘に対して、「わかるけど、ユウキくんはもっとこの辺頑張ってるのに」などという、そんな表現もたしかありました。問題を直視できていないところが実はあるのかなと最近は感じることもあります。それで、やはり作業ができなくなるのかなと。

東　総論として言われれば「子どものためになるなら」と前向きに答えることは、まじめなお母さんであれば、なおさらありそうですね。しかし、そもそも「問題だ」と指摘されていることを十分に納得されているのかどうか。「見に行ったら、少しとっ散らかった感じが、うちの子にはあるな」と思ったとしても、「ほかの子だって」とか「あの先生が」と思っているとすれば、実際のペアトレには気が進まない、ということはありそうです。

　あと、本当に家で困ったことがないのかという部分が気になりますね。困ったことはあるけれど、それをどうにかお母さんが褒めたり、すかしたり、なん

となくその場を収める方法を見つけていらっしゃるのではないか。

イマガワ それはあるかもしれません。とても関わりが上手だなと思いましたし。もともと学校の先生をされていた時期もあって。そういう意味では、問題が問題ではなくなっている可能性もあります。

東 子どもと関わるお仕事をされていたとすると、周りから奇異な形にならない程度に不適応をうまく収めることもできそうですよね。ソファの上でぴょんぴょんはねたり元気いっぱいだったりというのを、苦笑いで見ているのと、にこにこ見ているのとでも違いますから。たぶんこの子の特性に応じたやり取りを工夫されて、8年の中で身につけてきて、家では困ることがないという可能性もあるのかなと。

イマガワ その可能性が大きい気がします。

東 だとすると、家で困っていることはないのに、学校で頻繁に問題を指摘されるという感じでしょうか。認めがたかったけれど、見に行ったら多少なりともそうだと認めざるを得ない。そういうときに「先生が厳しいから」「先生が下手だから」か、「うちの子が何かある」か、どちらの受け取り方をするかがポイントでしょうね。十分に自分の子どもの生活の問題として受け取れているのか。あるいは先生の指摘しすぎだと思っているのか。ここは、私にはわからないのですけれど。

イマガワ お母さんのおっしゃるとおり、細かいことにたくさん気づけるというか、それを全部お母さんに言ってしまうという、そんな担任の先生なのかもしれません。

東 エピソードだけ聞くと、ASDのなんとなくそれらしいエピソードが並んでますよね。一方で、初めて来た部屋でわっと飛び出したりせずに言うことを聞いて動くとか、部屋の中に入らないとか、そういう場面も見ていらっしゃる。「ADHDもあって、ASDで」と言ったら、勝手にぽんと空いている面接室に飛び込んだり、勝手におもちゃを触り出したりというようなことがありそうなものです。そうしないで動けるというのは、たぶんお母さんが、手がかりの出し方など、それなりに上手なのだと思います。「お利口にしなさい」ではなくて、「許可をもらってからしなさい」などと、きちんと伝えている。ユウキくんへの伝え方が、お上手なところもあるのかなというふうに思うのです。そうすると、お母さんがユウキくんの学校での出来事を認められないからなのか、そこまでではなく本当に困ったことがないのかが気になるところです。

イマガワ　なるほど、お母さんが困っていない可能性もありますね。

東　ただ、きっとまったく困っていないというわけでもないのかもしれません。2回目のこともありますし。変な言い方ですけれど、自分の傘の下というか、自分の制御下に置ける範囲のユウキくんと、外の世界に出ているユウキくんをどう見ていらっしゃるのかがポイントでしょうか。お母さんという手がかりや、キュー出しを上手にしてくれる人が、あまりいないところでのユウキくんというのが、学校でのユウキくんだと思うのです。そこはもう少し分けて考えていいかもしれません。どうにか「困ったことがない」と言えるぐらいに、意のままにと言ったら悪いけれども、お子さんを適切に動かすことができているわけですよね。

　お母さんが困っていることが実は学校でのことが多かったりするとなると、たとえばお子さんの障害を受容できていなければ、総論で「頑張ります」と言っても、各論で実践になった途端に認められないので動けない、というパターンもあるでしょう。起きている問題とされていることの多くが学校絡みだと、お母さんの傘の下に置くことが難しい場面での問題になるでしょう。

イマガワ　まさに、そのエピソードは学校での出来事で、お母さんが見ていないところでの指摘です。

東　家庭では、困ったこともたまにはあるけれど、どちらかというと何げない日常のエピソードのお話のほうが多い。実際の接し方もお上手で、ユウキくんとの関係が良好にあるとなると、困ったことは学校ほど出てこない。

イマガワ　いろいろなことができるユウキくんを家で見るという、たしかにそういう感じになっている気がします。

東　実際にホームワークで「子どもの様子を」と言ったときに浮かぶのは、学校のことが多かったりしますか。

イマガワ　そうですね。

東　そうすると、学びたいという言葉はそのとおりだとしても、障害を受容しているかどうかはともかく、お母さんの基準からは、家での様子はさほど問題とするほどでもないのかもしれませんね。学校に比べて家のほうが環境も落ち着いているわけですよね。お母さんが上手にわかりやすい具体的な形での手がかりを示すこともできるわけです。たとえば「けじめをつけなさい」ではなくて「お口チャックで座りなさい」と言ってくれるなどというふうに。家ではさほど困らない可能性があるとすると、プリントには書きにくいのかなと思うの

です。

　あるいは、お母さんがいないときに、おばあちゃんやお父さんが同じ問題に対して、どうふるまっているか。お母さんがご家族にうまくお伝えできてないとすれば、「家に持ち帰って何かをしましょう」ということはしにくいかなと思います。シートを書くことはできても、それを家でもやりましょう、と言われると困ってしまう。

イマガワ　もしかしたら、お母さんがやろうとしていても、実は家ではできなかったということがあるのかもしれないです。

東　やろうとしていてもできないという可能性もあるし、家ではすごく困ったエピソードが学校ほどはない可能性もある。来ている理由も、学校から言われて診察を受けて、「子どもとの関わり方を学べる場所」というような言い方をされているけれども、実際には子どもとの関わり方よりは、学校での子どもの問題を伝えられて、そこに困惑しているのかもしれない。

　受容していても環境的にホームワークをやりづらかったり、「家ではちゃんとできるのに、なんで学校だけでそうなるんだ」というところで先生に理由を求めたり、そのあたりを上手に整理というか、腑に落ちる状態になっていないのかもしれません。実際にペアトレで、こういう技法を身につけてみたいとなっても、たとえば学校で友だちとトラブルを起こしてしまって、そんなエピソードを担任の先生から電話か連絡帳か何かで受けて、帰ってきてから、その問題に対して子どもと向き合って、家でそれをどうやるかというふうになると、難しいでしょう。

イマガワ　まさにそうですね。

東　家でできていたり問題ではなかったりするものが、学校で問題となっている。家でやらないことを学校でやってしまう、家でできることを学校でやらないなど、学校のほうでの問題が大きいとなってくると、学校環境や担任などを抜きにして親御さんだけでというのは厳しいかもしれません。授業中に立ち歩いてしまったことや、連絡帳を出せないことだと、家に帰ってきてから何か取り組むというより、学校場面で工夫することですよね。もちろん、連絡帳を学校で出せるような手がかりを家で整備して、それで、「連絡帳が出せた！」というようなことを目標にしていくこともできるでしょう。そのうえで、担任の先生が「今日はうまく連絡帳を出しましたよ」というポジティブなフィードバックをしてくれたら、子どもにもお母さんにももっといいのだけれども。それ

ができるかは、担任の先生のことがわからないので、なんとも言えませんね。

　目先の困ったことがあって、それを分析したり、それを解決したりするために、たとえば「お母さん、それを整理したりアセスメントしたりするために、課題分析というのがありますよ」「その分析を学校で活かすには、たとえばこういう対応方法がありますよ」などとやってみる。その次に、できたことを担任の先生に伝えていく。それで、先生も協力的に「じゃあ、それを試してみます」とつながれば一番だけれど。もし、悪いことを指摘してくるだけで終わってしまっている先生だとすると、いきなりは頼めなくて、「家でどうにかしてください」となりがちですよね。

　ところで、2年生だと、まだ支援員さんは入っていないのですか。

イマガワ　支援員さんの話は聞いていないです。

東　もし支援員さんが入っているなら、担任が忙しくて無理でも、支援員さんが少し協力してくれることで、「うまくいきました」「今日は、怒られませんでした」「今週、電話がありませんでした」「子どもが『先生が褒めてくれた』って言いました」みたいな報告が返ってくる可能性も期待できそうです。

イマガワ　支援員さんの話はうかがっていなかったので、一度お母さんに確認してみます。

東　それはそれとして、2回目のときの怒りすぎてしまったというような感じで、時々家でも困ることが本当はあるならば、どういう状況で、どんなことがあったということをもう少し探索していくといいかもしれませんね。「もうすごく困って怒りすぎちゃったんです。私が悪いんですけどね」「じゃあ、今日のお話」と、さっとペアトレに移るよりは、そのネガティブな家であった困ったエピソードをもう少し聞いてみる。トレーニングするにしても、「こういう声かけをしたらよかった」「こういうふうに言ってみたら、うまくいったかも」と、実際の困ったことにそってやってみてもいいでしょう。

　そういう訴えが少ないならば、やはり学校の「困った」を、どうしたら先生の手をあまり煩わせない中で、トラブルが少なくなるような形で、家から持ち込める環境調整だったり、または、何かを少し貼っておくなどだったり、そういったあれこれを母親にそれこそ少し耳打ちしておいて、それに対して関心を示してくれる支援員さんがいれば、その人にお願いをしながらやってみるということもできるかもしれません。

イマガワ　今、先生から言われていて、すぐにやれそうだなとイメージできた

のが、連絡帳のやり取りです。ユウキくんとお母さんとの関係の中で、ユウキくんが学校に連絡帳を出せるという工夫をお母さんと一緒に考えるという作業は、これからすぐにできそうなイメージがあります。

東　そうですね。たとえば自分から登校してきて、教室に入ってしばらくの時間、たとえば5分経っても出さなかったときには、支援員さんが「何か忘れている？」などと言ってくれるというふうにする、もしくは「ランドセルを開けて見てごらん」と言ってもらうと、そこにお母さんとの約束が貼ってあるなど、学校でうまくいくためのサポートもいろいろありますよね。それは担任ができれば一番いいけれども、担任でなくてもいいところですよね。

　机の周りにものが散乱しているのも、机と同サイズぐらいの籠に、それこそ四角く「筆箱」などと書いて貼っているやつを持っていっておくだけでも、そこに片づけられる。そうすると、先生から怒られる回数も減るだろうし、「僕は片づけができた！」とユウキくん自身も達成感を抱けます。

　問題の多くが学校絡みや学校の中でだとすると、すぐに先生に協力していただけないいろいろな状況が、もしかしたらあるのかもしれません。そこを面談では分析して、持ち帰ってもらって、学校へ何かを持ち込む。そこで「こうしてみるので、こう水向けてみてください」「こうできたら声かけてしてみてください」「できなかったときに、こんな声かけをしてほしいです」「うまくいったら褒めてほしいです」みたいなことを、担任や支援員さんなどにお願いしてみるんです。

イマガワ　家では、ものが散らかることがないように、きっとお母さんなりの工夫があるんだと思います。

東　そう思います。きっとできているのですよね。

イマガワ　そのできていることを、少し学校でもアレンジして。

東　アレンジして、それを活用するための促しのようなものをやってもらうようにする。そうすると「1ヵ月前より落ち着いていますね」みたいな感じで、先生もわかってくれる。そうやって、先生自身の子どもへの関わり方も変わってきたらいいな、と（笑）。

イマガワ　本当ですね（笑）。

東　先生のお子さんに対するポジティブな発言が増えていけば、先生とお母さんの様子も変わるはずですし、ちょっとでもペアトレを活用して、学校のことを少し一緒にやってみる。

イマガワ　そうすると、ユウキくんも学校で過ごしやすくなる。

東　当然、楽になると思います。

イマガワ　楽になるし。先生からの声かけも変わって、ユウキくんもうれしいことが増えそうですね。

東　そのような気もするのですけれど。

イマガワ　本当ですね。家でやれることというふうに偏って、家での困っていることなどを探っていこうとしてしまったのですけれど。困っているのは学校でのことだから、それについて、ひとつずつユウキくんのできることを増やしていくほうがいい。

東　そのための仮説を立てて、手続きを組んで、あまり複雑ではないものにして、学校に少しお願いしたり協力したりしてもらいながらすすめていく。本当に家での問題がない場合はどうすればいいか困ってらっしゃるでしょうし、なかなか受け止められなくて「家では大丈夫です。学校なんです」と言っているのだとしても、「じゃあ、学校のことでもやってみますか」で、いいと思うのです。

イマガワ　そのほうが取り組みやすいかもしれません。そのほうがお母さんが持ってらっしゃるスキルや、ユウキくんへの上手な関わり方などを、もっと教えてくださるかもしれないと今は思います。少し先の展開が見えてきた感じがしました。

　学校の先生にお願いしにくい環境であれば、お母さんとユウキくんとの約束の中で、少しできそうなことを見つけていけばいいんですね。もしかしたら、お母さんはすでにされているのかもしれないですけれど。やはりそういうところを、私も確認していかなければいけなかったなというふうに思います。あと、支援員さんがいるかどうか、頼めるかどうかなど、そのあたりをもう少し確認します。担任の先生の話しか、今までお母さんからは出なかったのですけれど。そんなことも、まず、お母さんから聞くことはすぐにできそうなので。可能であれば、私から学校にコンタクトを取ることも、お母さんに許可が得られるといいのですけれど。そのあたりは、やらなければいけないなというふうに思います。

東　学校の勧めでクリニックへ行ったということですから。情報をもらうというようなことは、多少でもできそうですよね。お母さんが上手にやれているのであれば、そのエッセンスを少しでも学校に持ち込んでもらう。それを現場の

教室でユウキくんがするときの、ちょっとした補助みたいにしていく。忘れかけているときにひと声かけてくれたり、親指を立てて「よくできた」と言ってくれたり、さりげなく促してくれる動きを担任や支援員さんなどがやってくれればいいですよね。

イマガワ　そうですよね。それにしても、お母さん自身は困っていないのに、担任の先生からばんばん「これが駄目だった」などと言われてしまうと、きつかったでしょうね。

東　おそらくだけれど「友達を叩きました」と言われても、その前後の文脈や様子がわからないで「こうした」「ああした」「これをしてるから駄目」「怒ってください」と言われてしまったら、たぶんどうしようもない部分もあるでしょう。家ではそんな様子がないわけですから。

イマガワ　そうですね。そのあたりは、お母さんのほうも、担任からもう少し詳しく話を聞こうというエネルギーがなくなってしまっているような感じがします。

東　そうでしょうね。電話に出たくなくなるぐらいですから。

イマガワ　そうですね。きっとユウキくんなりの理由があったのでしょうけれど。「友達を叩いた」と言われても、私が見ているユウキくんも、あまりそういうイメージがありませんでした。学校ではいろいろな刺激があって、文脈があって、先生もずっと見ているわけではないですし、ユウキくんも理由をうまく話せないかもしれませんし。

東　「叩いたから駄目」と言うけれど、実はその前にユウキくんのほうが叩かれているかもしれません。それをうまく言えなければ、その場ではそれきりになってしまいますよね。そんな状態で指摘だけされてしまえば、それはたぶんお母さんも電話に出たくなくなると思うし。家では困っていないのに、そういう評価だけを受けるとすると、なかなか厳しいですよね。

イマガワ　たしかにそうですよね。私もこれからどう関わっていけばいいのか、すごく悩んでしまったのですけれど。今、すぐにやれそうなことが見えてきて、次の面接への道が開けたみたいな感じがします。自分には対応できないヘビーなケースなのかなと、実は自信がなくなってきていたところだったのです。お母さんと一緒に「学校で困っていることを解決していきましょう。できることを増やしていきましょう」というふうな形で進めて行くということですよね。

東　そうですね。解決を進めていくうえで、知っておいたほうがいい知識や観

点や技法などがあれば。そうなれば、当然勉強熱心で、きっと理解がよくて、お上手な方なのでしょうから、すっと腑に落ちて使えるでしょうから。

イマガワ　そうですね。できることが見えてきました。

5-3　課題を周囲と共有できるか

岡本かおり

岡本　さっそくなのですけれど、ペアレント・トレーニング（ペアトレ）を開始して、それから少しうまくいかなかったということですね。ペアトレが適切かなと思った判断材料やアセスメントについて教えてもらっていいですか。

イマガワ　はい。インテークで親子一緒に来られたときにも、ユウキくんは突発的に走り出そうとするなどいろいろと動きが激しくなる子なのですけれど、それをお母さんが予測してか、あらかじめきちんと注意を促したり、「こうこうしては駄目よ」などと言ったりしてたんです。またそれをユウキくんがきちんと守っていた。そういう関係性で今まで来たのだろうな、と。それで、ペアトレを学ぶことで関わり方がさらに上達されるのではないかと感じました。お母さん自身が元学校の先生ということでしたので、資料があって一緒に勉強するスタイルが適するのではないかという見立てをしたのです。お母さんも、ユウキくんのためならどんなことでもしたいとすごく積極的で、「一緒に学んでいきましょう」という約束というか契約もできた状況でした。

岡本　なるほど。やれるかなという感触をつかんで、やれそうだという情報もあった。それで始めたところ、何か難しさが出てきたのかな。

イマガワ　そうなのです。「すぐにやってみたい」「ユウキに必要なものはなんでもしたい」というふうに意欲を語ってくださったので、私も面接に備えて資料づくりを頑張ってやったのです。ところが、2回目の面接になると1回目と様子が違っていまして、お母さんに元気がないなと、ふと感じました。話をうかがったほうがいいのかなと気がかりではあったのですが、ペアトレをすぐにすべきなのか、お母さんの状況を聞くべきなのか、迷ったまま2回目の面接を

始めてしまいまして。そうするとお母さんから、ユウキくんが学校に行く前に「ちょっと怒りすぎてしまって」というような言葉があったのです。お母さんがユウキくんを叱るというのは、インテークのときに出てこなかった内容だったのでうかがったところ、提出しなければいけないプリントがないなど、なくしものの話が出てきたのです。その話を聞いていくうちにペアトレを始める時間がなくなってしまい、結局「次回から始めましょう」と、そのまま終わってしまいました。

　3回目からは資料を見て「なるほど、なるほど」と言ってくれるのですが、寝不足ということで疲れている様子だったので、ペアトレをしなくてはというこちらの気持ちを優先してしまったのが、まずかったかなと思いまして。それでスーパーバイズを受けようと考えたんです。

岡本　そうだったのですね。プログラムを始める時期をどうするかは、判断が難しいところがありますよね。今振り返ってみると、ペアトレを開始したのが早かったかなと思われているようですが、それはなぜですか。

イマガワ　一緒にやろうとするのですが、なかなか作業が進まないということです。それに一番気になっているのが、同居している姑さんと旦那さん——ユウキくんのおばあちゃん、お父さんに、受診をまだ話せていないということです。ご自宅で作業していただくホームワークがあるのですが、だとすると、そういう作業もしづらいのではないかと今話していて気になってきました。

岡本　なるほど。イマガワ先生が、最初にペアトレを提案しようと思ったきっかけは、突発的に動こうとしているユウキくんに、お母さんが、いわば自己流に対応していて、それがセンスがあってなかなか上手だったので、ペアトレの内容を理解してもらったらもっと上達するのではないかと思ったということですね。

イマガワ　はい。自然と上手に関わっていらっしゃるので、ペアトレの考え方と照らし合わせていけば応用してもらえる、そういった力がありそうなお母さんだった、ということもあるかもしれません。ユウキくんは2年生ですし、これからもっと動きも激しくなるでしょうし、お母さんの力ではなかなかおさえきれない部分も出てくるかな、と。

岡本　子どもに体力がつくとおさえられなくなってしまうから、ペアトレをきちんと学んで応用してもらおう、ということだったのですね。お母さんとしては、何をするのか、どんな感じでやるのか、どれくらいどういうことをやらな

ければいけないのかなどについて、イメージが持てていたのでしょうか。

イマガワ　クリニックで勧められて、ただ言われるままにこちらの機関までつながったという状況だったのかもしれません。1回目のときは、本当に元気で明るく力のありそうな方でしたので、今の状況とすごく不一致だなと感じています。

岡本　その不一致の感じは、とても大事な気がします。原因はいったいなんでしょうね。プログラムの中身に不満があったからなのか、実際にペアトレが始まってみて、のれないと感じたからなのか。それとも、何かもっと全然違うことだったのか。

イマガワ　資料にはすごく興味を持ってくださって、目を通して頷きながら私の話を聞いてくださるのです。ただ、ユウキくんの具体的な行動や様子などを書き込もうとすると、途端に反応がなくなるといいますか。今の担任の先生が厳しいことや、幼稚園の頃も2ヵ月ぐらい経ったら慣れてきて、あまり怒られなくなったなど、そういう別の話になってしまうんです。問題をなかなか把握されていないのか、それとも問題がユウキくんではなく、ほかにあると思われているのか。その辺が私も把握できずに悩んでいるところなのです。

岡本　繰り返しますけど、その不一致というか、「ずれ」の感覚はとても興味深いですね。何が起こっているのでしょうね。

イマガワ　直近の回では、とにかく担任の先生がベテランで厳しいという話と、幼少期に保健センターなどでは指摘されなかったという話をされて……。

岡本　保健センターで指摘されなかった、というのは？

イマガワ　3歳児健診、就学前健診などを受けてこられたのですが、定型発達の範囲内だということで、心理相談や発達検査は特になかったそうなのです。そういう話題は、すごく饒舌に語ってくださるのですけれど、現在のユウキくんの姿を作業として書くということがなかなかできない状況ですね。

岡本　なぜなのでしょうかね。夫や姑に話していないということと関係しますか。

イマガワ　家でホームワークができないという理由だけなら、面接場面で一緒に作業することはできそうですよね。でも、できない。ユウキくんの現状があまり見えていないのか、見えているけれども表現したくないのか。ほかに話しておきたいことがあるのかもしれませんが、それ以外となると私には想像つきません。

岡本　イマガワ先生は臨床心理士になって1年目ですよね。もしかすると経験が少ないからわからないのかもしれません。ただ、それは悪いことではないですよね。小学生の親子に療育機関でペアトレを勧めるというのは、これが初めてですか。それともすでに経験されているのかな。

イマガワ　1年目なので、なかなかこういうケースが回ってくることはありませんでした。私自身、障害の告知を受けて揺れ動いていらっしゃるだろう時期のお母さんにインテークから一人で関わるというのは、実は初めてのケースでした。

岡本　では、ほとんどイニシャルケース的な感じなのですね。最初のケースとしては、とても善戦している気がします。ペアトレを勧めると、お母様もやる気をみせていた。だからこそ、先生も1回目のペアトレを始めたと思うのですよね。そうすると、なおさらこの不一致感を大事にしたいなと思うのです。さっきおっしゃっていた、これまでの健診では定型発達と言われたことや、ベテランの担任の先生が厳しいことを話されているときのお母様の様子は、どういうふうにご覧になりましたか。

イマガワ　ユウキくんに向けるような笑顔はまったくないという感じでした。表情はかたくて、うつむき加減といいますか。私のことも見てくれない感じでした。

岡本　1回目に見せた、一緒にやれそうだという積極性とは、かなり違った印象なのですね。

イマガワ　すごく違います。それで、私のほうもどぎまぎして、何か悪いことしてしまったかな、どうしようかと焦ってしまって。

岡本　それが2回目のとき？

イマガワ　2回目以降は、ほぼ感じてしまいます。

岡本　2回目以降にペアトレをいざ始めたら、そんな感じだったのですかね。

イマガワ　そうなのです。

岡本　それは結構大変でしたね。スタッフさんや同僚など、どなたかに相談できました？　物理的に相談できないこともありますよね。時間がない、そういう人がいないなど。

イマガワ　皆さん忙しくて、「ペアトレはこれまでに何ケースか一緒にやったから大丈夫よね」みたいな感じで、今回担当を任されたという事情もありまして。ですので、なかなか相談できていない状況です。自分自身も、なんとかい

けるかなと思っていたのですが……。
岡本　そうだったのですね。ペアトレがうまく進まなかった場合、選択肢として他にどんなやり方があるのですか。
イマガワ　周りに聞いてみないとわからないのですけれど、一旦ペアトレをストップして、現状をもう少し語ってもらう、そういう時間を取るようにしたほうがいいと思います。あと、ユウキくんのお父さんやお祖母さんについて話してくださっていたのに、こちらから状況を聞くことができなかったので、それについてうかがってみる、ということが思いつきます。
岡本　いいですね。先生がおっしゃった、お母さんが今何を思っているのかを聞くという選択肢、それはとてもいいアイデアかなと私も思います。こうやって改めて考えると、お母さんが言おうとされていた内容は、どんなことでしょうかね。
イマガワ　そうですね。障害ではないという思いが強いのかもしれません。
岡本　ユウキくんは障害ではないのでは、という思いがあるのかもしれない、と。
イマガワ　ええ。一方で、ユウキくんのためにはなんでもしたいとおっしゃっていたので、何か困っていることがあるのだろうなと。それを家族の人にどう伝えたらいいのか、その辺を悩まれているけれど、このまま言わずにすまそうとされているように思います。そのあたりについて、もう少し私と話したいのではないかと感じるのですけれど。思い返すと、それをいつも私が拾えずに、ペアトレを進めようとしてしまったのかもしれません。
岡本　このままお母様の話を聞かないでペアトレを進めるということは可能ですか。
イマガワ　それは厳しいかと思います。第一、私のほうが自信をなくしかけています。資料を一緒に見るまでの反応はそれなりにいいのですけれど、いざ記入してもらう段階になると途端に別の話題に移ってしまうのです。自分の進め方が悪いのかもしれないと疑い出すと、次回からどうしようということばかり考えてしまって。
岡本　ほかのご家族、この場合、お父さんやお祖母さんの了解なしにペアトレを始めるメリットとデメリットは、どんなことがあるのですか。
イマガワ　了解してくださっていれば、他のご家族から見た印象など、一緒に相談しながら進めていくことができると思うのです。ご家族に伝えていなければ、そういう時間を共有することもできません。お母さん自身が何を頑張って

いるのかも家族に伝わらないままです。ここに来るときも、なんて言って外出されているのか。いろいろとやり繰りしながら来ていらっしゃるのかもしれませんね。指摘されて、急にいろいろ心配になりました。

岡本 そういう現実的なご負担も、ひょっとしたらあったかもしれませんよね。

イマガワ 申し訳ないことをしたかもしれません。できるかどうかをきちんと確認してからホームワークを渡すなど、本当にペアトレを開始していいかどうか確認すべきでした。

岡本 そういう確認を面接の中でしていくというのは、とても大事です。一方で、このような状況になっていることを、療育機関の中で共有できるかというのも大事かと思うのです。できそうですか。どうやったらできるか、誰と共有するかなど、職場の中の動きも大事ですよね。

イマガワ これまでペアトレを一緒にやっていた直属の先輩とは、帰ってすぐにでも相談できそうなぐらいの関係です。忙しそうにしているので、気をつかって声をかけなかったのですけれども。たしかにこの事態に陥っていることを、職場の人たちに知ってもらっておくべきだなと今思いました。

岡本 ぜひ、それはやっていただくといいと思います。あと、お母さんは今の状態のことをどう思っていらっしゃるのか、どんな感じだと予測しますか。そして、先生は、どういうふうに面接が展開するといいと思いますかね。少し見通しがあったほうが、面接しやすいと思うのですけど。

イマガワ 長期的な目標といいますか、理想としては、家族がユウキくんの特性を理解し合って、みんなでユウキくんを育てていくという、そういう関係づくりをしていけたらなと思います。今までうかがっている限りだと、お祖母さんは「ユウキは、小さい頃の息子とよく似ているわ」みたいな感じで、まったく問題意識を持たれていない様子だと聞いています。だとすると、お母さんと、お祖母さんやお父さんとで、意識がまったく違うのかもしれません。だからこそ療育機関まで来られたんでしょうし、なんとかしたいという気持ちもあると思うのです。お祖母さんとお父さんの支えがない状態というのは、すごく大変でしょうから、そこを支えられるような面接にしていけたらいいのかなと思います。

岡本 おっしゃるように、ご家族がユウキくんの状態を理解して、みんなで同じ方向を向いて子育てできるといいでしょうね。しかも、この方はこれまでの健診では、定型の発達だと言われてきたわけですから。人それぞれだとは思う

のですけれども、そういう方たちは障害認知がどれくらいでできるものなのですか。
イマガワ　一般的にはすごくかかります。専門機関を拒否するといいますか、通われなくなる方たちもいらっしゃいます。そういう意味では、5回頑張って来てくださった、このお母さんはすごいです。きっと何かを変えたいというか、何かしたいという思いも強く持たれているのでしょうね。
岡本　1回目は、やる気満々で「なんでもやります」と言った方が、2回目、3回目と宿題をやってこないということについてはどうとらえたらいいでしょうか。
イマガワ　そうですね。「こういうパターンもあるよ」と聞いたことはあるのですけれども、実際にお目にかかったことは、これまでありません。
岡本　先生は1年目ですからね。
イマガワ　大学院では、来ているお母さんたちは本当にみんなが意欲的でしたから。ここまで反応が乏しくなるお母さんを目の当たりにするのは初めてで。今、また急に心配になってきました。
岡本　何が心配ですか。
イマガワ　しんどいのにさらに何かさせようとして、そのあたりで私がお母さんに負担をかけてしまったのではないかな、と。
岡本　それは、負担だったのでしょうか。
イマガワ　家族の協力がない状況で、隠れて何かをしなければいけないという、そういうことだったのかもしれません。だとしたら、負担になっていたのかなと思います。
岡本　障害認知については、どうですか。
イマガワ　資料を読むぶんにはすごく納得してくださっている様子で、「ユウキもこんなところがある」など、そういうふうにおっしゃっていました。特徴や行動パターンなどについて「こういうところはあるかな」などと話されていて、よく理解してくださっているという感覚があります。
岡本　このお母さんにとって、いろいろな思いもありながらも5回続けて来たということは、どういうことだったのでしょうね。嫌だったら来なくなってしまうのではないかなと思うのです。
イマガワ　もしかすると、資料を一緒に読むことや考えることなど、そういう時間はお母さんにとってプラスだったのかもしれません。どこか期待をしてく

ださって来ていたのかもしれないですね。一緒の作業は無理だけれども、資料を読んだり見たりということには関心を持ってくださっていたのかもしれないです。

岡本 私もそう思います。ペアトレがこの人には合うかもしれない、応用できるかもしれないという判断は、お話を聞いている限り、私もそのとおりだと思うのです。先生は、そのペアトレをほかの意欲のある人にもやられて、それでどう感じてらっしゃいますか。ペアトレの意味というか、効果についてはどう思っていらっしゃいます？

イマガワ 子どもたちへの接し方、言葉かけの仕方や、うまく見て見ぬふりをするところなど、すごく上達されるお母さんたちを多く見てきました。子どもたちが生き生きと学校に行ける、できることが増えることにつながっていたと思います。できることが増えるとお母さんたちもうれしいので、「できた」ということをスタッフとも一緒に喜び合って、すごくいい循環が生まれる。そういうメリットは、これまで肌で感じてきました。

岡本 その上で、もう1回ユウキくんのご家族をながめると、今後の方針として、どんなものが立てられますか。

イマガワ 「こういうときには、こうしてみるといいかも」など、資料を見て一緒に考えたり、「こういうことをやってみたらどうだろう」など、関わり方を一緒に考えたりする面接にしていくことは続けていけそうな感じがしてきました。でも、ホームワークは少し難しいし、現状を考えると、もうやめたほうがいいかもしれません。

岡本 今挙げられたような、ペアトレの枠を少し外して、できるところからやる、お母様の話を重点的に聞くといった方針について、職場の方に相談できそうですか。

イマガワ それはできそうです。「こういうお母さんだから、こうしてみます」と考えを伝えて、少し一緒に相談する時間をつくってみたいなと思いました。

岡本 とてもいいですね。ほかに気になることや聞いておきたいことはありますか。

イマガワ お話を聞く限り、今のところ、お父さんもお祖母さんも変わらなさそうだと思います。だとすると、まずはお母さんがどう関わっていくかでしょうか。面接はそれを一緒に考える場にしていけばいいのか、それとも家族になんとか理解してもらうよう頑張ったほうがいいのか。そこがわかりません。

岡本　難しいですよね。今のお話だと、お父さんとお祖母さんとをセットで話をされていますが、お父さんとお祖母さんは、同じことを考えているのですか。
イマガワ　ユウキくんに対しては、そうだと思います。
岡本　このお母さんは、お祖母さんと話すことと、お父さんと話すことを、同じように考えているのでしょうか。
イマガワ　ユウキくんに関しては分けていない感じがします。
岡本　ペアトレをやろうと思ってお会いしていたので、個人面接の形になっていないからだと思うのですけれども、お母さんがどう考えているのか、質問されていない感じを受けるのです。質問をしてはいけない、聞いてはいけないという態度に見えるのは、ペアトレをやっていたからですね。
イマガワ　そうですね。「ペアトレをやらなければ」というところでがんじがらめになっていたので、家族のことを聞いていくとペアトレが始められないのではないかと思って、あえて聞かずにいました。それを聞いていくことが大事だったかもしれないです。
岡本　そのあたりはバランスでしょうね。元気すぎる振る舞いや、学校でのトラブルなど、実際に困っていることがあれば、内面の話もうかがいつつ、現実的な対応にも気を配っていかなければなりません。どちらかだけになると、もう一方が大変になるということがよくあるので、両方のバランスをおさえながら面接なさるといいのかなと聞いていて思いました。
イマガワ　きっと、家でのユウキくんの様子をうかがうことになるので、そういうときに「お父さんとはどうですか」「おばあちゃんとユウキくんはどんなふうに話していますか」「どんなことをして過ごすことがありますか」など、もう少し家族の様子が聞けると思います。そうなれば、家族への思いなど、そういったことも聞けそうです。そんな時間を持っていきたいです。
岡本　ほかに何かありますか。そろそろ時間ですね。
イマガワ　すごく、すっきりしました。何か、これからできそうなことが見えてきた感じがして、今日来る前はどんよりしていたのですけれども。すごくうれしいです。ありがとうございました。

5-4　解説

　東俊一先生と岡本かおり先生が共通して指摘されたことは、ペアレント・トレーニング（ペアトレ）を行うにあたり、その「見立て」と「見通し」がクライエントに伝わっていたのかどうか、ということです。
　セラピストのイマガワ先生は、「ユウキくんのためなら何でもしたい」と話す勉強熱心に見えた母親に対して、自身も熱心に学んできたペアトレを導入しました。もともとユウキくんへの接し方が上手で、親子関係が良好なケースであることから、ペアトレによってこれまで以上に関わり上手な母親になることをイメージしていたのでしょう。ところが、実際のところイメージどおりのペアトレがすすまず、万事休すの状態になってしまいました。この事態に陥った要因として、東先生は「動機づけ」というワードを用いて、そして岡本先生は「不一致感」というワードで、丁寧にセラピストに気づきを促しています。それは何でしょうか。
　まず、母親は一貫して「家では困っていない」と話していました。ところが担任からはいろいろとユウキくんの問題行動の報告が届きます。ペアトレは好ましい行動を増やし、問題とされる行動を減らすことを狙いますが、家では困っていない母親にとって、ペアトレは新しい知識を得る意味では関心のもてるものでしたが、実際のユウキ君とのやりとりにおいて納得しながら実践できるものではありませんでした。ペア・トレを開始するためには、明らかに準備不足だったといえるでしょう。東先生も岡本先生も、母親の何かを得よう、学ぼうとする姿勢に気づいています。この姿勢をイマガワ先生に再確認させ、母親と協働しながらユウキくんを支援していくという方向性が、それぞれのスーパービジョンで鮮明に浮かびあがりました。
　東先生のスーパービジョンは、セラピストからじっくりと情報を収集してまとめあげ、クライエントの「困っていること」を共有できるレベルにまで噛み砕いていきました。その結果、「家で困っていない、ならば学校でできることを標的とし、母親と協働で取り組んでいこう」という結論へと至ります。行動分析的アプローチの基本に則って、今のセラピストのスキルを最大限に活かしていこうというスタンスです。
　岡本先生のスーパービジョンは、職場内の資源を活用することを念頭に、ペ

アトレの枠を少し外して母親の話を重点的に聞いていこうとしています。5回の面接から母親の心情を丁寧にひろいなおし、母親がセラピストに言おうとしていたことは何だったのかを問い、そのニーズに対する組織的支援を促していきます。（佐田久真貴）

第2部
理論編

6
裏側からみた心理療法の効果のエビデンス

岩壁 茂

　心理療法のエビデンスに注目が集まって久しい。北アメリカでは、効果研究の知見を目安として、実証的に支持された介入法（Empirically Supported Treatments: ESTs）をリストアップする制度がはじまって20年も経過する[56]。また、心理療法の効果研究の結果を統計的に検討するメタ分析によって、心理療法が確固たる効果をもち、様々な心理的問題に対して有効であるというエビデンスが蓄積されている[34,47,60]。もう一方で、負の効果、つまり、心理療法が失敗すること、効果を発揮できないことやそれが有害な効果をもたらすことについてはどのようなことがわかっているのだろうか。ここでは、負の効果を、クライエントの状態が臨床的にみて改善が得られないこと、状態が悪化すること、心理療法、または臨床家に対しての不満からクライエントが来談を止めることを含めて、期待される効果が得られないこととして広く定義し、心理療法の効果とプロセスの実証研究の知見をもとに、心理療法の負の効果とそれにかかわる要因について検討する。

効果研究とメタ分析

　北アメリカを中心に欧米では、これまで8000件を超える効果研究が実施さ

れてきた[34]。これらの結果を統計的に検討し、全体としてどの程度安定した効果が得られているのか調べるメタ分析も数多く行われてきた。それらが示すことは、心理療法には、安定した効果があり、約60-70%のクライエントの問題が改善する。また、気分障害、不安障害、など多くの心理障害に対して薬物治療と同等の効果がみられる[14,15]。しかし、クライエントの25%程度には意義のある改善がみられず、5-10%においては、状態が悪化する[31]。

ESTsの改善率はどうだろうか。ウェステンらは、ESTsとして認定を受けている認知行動療法の効果研究のデータを再検討したところ、強迫障害、パニック障害、全般性不安障害、うつ、などで改善をみせたクライエントは、約40-60%であった。また、終結時から24ヵ月のフォローアップ時に改善を維持していたのは、パニック障害では70%、うつと摂食障害では30%程度であった[66]。つまり、改善してないクライエント、そして終結後に改善を維持できていないクライエントは、ESTsとされている介入法でもかなり多数存在している。エビデンスというとそれ以外のアプローチよりも効果が高い、またはその効果が保証されていると思いやすい。しかし、エビデンス・アプローチは他のアプローチより飛び抜けて効果が高いわけでも、治療的失敗が起こらないということでもない。

クライエントが改善をみせる前に来談をやめてしまうドロップアウトも治療的失敗の一つである。しかし、その理由には、「状態が改善した」「セラピーを必要としない」というより肯定的なものや「料金」「交通の便」など物理的なものもあるため、一概に「失敗」と呼ぶことはできない。125件の効果研究を対象としたドロップアウトのメタ分析は、平均47%のクライエントが初回面接または数回の面接で状態の改善がみられる前に来談を止め、その3分の1ほどがセラピストまたはセラピーに不満をもつことを明らかにした[65]。669件の効果研究に報告された83,834人のクライエントについて検討したより最近のメタ分析では、ドロップアウト率は18.7%から20.7%とより低い値が出されている[54]。それでも5人に1人は、改善が見られる前に面接をやめてしまうことになる。うつに対しては、統合的アプローチのドロップアウト率が10%と一番低く、弁証法的行動療法も摂食障害に対する他のアプローチが20%を超えるドロップアウト率であるのに対して5.9%とかなり低くなっていた。クライエントをつなぎ止めることにおいて理論アプローチによる差はいくらかあるようである[55]。

理論アプローチとセラピストの「人」

　それでは心理療法のマイナス効果に何が関わっているのだろうか。心理療法の発展の中で新たなアプローチの開発が常に注目を引いてきた。しかし、メタ分析によると理論アプローチによる効果の違いは小さく、効果を示す分散の1％程度しか占めない[60]。もう一方で、セラピスト効果、つまりセラピストの個人差による効果は約10％にもなる[29]。オキイシらは、1841人のクライエントを担当した91名の学生相談のカウンセラーを2年半追跡して、クライエントの改善とその他の変数の関連について調べたところ、セラピストのアプローチや訓練期間（博士、または修士）、臨床経験年数、などによる差は見いだせなかった[42]。もう一方で、これらの外的な属性などでは説明できないセラピストの個人差の影響があり、もっとも効果の高いセラピストの担当するクライエントは、平均よりも、10倍速いペースで改善していた。逆に、もっとも効果の低いセラピストと面接を続けるクライエントは、症状が悪化する傾向がみられた。トライオンは、博士課程に在籍する訓練生では、初回面接で以降の面接にクライエントをつなぎとめる「エンゲージメント」を達成する割合が大きく異なり、高い訓練生は80％、低い場合には、20％であったと報告している[57]。ウォンポルドらのメタ分析によると効果が高いトップ25％のセラピストの介入効果は、下位25％の2倍にもなるという[61]。これらから、臨床訓練年数や学位、または性別、年齢などといったことではないセラピストの「人」の影響力が大きいことがわかる。

　ニッセン＝リーらは、255人のクライエントと作業をした70人のセラピストのデータから、セラピスト個人の対人傾向や実践での困難が、クライエントの改善とどのような関係にあるのか検討した[36]。その結果、セラピスト効果は、症状の改善（4％）、対人問題（21％）、機能の全体的評価（GAF）（28％）の効果の分散を占めていた。つまり、セラピストによる効果の違いが明確に現れた。中でも効果と関連していたのは、「クライエントによい影響を与えられるか自信がない」「もっとも効果的なやり方で1人のクライエントに接することができるのか確かではない」など専門家としての自己にもつ疑念・反省的態度（Professional self-doubt）が高い臨床家ほど対人的問題に対する効果が高いことがわかった。また、彼らが行った別の研究では、セラピストがプライベートの

生活で苦痛を感じているほどクライエントが評定する作業同盟の質が悪かった[35]。クライエントは、セラピストの気分や状態を面接中のセラピストの言動や様子から敏感に察知していることがうかがえる。

別の研究では、不安障害か気分障害をもった326人のクライエントを担当した55名の精神力動療法のセラピストの個人的特徴と治療効果を検討している[24]。その結果、外向性が高く、介入に自信をもち、クライエントがセラピーに関わるように積極的に動くセラピストが短期療法においてより早く症状の改善を達成していた。また、自信が低く、臨床の仕事の喜びや充実感を得ていないとき、短期療法においてより効果が低くなっていたが長期療法では影響はなかった。もう一方で、より控えめで慎重なセラピストのほうが長期療法においてより高い効果を挙げていた。積極的なセラピストは変容を起こすことに専心するためにより深い作業をしていくための作業同盟の形成に十分に注意を向けられないのではないかと筆者らは考察している。つまり、セラピストの特徴は、セラピーの文脈によって異なる影響をもっている。セラピストの「人」の効果についての研究はまだ比較的少ないが、一人の人間としての存在が面接においても影響力をもっていることは明らかである。

治療関係と介入の効果

心理療法の効果ともっとも安定した相関関係をもつのは、治療関係とかかわる変数である[03,20,41]。メタ分析によると、作業同盟の高さは、理論アプローチに関わらず、ほぼ安定して治療効果と.3ほどの正の相関をもつ[26,37]。そして、作業同盟が確立されていない場合、介入は、期待される効果を発揮できない。ベックらは、社会不安、ハイポコンドリア、うつなどで認知行動療法を受けたクライエントで、症状がよくなっていないか、ドロップアウトしたクライエントと臨床的に有意な改善を遂げたクライエントの比較を行った[64]。その結果、作業同盟が高く、セラピストが介入マニュアルに忠実に介入を実施しているとき、治療効果が高かった。また、セラピストの技量の高さは、作業同盟を媒介してのみ治療効果に影響を与えていた。

シュトらは、パーソナリティ障害のクライエントに対する精神力動療法の研究において、セラピストの解釈の頻度がセラピーの効果と負の相関関係をもっていたと報告している[48]。また、作業同盟が低い面接では、解釈が伝えられる

前後に敵意や怒りのやりとりがみられることが多かった。つまり、作業同盟がよくないとき、セラピストは介入技法に固執する傾向があった。クリッツ＝クリストフとギボンズは、転移解釈と効果に関する広汎なレビューから転移の解釈が増えると治療効果が下がるという関連を見いだしている[13]。つまり、作業同盟が確立されないと、介入やセラピストの技量が効果を発揮できないと言うことができる[01][05]。

　カストンゲイらの認知行動療法の研究では、効果を挙げられなかったケースでは、治療関係があまりよくないときでも、それを話題に取り上げることなく、セラピストがクライエントの認知・思考が感情に与える影響について焦点を当て続ける傾向が強かったことを報告している[10]。クライエントが、認知的技法に抵抗があったり、気が進まないときに、そのような介入を続ければ、クライエントの気持ちを無視することになり、作業同盟でいう「協働」が崩れてしまっていたのだ。つまり、治療関係が円滑であるとき、認知行動療法の技法を使うことに問題はないが、一旦作業同盟の亀裂が起こったとき、治療関係に焦点を当てて、それを扱っているかということが効果の鍵となっていたのである。これらの結果から、介入が期待される効果を発揮するためには、それを支えるための作業同盟が必須であることがわかる。

事例研究と事例比較

　失敗についてそれと関わる要因を厳密に調べるには、失敗事例に関する細かな分析が必要である[06][16][17]。失敗ケースの場合、来談をやめるクライエントの体験を理解することがとても重要であり、セラピストの盲点が関わっていることも少なくないため、セラピスト自身の視点だけに頼る一般的な臨床事例研究は不向きな面がある。そのため、プロセスや効果に関する評定尺度得点、クライエントのインタビューデータなどのデータも取り込んだ系統的事例研究が極めて有用になる[19][38]。また、様々な側面で似ていながら、失敗に至ったケースと成功したケースを比較することによって、成否にかかわる変数を同定する事例比較法が有効である[28][50]。

　ストラップは、クライエントの心理的問題、年齢や背景の点においても比較的似ており、同じセラピストが担当して、成功したケースと失敗したケース3組の事例を分析した[50][51][52]。失敗ケースのクライエントは、早期の養育者との

関係が荒廃していた。そして、それ以外の人間関係に肯定的な意義を見いだせず、性格的な防衛が深く根を張っていた。そのため、治療関係を確立するのは難しく、治療的効果はわずかしか上がらないか、失敗に終わっていた。そして、ロジャースの治療条件は重要でありながら、それをクライエントが受け取ることをできるかどうかということが治療的成功か失敗の鍵を握っていると論じている。また、ストラップは、面接プロセスの分析から、治療的失敗に密接にかかわる特徴的な相互作用を同定した。クライエントが、セラピストに敵意をみせるとセラピストは、それまでの共感的な姿勢を一転し、冷たくする、そっけなくする、感情的距離をとる、などといった形で意図せず「反撃」していたのである。教育分析を受け、十分な訓練と臨床経験を積んできた精神力動療法の臨床家であっても、自身に向けられた執拗な敵意を治療的に扱うことは非常に難しかったのである[53]。

　ワトソンらは、エモーション・フォーカスト・セラピーにおけるもっとも効果が高かった成功事例と臨床的な効果が上がらなかった失敗事例を3事例ずつ取り出し、録画された面接内容、相互作用の質、作業同盟など、プロセスの評定結果を検討した[62]。成功事例では、クライエントの変化が早期から起こり、それは治療を通して続いた。作業同盟は比較的簡単に形成され、クライエントは、セラピストに対して協力的であり、様々な提案に対しても心を開いていた。彼らは、明確な問題をもち、それらについて面接において開示することに積極的であった。もう一方で、失敗事例では、クライエントがセラピーに対して懐疑的であり、作業同盟を確立するのに時間がかかった。また、クライエントの自身の問題への恥の意識が強く、自身の問題について語り、それとかかわるネガティブな感情を体験することを嫌った。これらのクライエントは、自分の身体に起こった感覚などを言葉で表す、感情体験の意味について考えるなどエモーション・フォーカスト・セラピーの中心にある感情を扱う作業にうまく取り組めなかった。この結果は、その後に実施された1事例比較によって追認された[22,63]。

　この他、短期力動療法[67]や弁証法的行動療法[08]の事例比較でも面接の初期に作業同盟を確立すること、それによってクライエントが積極的に治療プロセスに参加することが重要であると示されている。アプローチに関わりがなく、作業同盟を確立し、それに亀裂が起こったときに修復していくことが失敗を未然に防ぐ重要な鍵となっていることがわかる[46]。ディミジアンとホロンは、境

界性パーソナリティに対する弁証法的行動療法、うつに対する対人関係療法、社会不安障害に対する認知行動療法をはじめ、エビデンスアプローチとされているセラピーにおける 10 の失敗事例を掲載した特集を発表している[17]。ランバートは、これらの事例に共通する失敗要因として、クライエントの問題の重篤度や複雑さ、そして治療関係を確立することを困難にするような対人的困難があることを指摘している[33]。また、セラピストに関わる要因としては共感の欠如、クライエントの問題の重篤度を軽く見積もること、陰性の逆転移を挙げている。どの論文も先行研究知見が示すように治療関係の問題よりもセラピストが介入で何らかの技法的ミスをしたことを強調していた。ランバートは、認知行動療法アプローチが中心となっているため、関係の問題であっても技法の問題として捉える傾向があると推察している[33]。

セラピストの死角

クライエントは、なんらかのセラピストに対する不満を感じるとき、それをそのまま表すことにためらいを覚え、セラピストから隠す傾向にある[04,43]。それに加えて、セラピストは、クライエントが不満を感じても、それに気づいていない傾向が強い[44]。この傾向は、残念ながら、セラピストの臨床経験年数によって変わりがなく、またセラピー初期であっても、長期的な関わりがあったあとでもほとんど同じであった[25]。レニーは、長期セラピーを継続中のクライエントに面接の録音を聴かせ、その場面ごとに感じていたことについて語ってもらい、質的に分析したところ、「追従」が重要な体験であることがわかった[45]。追従とは、セラピストを権威者として、また自分を助けてくれ支持してくれる存在として、尊重するために、何か意見が合わないとき、セラピストの意見が的外れなとき、または明らかに誤解が起こったときでも、セラピストに対する自分の否定的な反応を抑制し、表面的に合わせてしまう傾向である。ブランチャードとファーバーが 547 人のクライエントにオンライン調査をしたところによると 93％がセラピストに対して何らかの嘘を言った経験があった[07]。もっとも一般的な嘘は、セラピストのコメントに同意したふりをすること、遅刻やキャンセルの理由をごまかすこと、セラピーが効いているようなふりをすることなどがある。その理由は、失礼なことを言いたくない、セラピストを傷つけたくない、などが中心であった[07]。

フォン・ベロウとウェルバートは精神分析的心理療法を受けたクライエントのインタビューから、セラピストに対して不満をもつクライエントの体験を「見捨てられ体験」の悪循環と呼んでいる[58]。たとえば、クライエントがセラピストからのアドバイスを求めて得られないと、セラピーは役に立たないとかセラピストの力量が足りないというようなネガティブな印象が強化された。その結果、セラピストへの信頼が損なわれ、その目からみたセラピストの方針はいっそう不明確なように感じられた。セラピストの問題を感じると、セラピストに理解されていない、または誤解されているという気持ちが強くなり、余計に信頼できなくなった。そのため、より柔軟性があり、引率力のあるセラピストを求める気持ちが強まっていった。このように治療関係において誤解が起こったとき、クライエントは本当の気持ちを隠してしまうためにセラピストからクライエントが困っていることが見えにくくなる傾向があることがわかる。

失敗への対処

実証的な研究から得られた知見は、どのようにして臨床実践に活かされているのだろうか。そのようなひとつの領域がクライエントフィードバック研究である。クライエントフィードバックとは、面接前後にクライエントの症状の状態や面接に対する印象などを、簡単に短時間に実施できる尺度を使って集め、その結果をすぐにセラピストにフィードバックすることによってクライエントの状態を正確に知り、それを面接に活かすシステムを指す。たとえば、効果研究とメタ分析の第一人者であるランバートは、Outcome Questionnaire-45（OQ-45）という45項目からなる尺度を用いて、このようなシステムを発展させている[32]。1万人を超えるクライエントの症状の経過を追ったデータをもとに、期待される変容の軌跡を統計的に割り出す。そして、クライエントの実際の変化をグラフ化して、自殺念慮や薬物使用などといった問題の情報も加えて、結果を即座にセラピストにフィードバックするため、セラピストはそれらの情報を元に面接で即座に対応できる。他にも、ミラーら[39]の Outcome Rating System（ORS）をはじめとして、大学の学生相談を対象としたシステムが開発されている[30]。

ハンナンらの研究では、OQ-45 を使ったクライエント・フィードバック・システムと臨床家がクライエントが悪化する危険性をどれくらい正確に予測で

きるのか、比較検討した[23]。40名のセラピストは大学の学生相談室で担当した550名のクライエントの状態が悪化するかを予測した。この相談室のクライエントの悪化率は、8%であった。40名のセラピストが悪化するだろうと予測したのは3人（0.5%）だけだった。そのうち、実際に悪化していたのは1人だけだった。もう一方で、OQ-45を用いた統計的予測では、誤検出もあったが、悪化したクライエントの77%を予測できた。下川らのメタ分析によるとフィードバックがセラピストまたはクライエントに対して与えられる場合でもドロップアウトやクライエントの心理状態の悪化などといった治療的失敗を防ぐ効果が確認されている[49]。7年間に5128人のクライエントと153人のセラピストを対象とした研究でも、フィードバックの効果は少ないながら確認されている[21]。セラピストがこのようなフィードバックシステムを使い、クライエントの状態を客観的に把握することは治療的失敗を防止する上で効果的である。

　効果研究の成果から心理療法の成否を分ける変数や要因に関して注目して、それらに対して介入の仕方や治療関係の持ち方を調整する「統合的」なアプローチの開発も失敗予防へのデータに基づいた臨床的試みのひとつである。そのひとつが、コンスタンティノらが開発した文脈応答的心理療法であり、効果研究から抜き出した背景にある重要な5つの次元に対して注意を向けることを喚起している。5次元とは、セラピーの効果に対しての期待の低さ、変化に対してのアンビバレンス、自己肯定を求める矛盾する欲求、作業同盟の亀裂と修復、面接効果のモニタリングである。これらの5次元は、アプローチにかかわらず、心理療法の文脈または背景を形成する次元である。

　面接プロセスの分析や経験豊富な臨床家の経験的知をもとに逆転移から起こる失敗や問題を防ぐ訓練や実践の方策を導く試み[09,18,27]もある。特に臨床力への自信が低く、失敗不安が強い訓練生や若手にとってするべきこと、するべきではないことに関する具体的なポイントが示されることによってはじめてそのやり方がわかるだけでなく、過剰な不安を抑えることができるようになる。

エビデンス実践に対する誤解とエビデンスをもとにした失敗の予防

　1995年にアメリカ心理学会の第12部会（臨床心理学）がはじめたESTsの制度により、現在までに232の障害に対してESTsが認定されており、その多くは認知行動療法である。しかし、このようにある特定のアプローチを採用す

ることがエビデンス実践と考えることの危険性を指摘する意見も少なくない[11,40,59]。また、無作為化臨床試験の統制を理想として掲げた効果研究と一事例実験のみをエビデンスとして評価する考え方に対しても疑問が上がっている。

2006年に、当時のアメリカ心理学会会長だったロナルド・レバント主導の特別委員会は、エビデンスに基づく心理実践（Evidence-based psychology practice: EBPP）を「クライエントの特徴、文化、嗜好の文脈において主要可能な最良の研究知見と臨床的専門性を統合すること[40 p.273]」と定義している。これは、効果が証明された心理療法アプローチを心理障害別にリストアップするESTsの制度とかなり異なる考え方に基づいている。焦点は、特定の心理障害に効果的とされる治療アプローチを選ぶことではなく、一人ひとりのクライエントに適したアプローチを柔軟に調整することに重きがおかれている。また、効果研究だけでなく、より包括的で広く多様な研究法から得られる知見からエビデンスが織りなされるという方法的多元主義へと大きな転換があった[02]。面接で起こるやりとりに注目するプロセス研究、一人ひとりのクライエントにおいてどのように介入が展開されるのか明らかにする事例研究、生きられた体験とその意味に注目する質的研究、より一般的な心理学的研究もエビデンスの一部として含められている。

効果研究とそのメタ分析は治療的失敗が希な現象ではなく、日常的に起こることであると教えてくれる。そして治療関係に関わる様々な問題が理論アプローチに関わりなく、重要な要因であることを教えてくれる。ただし、実際にそれらに何が起こったのかということを調べるためには個々の事例に起こったことを見ていくこと、担当セラピストの見方を超えて様々なデータを調べることが必要である。心理療法の効果のエビデンスは、治療的失敗を生まないために、そして負の効果について理解するために、この基本に立ち戻ることの重要性を示している。

間違えること、失敗することは、人間であることの証である。また、間違えを認めることは、学習する第一歩となる。一人ひとりのクライエントに合ったやり方で接し、介入することが必要であるということは、臨床家は常に新たなことに取り組んでおり、常に何らかの間違いをする危険もあることになる。しかし、そのようなリスクをとって行動することは、そして間違えたときにそれに対処する姿を見せることはクライエントにとって自身の失敗や挫折に向き合う上で貴重なモデリングとなるだろう。失敗がどんな意味をもちうるのか、そ

の可能性について考えることによって失敗を最大限に活かすための機会が作られるだろう。

[文献]

*01 Ackerman SJ, Hilsenroth MJ: A review of therapist characteristics and techniques positively impacting the therapeutic alliance. *Clinical Psychology Review*, 23:1-33, 2003.

*02 APA presidential task force on evidence-based practice: Evidence-based practice in psychology. *American Psychologist* 6:271-285, 2006.

*03 Arnow BA, Steidtmann D, Blasey C, et al.: The relationship between the therapeutic alliance and treatment outcome in two distinct psychotherapies for chronic depression. *Journal of Consulting and Clinical Psychology* 81:627-638, 2013.

*04 Audet CT, Everall RD: Therapist self-disclosure and the therapeutic relationship: A phenomenological study from the client perspective. *British Journal of Guidance & Counselling* 38:327-342, 2010.

*05 Barber JP, Crits-Christoph P, Luborsky L: Effects of therapist adherence and competence on patient outcome in brief dynamic therapy. *Journal of Consulting and Clinical Psychology* 64:619-622, 1996.

*06 Barlow DH: Negative effects from psychological treatments: A perspective. *American Psychologist* 65:13-20, 2010.

*07 Blanchard M, Farber BA: Lying in psychotherapy: Why and what clients don't tell their therapist about therapy and their relationship. *Counselling Psychology Quarterly* 29:90-112, 2015.

*08 Burckell LA, McMain S: Contrasting clients in dialectical behavior therapy for borderline personality disorder: "Marie" and "Dean," two cases with different alliance trajectories & outcomes. *Pragmatic Case Studies in Psychotherapy* 7:246-267, 2011.

*09 Castonguay LG, Boswell JF, Constantino MJ, et al.: Training implications of harmful effects of psychological treatments. *American Psychologist* 65:34-49, 2010.

*10 Castonguay LG, Goldfried MR, Wiser S, et al.: Predicting the effect of cognitive therapy for depression: A study of unique and common factors. *Journal of Consulting and Clinical Psychology* 64:497-504, 1996.

*11 Chambless DC, Ollendick TH: Empirically supported psychological interventions: Controversies and evidence. *Annual Review of Psychology* 52:685-716, 2001.

*12 Constantino MJ, Boswell JF, Bernecker SL, et al.: Context-responsive psychotherapy integration as a framework for a unified clinical science: Conceptual and empirical considerations. *Journal of Unified Psychotherapy and Clinical Science* 2:1-20, 2013.

*13 Crits-Christoph P, Gibbons MBC: Relational interpreta-tions. In Norcross JC (ed): *Psychotherapy relationships that work: Therapist contributions and responsiveness to patients*. Oxford University Press, 285-300, 2002.

*14 Cuijpers J, Sijbrandji M, Koole SL, et al.: The efficacy of psychotherapy and pharmacotherapy in treating depressive and anxiety disorders: a meta-analysis of direct comparisons. *World Psychiatry* 12:137-148, 2013.

*15 de Maat S, Dekker J, Schoevers R, et al.: Short psychodynamic supportive psychotherapy, antidepressants, and their combination in the treatment of major depression: a mega-analysis based on three randomized clinical trials. *Depression and Anxiety* 25:565-574, 2008.
*16 Dimidjian S, Hollon SD: How would we know if psychotherapy were harmful? *American Psychologist* 65:21-33, 2010.
*17 Dimidjian S, Hollon SD: What can be learned when empirically supported treatments fail? *Cognitive and Behavioral Practice* 18:303-305, 2011.
*18 遠藤裕乃『ころんで学ぶ心理療法―初心者のための逆転移入門』日本評論社、2003年
*19 Fishman DB: Editor's introduction to PCSP: From single case to database: A new method for enhancing psychotherapy practice. *Pragmatic Case Studies in Psychotherapy* 1:1-50, 2005.
*20 Flückiger C, Del Re AC, Wampold BE, et al.: How central is the alliance in psychotherapy? A multilevel longitudinal meta-analysis. *Journal of Counseling Psychology* 59:10-17, 2012.
*21 Goldman RE, Hilsenroth MJ, Gold JR, Owen JJ, et al.: Psychotherapy integration and alliance: An examination across treatment outcomes. *Journal of Psychotherapy Integration* 28:14-30, 2018.
*22 Goldman RN, Watson JC, Greenberg LS: Contrasting two clients in emotion-focused therapy for depression 2: The case of "Eloise," "It's like opening the windows and letting the fresh air come in". *Pragmatic Case Studies in Psychotherapy* 7:305-338, 2011.
*23 Hannan C, Lambert MJ, Harmon C, et al.: A lab test and algorithms for identifying clients at risk for treatment failure. *Journal of Clinical Psychology* 61:155-163, 2005.
*24 Heinonen E, Lindfors O, Laaksonen MA, et al.: Therapists' professional and personal characteristics as predictors of outcome in short- and long-term psychotherapy. *Journal of Affective Disorders* 138:301-312, 2012.
*25 Hill CE, Thompson BJ, Cogar MC, et al.: Beneath the surface of long term therapy: Therapist and client reports of their own and each other's covert processes. *Journal of Counseling Psychology* 40:278-287, 1993.
*26 Horvath AO, Bedi RP: The alliance. In Norcross JC (ed): *Psychotherapy relationships that work: Therapist contributions and responsiveness to patients*. Oxford University Press, 37-69, 2002
*27 岩壁茂『心理療法・失敗例の臨床研究―その予防と治療関係の立て直し方』金剛出版、2007年
*28 Iwakabe S: Commentary on two case comparisons: Dialectical behavior therapy and emotion-focused therapy: Extending systematic case study method: Generating and testing: Hypotheses about therapeutic factors through comparisons of successful and unsuccessful cases. *Pragmatic Case Studies in Psychotherapy* 7:339-350, 2011.
*29 Kim DM, Wampold BE, Bolt DM: Therapist effects in psychotherapy: A random effects modeling of the NIMH treatment of depression collaborative research program. *Psychotherapy Research* 16:161-172, 2006.
*30 Kraus DR, Seligman D, Jordan JR: Validation of a behavioral health treatment outcome and assessment tool designed for naturalistic settings: The treatment outcome package. *Journal of Clinical Psychology* 61:285-314, 2005.
*31 Lambert MJ, Ogles BM: The efficacy and effectiveness of psychotherapy. In Lambert M (ed): *Bergin and Garfield's handbook of psychotherapy and behavior change 5th ed*. Wiley, 139-193, 2004.
*32 Lambert M: What we have learned from a decade of research aimed at improving psychotherapy

outcome in routine care. *Psychotherapy Research* 17:1-14, 2007.
*33 Lambert M: What have we learned about treatment failure in empirically supported treatments? Some suggestions for practice. *Cognitive and Behavioral Practice* 18:413-420, 2011.
*34 Lambert M (ed): *Bergin and Garfield's handbook of psychotherapy and behavior change 6th ed*. Wiley, 2013.
*35 Nissen-Lie HA, Havik OE, Høglend PA, et al.: The contribution of the quality of therapists' personal lives to the development of the working alliance. *Journal of Counseling Psychology* 60:483-495, 2013.
*36 Nissen-Lie HA, Monsen JT, Ulleberg P, et al.: Psychotherapists' self-reports of their interpersonal functioning and difficulties in practice as predictors of patient outcome. *Psychotherapy Research* 23:86-104, 2013.
*37 Martin DJ, Garske JP, Davis MK: Relation of the therapeutic alliance with outcome and other variables: A meta-analytic review. *Journal of Consulting and Clinical Psychology* 68:438-450, 2000.
*38 McLeod J: Case study research in counseling and psychotherapy. Sage, 2010.
*39 Miller SD, Hubble MA, Chow DL, et al.: The outcome of psychotherapy: Yesterday, today, and tomorrow. *Psychotherapy* 50:88-97, 2013.
*40 Norcross JC, Beutler LE, Levant RF (eds): *Evidence-based practices in mental health: Debate and dialogue on the fundamental questions*. American psychological association, 2006.
*41 Norcross JC, Lambert MJ: *Psychotherapy relationships that work II*. *Psychotherapy* 48:4-8, 2011.
*42 Okiishi JC, Lambert MJ, Nielsen SL, et al.: Waiting for supershrink: An empirical analysis of therapist effects. *Clinical Psychology & Psychotherapy* 10:361-373, 2003.
*43 Paulson BL, Everall RD, Stuart J: Client perceptions of hindering experiences in counselling. *Counselling and Psychotherapy Research* 1:53-61, 2001.
*44 Regan A, Hill C: Investigation of what clients and counselors do not say in brief psychotherapy. *Journal of Counseling Psychology* 39:168-174, 1992.
*45 Rennie DL: Clients' deference in psychotherapy. *Journal of Counseling Psychology* 41:427-437, 1994.
*46 Safran JD, Muran JC: *Negotiating the therapeutic alliance: A relational treatment guide*. Guilford Press, 2000.
*47 Shean G: Psychotherapy outcome research: Issues and questions. *Psychodynamic Psychiatry* 44:1-24, 2016.
*48 Schut AJ, Castonguay LG, Flanagan KM, et al.: Therapist interpretation, patient-therapist interpersonal process, and outcome in psychodynamic psychotherapy for avoidant personality disorder. *Psychotherapy* 42: 494-511, 2005.
*49 Shimokawa K, Lambert MJ, Smart DW: Enhancing treatment outcome of patients at risk of treatment failure: Meta-analytic and mega-analytic review of a psychotherapy quality assurance system. *Journal of Consulting and Clinical Psychology* 78:298-311, 2010.
*50 Strupp HH: Success and failure in time-limited psychotherapy: A systematic comparison of two cases: Comparison 1. *Archives of General Psychiatry* 37:595-603, 1980.
*51 Strupp HH: Success and failure in time-limited psychotherapy: A systematic comparison of two cases: Comparison 2. *Archives of General Psychiatry* 37:708-716, 1980.

*52 Strupp HH: Success and failure in time-limited psychotherapy: With special reference to the performance of a lay counselor. *Archives of General Psychiatry* 37:831-841, 1980.
*53 Strupp HH: Success and failure in time-limited psychotherapy: Comparison 4. *Archives of General Psychiatry* 7:947-954, 1980.
*54 Swift JK, Greenberg RP: Premature discontinuation in adult psychotherapy: A meta-analysis. *Journal of Consulting and Clinical Psychology* 80:547-559, 2012.
*55 Swift JK, Greenberg RP: A treatment by disorder meta-analysis of dropout from psychotherapy. *Journal of Psychotherapy Integration* 24:193-207, 2014.
*56 Task Force on Promotion and Dissemination of Psychological Procedures: Training in and dissemination of empirically-validated psychological treatment: Report and recommendations. *The Clinical Psychologist* 48:2-23, 1995.
*57 Tryon GS: Engagement in counseling. In Tryon GS (ed): *Counseling based on process research: Applying what we know*. Allyn and Bacon, 1-26, 2002.
*58 von Below C, Werbart A: Dissatisfied psychotherapy patients: A tentative conceptual model grounded in the participants' view. *Psychoanalytic Psychotherapy* 26:211-229, 2012.
*59 Wachtel PL: Beyond "ESTs": Problematic assumptions in the pursuit of evidence-based practice. *Psychoanalytic Psychology* 27:251-272, 2010.
*60 Wampold BE: *The great psychotherapy debate: Models, methods, and findings*. Routledge, 2001.
*61 Wampold BE, Brown GS: Estimating variability in outcomes attributable to therapists: A naturalistic study of outcomes in managed care. *Journal of Consulting and Clinical Psychology* 73:914-923, 2005.
*62 Watson JC, Goldman RH, Greenberg LS: *Case studies in emotion-focused treatment of depression: A comparison of good and poor outcome*. American psychological association, 2007.
*63 Watson JC, Goldman RN, Greenberg LS: Contrasting two clients in Emotion-Focused Therapy for depression 1: The case of "Tom," "trapped in the tunnel". *Pragmatic Case Studies in Psychotherapy* 7:268-304, 2011.
*64 Weck F, Grikscheit F, Jakob M, et al.: Treatment failure in cognitive-behavioural therapy: Therapeutic alliance as a precondition for an adherent and competent implementation of techniques. *British Journal of Clinical Psychology* 54: 91-108, 2015.
*65 Wierzbicki M, Pekarik G: A meta-analysis of psychotherapy dropout. *Professional Psychology Research and Practice* 24: 190-195, 1993.
*66 Westen D, Bradley R: Empirically supported complexity: Rethinking evidence-based practice. *Current Directions in Psychological Science* 14:266-271, 2005.
*67 Wiseman H, Shefler G, Caneti L, et al.: A systematic comparison of two cases in mann's time-limited psychotherapy: An events approach. *Psychotherapy Research* 3:227-241, 1993.

7
Step0から始める認知行動療法

対象者の準備状態と症状の意味の多面的アセスメント

杉山 崇・井上 夏希

　フロイト（S.Freud 1856-1939）が近代的な心理療法の礎（精神分析）を提案してから1世紀あまり、心理療法はフロイトの遺産を時に発展させ、時に批判しながら数多の広がりを見せている[06]。それらは4大アプローチと分類されることもあるが[06]、認知行動療法（CBT）はその一角を占めるアプローチである。

　CBTの特徴を少々大胆にひと言でまとめるなら、「テキトー（適当）」な生き方を人々に勧めること、と言えるだろう。ここでいうテキトーとは「変にクョクョ考え込んだり、不器用な行いを繰り返して人生をややこしくするよりも、適切な考え方と行いを取り入れましょう」という意味である。CBTでは科学的な根拠のあるテキトーを技法という形で用意して、対象者にオススメする。もちろん、個々人のニーズや好みに応じたカスタマイズは行うが、用意されている「テキトーの雛形」にはそこそこの自信を持っている。このようなセラピストの姿勢も大きな特徴のひとつと言える。

　しかし、特徴は使い方次第ではメリットにもデメリットにもなる。CBTの特徴を使いこなせずに、デメリットで終わってしまっている事例も多い。また、そのデメリットに注目してCBTの活用をためらっている、または批判的になっている心理療法家も多い。そこで、この章ではCBTの特徴を上手に使うために考案された久保田の3stepsモデル[05]を基に、心理療法のプロセスの中で

どのように CBT を活かすべきなのか考えてみよう。

CBT の特徴

よいテキトーを確認する――異常心理に学ぶ

　CBT が上手なテキトーを確認する方法は主に 2 つある。ひとつは「異常」の研究から確認する方法である。この研究領域は異常心理学と呼ばれている。

　たとえば強迫性障害の異常心理学では、「手洗いの繰り返し」などの強迫行為（症状）は「強迫観念（何か悪いことが起こりそうな予感）／恐怖・不安」→「対処行動（強迫行為）」→「負の強化」のプロセスがあるが、強迫観念は異常ではなく「不適当な対処行動」の「負の強化」が異常だと特定した。そして「何もしなくても悪いことは起こらないし、不安も軽減する」という経験をさせるエクスポージャーで強迫行為の軽減を目指す。他にも強迫観念の発生に直前の状況や行動が影響することもあるので、強迫観念が生じにくい生活設計というアプローチもある。このように病理モデルに基づいて「テキトー（適当）な技法」を提案するのが CBT の一面である。

よいテキトーを確認する――元気で機能的な人に学ぶ

　もうひとつの確認の方法が「正常」の研究から確認する方法である。ここで言う正常は「こんな人は珍しくない」という統計的な意味ではない。「人はこうありたい」といった、やや理想を含んだ正常である。CBT の場合は「機能的な人」を研究して、それに近づくための技法を提案する。たとえば問題解決法という技法は「問題解決研究」という認知心理学研究が明らかにした問題解決上手な人の考え方と解決プロセス[02]（表 7-1）に基づいて構成されている。またマインドフルネスと呼ばれる技法も心豊かに生きている人（瞑想者）のやり方を真似る形で導入されている[06]。このように CBT は機能的な人の心の使い方を積極的に参照する。

CBT の落とし穴と処方箋――久保田の 3steps モデル

熱心な CBT セラピストにありがちな落とし穴

　CBT は症状などのクライエントの困りごとに具体的で効果が見込める解決

表7-1 問題解決上手な人の考え方と
解決プロセス[02]（一部修正）

考え方	1 問題を受け入れる 2 "問題はチャレンジ"とする 3 原因探しにこだわらない 4 "今できること"に集中する
プロセス	1 問題の定義と目標設定 2 ブレインストーミングで策を量産 3 策を選択し計画化（意思決定） 4 策の実行と結果検討

や改善の策を提供する道具箱のようなものだ。筆者は人間性心理学から始まり、精神力動論やユング派の訓練も受けたが、道具箱としてのCBTを活用できるようになってクライエント支援の幅が広がった。本当に便利だと実感している。

だが、実はこの便利さがCBTの落とし穴なのだ。視点を変えるとCBTとは「現実を正しく受け止めつつ（現実検討）、日々の課題や問題への適当な対処（問題解決・軽減）を生きる人」というCBT独自の物語をクライエントに提供するものとも言える。そのために、クライエントにはCBTが描く物語を受容して共感してもらう必要がある。

一般に心理療法はセラピストがクライエントという物語を知的にも情緒的にも理解して受容・共感・支持することの比重が高い。このアプローチは心理療法の共通要因とも呼ばれ、米国心理療法学会と米国臨床心理学会の合同委員会でも治療効果が見込める要因として挙げられている[05]。しかし、CBTを成立させるためには逆にCBTという物語をクライエントに受容・共感・支持してもらう必要がある。自信を持って提供できるように効果検討という努力もしている。

しかし、この自信がCBTの落とし穴である。CBTを懸命に学んだ熱心なセラピストほど、CBTという物語を大切にする。となるとクライエントという物語よりも、CBTという物語を優先してしまうこともある。そして、クライエントに心から受容・共感・支持して、クライエントの生きる物語をともに生きる仲間になる（治療同盟の構築）プロセスを大事にしなくなる。つまり、CBTに真剣になるあまりクライエントという物語に真剣になれなくなってしまう場合があり得てしまうのである。

久保田の 3steps モデル

クライエントという物語に真剣になれなくなる可能性は厚生労働省の『うつ病の認知療法・認知行動療法マニュアル（平成21年度厚生労働省こころの健康科学研究事業「精神療法の実施方法と有効性に関する研究」）』にもうかがえる。このマニュアルには「良好な治療関係が重要」とは書かれているが、その内容は「共同的経験主義（一緒に科学者目線で考えること）」と「ソクラテス式質問（質問を重ねて自分で答えを見つけられるように支援すること）」が強調され、クライエントを理解するプロセスよりも誘導するプロセスが重視されている。すなわち CBT という物語にクライエントを導く姿勢が強いといえるだろう。

この問題に早くから気づいたのが CBT の講師として活躍した精神科医の故久保田亮（元聖和錦秀会阪本病院）である[05]。久保田は CBT 初学者がクライエントという物語を蔑ろにしないように久保田の 3steps モデルを提案した（表7-2）。

このモデルは心理療法を、①クライエントという物語を受け入れてその物語に参加する仲間になる「step0」、②クライエントの現実受容（現実検討）を支援する「step1」、③問題解決や苦悩の軽減を目指す「step2」というプロセスで考えている。各 step で役立つアプローチや技法も整理されており、セラピストがセラピーの目標や手続きを見失いにくいように構成されている。また、治療関係の質やクライエントの準備状態、ニーズ、セッションの展開に応じて各 step を柔軟に行き来できればこのモデルを使いこなせていると言える。step1、step2 についてはすでにわかりやすい本が数多く出版され、日本人向けにカスタマイズされた実用的なものも多い[01][03][07]。そこで本稿では主に step0 について事例も含めて考えてみよう。

step0──クライエントという物語を受け止める

「step0」と称するのは「これなくして心理療法は成立し得ない」という意味である。治療関係、治療同盟は効果的な心理療法の根幹だが、CBT は step1、step2 で有効な技法で成立している。果たして技法を積み重ねれば心理療法になるのだろうか。

この問題を考えるためにひとつの事例を紹介しよう（事例1）。30歳前後の男性が社交不安障害（主訴はプレゼンテーション場面での赤面と足元に水たまりができるほどの発汗）への CBT を希望して来談した。彼は「この症状さえな

ければ自分は社会的に成功し、尊敬を集める立場になれる。この症状が邪魔なんだ！」と訴え、自分についてそれ以上を語ることは嫌がった。主訴の場面についてセラピストとCBTアセスメント[01]を行ったところ、「認知」と「感情」の部分で言語が難しくなった。そこで、クライエントの求めに応じて症状改善（step2）に特化して三項分析（ABC分析）に基づく状況や行動の改善の試み、イメージを活用したエクスポージャー、マインドフルネスを活用したストレス軽減など、さまざまに試みたがほぼ効果がなかった。

セラピストが言語化が難しかった認知と感情について改めて考えることを提案したところ「親身になってくれるのであれば考える」と条件付きで応じた。セラピストは全力で親身になる確約をし、認知と感情に焦点を当てたセッションを行った。すると「この世界は狙う側と狙われる側で構成されている。自分は狙われる側にいる」という空想、「狙える（有利な）立場を奪い取りたい！」という切望、「立場を奪い合う同輩や有力者に潰される」という連想と恐怖が明らかになった。クライエントとセラピストはこの空想・願望が「クライエントが生きるべき物語」であることを確認し、「この物語をどのように生きるべきか」について治療同盟を結び「step1」と「step2」の作業を協働した。その結果、症状が緩和されただけでなく、生き方への迷いも軽減した。

このように支援力の高い効果的な技法であっても、step0のプロセスが不十分なままだと本当の効果を発揮できないのである。極端に表現すれば「技法は心理療法のオプション」と考えておいたほうがいいかもしれない。もちろん、step0に固執しても効果的とは言えないが、前記の事例のようにstep1、step2の技法だけをどんなに積み重ねても、心理療法としての効果が得られない場合もある。

物語の受け止め方

表7-2のように、クライエントという物語はクライエントの欲求、空想、願望、パーソナリティ（転移や防衛機制のクセ）に反映されることが多い。セラピストはこれらへの感度を高める準備が必要である。また、これらは一見すると個人要因のようにも見えるが、クライエントの生活環境や生い立ちも反映しているので生育歴、生活の状況、対人関係にも注目が必要な場合もある。

特に生育歴について、CBTは「過去に注目しない」と言われることがある。しかし、これは「無駄に過去に注目しない」という意味である。無視するとい

表7-2 久保田の3stepsモデル*05（一部修正）

作業の目標	方法（技法）	
問題解決を妨げる認知・行動・感情パターンの修正	心理教育、情報提供 問題解決技法 環境調整、行動実験 暴露、マインドフルネス	step2 ↑↓
現実検討・洞察（現実受容）の支援	直面化 心理教育、解釈 同席面接	step1 ↑↓
治療関係・治療同盟 物語（空想、欲求、願望、動機づけ、パーソナリティ）の把握	傾聴技法（受容・共感・承認） 力動の把握（転移・逆転移、力動・欲動、固着の理解）	step0

う意味ではない。

　たとえば気質的に自律志向で誰かに上に立たれると強い反発心を持ちやすい男性で考えてみよう（事例2）。彼は3つ年上で同じ気質を持ち体力差のある兄との間で抑制される子ども時代を過ごした。「（兄に）反発したい、復讐したい」という欲求は兄との圧倒的な力の差による恐怖によって禁じられ、固着してきた。そのため上司や先輩といった強い恐怖は覚えないが、社会的に上の立場の人に対しては反発心を抑えきれずに勤務先で立場が悪くなり、そのストレスから心的不調に陥ってしまう。ネットで調べてCBTを求めて来談するが、時にセラピストの提案や心理教育にも反発（抵抗）を示すことがある。彼は「自分の上に立つ者は許さない」という物語を無自覚に生きていると言えるだろう。

　彼が生きている物語は彼に不利益ももたらし、心理療法の効果も損ねている。しかし、彼はこの物語の中で救済も成功も経験していない。この物語は完結していないのだ。そんな彼に「CBTという物語を生きましょう」とアプローチされても本気で興味が持てるはずがない。筆者はCBTという物語と彼自身の物語にどのように接点を見いだせるかがCBT活用の大きな「勘どころ」であり、必要に応じて適切に過去にも注目できるセンスが必要だと考えている。

センスの身につけ方

　久保田はこのセンスを身につけるにはCBTを学ぶ以前に人に関心をもつことを挙げ、さらに欲求や空想への考察を積み重ねてきた力動的アプローチも学

ぶことを勧めている。筆者は久保田の提案に加えて分析心理学やマズローの欲求階層説なども参考にフェレンツィ（S.Ferenczi 1873-1933）の提案した「大人の中の子ども分析」を考慮している。大人の中の子ども分析とは、大人の容姿や振る舞いに覆い隠されているかもしれないが、クライエントの中には「手立てがなくて泣いている、あるいは憤っている子ども」がいるかもしれない、という発想である。

事例2の男性クライエントであれば、「CBTを希望する割に協力的でない」「職場の出来事は感情的に訴えるが具体性が伝わらない」などの傾向から独自の物語を生きている可能性が示唆されている。言い換えれば「本人の知性は何が合理的か理解しているのに、不合理な考え方や振る舞いをしている」が「大人の中の子どもが泣いている、または憤っている」サインになることが多い。

この他にも「年長者の前に出ると、言うべきことが言えなくなる男性（親の期待に背けない子ども）」「楽しげな子どもを見ていると悲しくなって育児の意欲を失う母（母親から愛情を得られずに泣いている女の子）」「自分が主役でない場は我慢ができない男性（無視されて憤る男の子）」など、大人の中の子どもはさまざまである。サインもいろいろだが、「子ども」を探しだすセンスの要は「探してあげたい」というセラピストのマインドだと筆者は考えている。

物語の2つの扱い方

CBTは共同的問題解決というセラピストの態度を原則としている[02]。この態度にはセラピストが気づいたことは極力クライエントとの共有を図る姿勢も含まれる。実際、事例1のように即座に共有できる場合もある。しかし、隠された物語は必然性があって隠されている場合もあり、むやみに共有するとクライエントを脅かす場合もある。

たとえば、誇り高い男性であれば「無視（蔑ろに）されて憤る男の子」の物語に直面化すると不愉快な思いをすることだろう。それが自分より若いセラピストの前であれば、なおさら不愉快になることもある。では、セラピストは物語をどのように扱えばよいのだろうか。

万能の答えではないが、筆者はクライエントが望んでいる扱い方を尊重する形で対応することが多い。クライエントがその物語と向き合いたがっていれば共有するが、（少なくとも目の前のセラピストとは）向き合いたがっていない気配を少しでも感じたら共有には慎重になる。その代わり、「語られない物語」

に対して「暗黙だが全力の受容・共感・支持」を心がけている。具体的には「今、クライエントが考えたいこと」について役立ちそうな技法を提供しつつ、技法を通してこぼれだす物語の断片を丁寧に拾い上げる習慣を徹底するように務めている。

　たとえば、ある30代女性クライエントは自分自身を「気丈な性格」と思っており、「社会場面での動揺をなくしたい」と目標設定してCBTを希望して来談した（事例3）。しかし目標に応じたワークを前にして涙があふれてしまう。セラピストは本人の社会的立場と年齢のギャップから何らかの自分という存在を脅かされるような喪失体験があった可能性を察して「あなたの涙が何かを訴えているのかもしれませんね」と対応した。しかしクライエントは「そうでしょうか」とリアクションが薄かった。そこで、クライエントの目標に関連する日々の出来事の現実検討（step1）や問題軽減（step2）を中心に進めた。

　毎セッションでクライエントは涙を流したが、セラピストは「何だか涙がでるのですね」と言及するに留め、クライエントも「なぜでしょうね」と応答する積み重ねが続いた。しかし、現実的な制約でセラピーが残り数回になったタイミングで、涙の本当の意味と思える「パワフルな親類の女性たち（子ども時代は同一化対象だった）に生き方を全否定される体験」を想起した。そして今まで以上に激しく泣き崩れた。察するに、この体験で子ども時代からずっと生きてきた「気丈な女性一族の一員」としてのクライエントの物語が崩壊（喪失）し、「パワフルな他者に圧倒されて泣いている自分」という物語を生きてきたかのように書き換えられ、主訴である日々の社会的な動揺（周囲の他者に圧倒されているかのような体感）になっていたと考えられる。ここでセラピストが物語の発見と共有を試みたところ、クライエントは「平気だと思っていたけど、私はショックを受けていたんですね」とさらに泣き崩れつつも自己受容に至った。残り数回のセッションでは、step1、step2の技法を活用して「クライエントが生きるべき新しい物語」を見出して終結した。

　セラピストはずっと「隠されていた物語」と「大人の中の子ども」の存在を察していたが、本人の意志（意識）は「気丈な女性の物語」を生きようとしていた。この意識を邪魔してセラピストが変にstep0にこだわるとセラピーがクライエントにとって侵襲的に感じられたかもしれない。逆に「隠されてきた物語」を察することなく「気丈な女性」としての現実検討や問題解決だけに終始すると、クライエントの中の「泣いている子ども」が蔑ろになったかもしれな

い。CBTでは「クライエントとの知見の共有」が基本姿勢だが、「大人としての意識」と「クライエントの中の子ども」が矛盾している場合は、「今、共有できることは何か」と自問する態度が必要である。

久保田の3stepモデルに基づいたスーパービジョン

セラピストがstep0の軽視に気づくきっかけ

筆者の経験では「step0の軽視」によるCBTの行き詰まりをセラピストが自覚するきっかけは、クライエントの「セルフモニタリング（内省：step1）が進まない」と「行動（認知的な作業も含む：step2）が伴わない」場合が多いように思われる。ここでは、第2筆者が担当した事例へのスーパービジョンを通してセラピストのstep0への気づきとそれに伴う変化について考えてみよう。なお第2筆者はキャリアの最初期は人間性心理学の訓練を受けたが、その後はCBTを志向していた。

セルフモニタリングが進まずセラピストが焦った事例

気分の落ち込みがみられるA氏（事例4）。面接初期、A氏は職場にいると気分が落ち込み、仕事が手につかなくなる状態であった。A氏は現在の職場での辛さを訴えた。そこで、CBTモデルに基づいたフォーミュレーション[01]を行うと、仕事に取り組めなくなる反応に先行する出来事は、A氏の業務に対する上司の穏やかな口調での指摘であることがわかってきた。指摘の内容は、締め切りを守るなど常識的に求められる事柄であった。セラピストは仕事上の実際のふるまいを改善すること（step2）もA氏の主訴解消のためには必要と考えた。しかし、A氏は上司の注意という外的要因に注目し、セルフモニタリングすら避けていた。ここでセラピストはクライエントの職場での立場がさらに悪化する不安から焦りを感じて、問題解決志向の介入を急ぎたくなり、指示的な気持ちや態度になることもあった。A氏に共感できていないように感じたセラピストは、スーパーバイザーに本事例の助言を仰いだ。

スーパービジョンでは、セラピーがstep0にある一方でstep2の展開を目指そうとしている背景に、クライエントへの期待（一種の逆転移）がある可能性が示唆された。セラピストはA氏に対してCBTや仕事への能動的な姿勢を望み過ぎていたことを自覚した。

そして、まずは「現段階ではエピソードの想起を重視し、一つひとつを丁寧に傾聴しながら職場の実態とA氏の欲求や願望の把握を目指す」「(想起に対して)上司の穏やかな注意にちゃんと気付けたことを評価して支持する」ことでA氏を追い詰めるマインドに陥らないよう助言を受けた。つまり、step0とstep1を行き来する展開を示唆された。

　A氏とのセラピーがstep0にあると納得したセラピストは焦ることをやめて共感的に向き合えるようになった。また治療同盟に向けて改善後のイメージ(目指すべき物語)の共有を図った。その結果、「仕事をこなし、周囲にみとめられる」というセラピストが心から支持・応援できる共通の目標ができた。セラピーは傾聴中心に進んだが、A氏の語った内容をCBTアセスメントシート[01]に書き落としてA氏に提示する試みを重ねた。A氏はアセスメントシートを見て「ちゃんと(自分のことを)考えてくれている」と感想を述べたので、このようなCBTであればA氏と続けていけると実感できた。

　アセスメントシートは「付け加えたいことや、違うと思う点はありますか」「お気づきのことや感じたことはありますか」と修正と更新を促し、A氏に違和感を与えない展開を目指した。その際には「労わりながら、ゆるやかに直面化」「関係づくりのためのフィードバック」というスーパービジョンでの助言を考慮して、セラピストの先回りの心配や説得が入らないよう心がけた。

　この展開の中で、A氏は「注意される前にできることがあるかもしれない」と述べた。これをきっかけに、どうしたら注意されずにすむだろうか、という観点から自然な流れでstep2の問題解決技法を導入できた。やがてA氏は「実は、業務をあえて忘れたことにしてしまおう、と思うこともある」と打ち明けてくれた。仕事を後回しにすることでかえって上司に注意されてしまう悪循環が明らかになり、step1も深まっていった。A氏の工夫や努力によって職場で注意される機会が減っていくと、「注意はあくまでも注意であり、自分を否定されたわけじゃない」と認知面の変化もみられ、A氏は気分に左右されず仕事に取り組むことができるようになった。

　この事例では「CBTという物語」に乗ってこないクライエントへの焦りにセラピストが気づき、修正を模索したことで望ましい展開に至った。もしも面接初期にstep2の介入を強引に進めてしまっていたら、A氏の困りごとの実態や願望を把握できなかっただけでなく、A氏を不用意に追い詰めていたかもしれない。

行動が伴わずにセラピストが困惑する事例

回避傾向の強い B 氏（事例 5）。就労を目指す B 氏は「実際にはそうでないとわかるけれど、どうせ周りは自分を悪く見ているのだろう」という思いのために就職活動ができないでいた。「普通に働き、いい生活がしたい」との願いはあるものの「あのときこうだったら」「この仕事をしたらこうだろうな」と空想するばかりで行動には移せない。また「相手によい印象を与えたい、と思い嘘をついてしまう」ことにも悩んでいた。

インテーク面接で B 氏は「根本や原因をわかっていきたい」とも述べて、問題解決に意欲的な姿勢を示した。セラピストがインテーカーでもあったので、step0 はある程度展開しているように思われた。そこで、セラピストは CBT モデルに沿った現実検討で問題を共有し（step1）、問題解決に取り組む（step2）という流れを想定した。しかし実際に問題場面の現実検討を進めようとすると、B 氏から過去のうまくいっていた頃のエピソードや、後悔しているエピソードが語られるばかりで、step1 は進まなかった。そこで 5 回のセッションを終えた時点でスーパービジョンを受けた。

スーパービジョンでは①自己愛的な回避や欺瞞（自分は何でもできる、という魔術的万能感の幻想が壊される不安へのコーピングとしての行動回避や嘘）」を生きている面がある、②一方でその自覚もあるので、幻想に酔いしれたい自己愛性パーソナリティとは異なり、「未熟さゆえに言い訳や嘘に逃げ込む罪のない子ども」のような状態の可能性が示唆された。セラピストとしてはこの示唆は腑に落ちた。

対応としては「B 氏がこれまで逃げてきたものに向き合っていくために、当面は自己愛を支えてほしい」という助言を受けた。具体的には「B 氏の語るエピソードに込められた感情を丁寧に聴く中で、B 氏が生きている物語に共感的に接近する」という step0 の対応を助言された。セラピストは、step1 から step2 への展開を目指すあまり、エピソードも情報としてとらえがちになっていたことに気づかされた。また、直面化的な現実検討（step1）は B 氏がショックを受けない程度に、受け止められる範囲に留める配慮が勧められた。

セラピストはまだ step0 で求められる作業、パーソナリティや動機づけの把握が十分にできていなかったことを感じ、step0 を行うつもりでセッションに備えた。その結果、面接では徐々に「自信が持てない」ことや「思い描いていた自分、理想の自分」（理想自己）と現状のギャップ、「変わらなければと思うが、

面倒であったり不安であったりする葛藤」、行動しようとすると「現実逃避」してしまうことについても語るようになった。また、日々の生活で「周囲に自分のことをあれこれ言われたりすると嫌な気持ちになる」「今の状況は自分でも嫌だ、どうにかしたい」「言われない自分になりたい」と現実検討が深まり始めた。しかし、step1 として行うべき問題の発見や定義には至らない。そこで再度スーパービジョンを受けた。

スーパービジョンでは「自己愛の守り方が未熟な B 氏は現実検討を促されると嫌がるかもしれない」、すなわち他者に刺激されて内省することが無力な自己イメージや失敗スキーマ[04]に直面させられる体験になる可能性が示唆された。また、セラピストは step1 が進まないことをじれったく思っていたが、「B 氏は現実に向き合わないと余計に不快になることに気づきつつあるようだ。しかし向き合い方がわからないので、B 氏自身もじれったいと葛藤しているはず。お互いのじれったいところを繰り返し語ってもらっては」と助言を受けた。具体的な対応としては、B 氏のペースを大切にしながら、受容的に応援するような姿勢が示唆された。

セラピストが B 氏の葛藤をそのまま受けとめるように心がけると、B 氏は後悔や不安、そして今後の希望についても、より自由に語り自己（現実）受容が進んだ。やがて現実的な制約でセラピーが終結に近づくと、B 氏は新しい仕事の誘いを「チャンス」ととらえ step2 の問題解決へと踏み出した。終結では「自分のありのままを喋れて、すっきりした」と述べられた。

この事例ではセラピストが「step1 から step2 へ」と期待したもののクライエントの認知的な作業（行動）が伴わず、困惑したことが展開の修正に繋がった。仮に「CBT という物語」に自信を持って「step1 から」と固執していたら B 氏の自己愛を脅かしていたかもしれない。step0 に立ち返ることが、逆に step1 の現実の検討と受容のプロセスを支えることになったと考えられる。

おわりに

CBT は便利で強力な支援の「道具箱」だが、それだけに支援の方向性としての「クライエントとしての物語」を見失わないことが重要であると言えるだろう。本稿が CBT を使いこなせるセンスフルな心理臨床に向けた一助になれば幸いである。

[文献]

*01 伊藤絵美『認知療法・認知行動療法カウンセリング初級ワークショップ』星和書店、2005 年
*02 伊藤絵美「基礎学としての認知心理学」杉山崇、前田泰宏、坂本真士編『これからの心理臨床―基礎心理学と統合・折衷的心理療法のコラボレーション』ナカニシヤ出版、56-78 頁、2007 年
*03 伊藤絵美『事例で学ぶ認知行動療法』誠信書房、2008 年
*04 J・E・ヤング、J・S・クロスコ、M・E・ウェイシャー(伊藤絵美監訳)『スキーマ療法―パーソナリティの問題に対する統合的認知行動療法アプローチ』金剛出版、2008 年
*05 杉山崇、巣黒慎太郎、佐々木淳、大島郁葉「認知療法と治療関係」東斉彰編著『統合的方法としての認知療法―実践と研究の展望』岩崎学術出版社、144-170 頁、2012 年
*06 杉山崇「臨床心理学における『自己』」『心理学評論』57 巻、434-448 頁、2014 年
*07 杉山崇『「どうせうまくいかない」が「なんだかうまくいきそう」に変わる本―認知行動療法で始める、心のストレッチ』永岡書店、2016 年

8
精神分析臨床における「0期」の大切さとセラピーの導入を巡って

その勇み足に気をつけて!

岩倉 拓

はじめに

「心を分析し、深層を探求する」——心理学を志す学徒のみならず、多くの人を惹きつける響きである。「精神分析」はヒステリー症状の背後にある無意識を分析するフロイトの試みから始まった。フロイト以来、精神分析は無意識の中に性愛や憎しみ、嫉妬や羨望、あるいは人の希求性を発見していった。奥深い森が豊穣であると同時に危険でもあるように精神分析的臨床には慎重な姿勢と相応の覚悟が必要となる。本章では現代の心理臨床に精神分析をどのように活かすか、注意すべきところは何かを考えていきたい。

精神分析の特徴

精神分析は、フロイト（S.Freud 1856-1939）を創始者とした心の治療法であり、クライエントが意識していない心、無意識を想定し、その動きに注目する心理療法である。その特徴は、現れている問題や症状を直接のターゲットにするのではなく、それを産み出している無意識とその無意識を含んだパーソナリティ構造の理解とその変容を目指す。技法としては、クライエントとセラピ

ストの間で生じる関係性である「転移」を重視する。転移とは、セラピストとの面接に再現・再演される関係性であり、この転移現象はクライエントが生まれ育つ中で形成された空想や想定に基づいていて、つまずきや苦しみのパターンを現している。この「今、ここ」でセラピストとの間に生じる転移を認識し、解釈することによってクライエントに情緒的体験を伴った気づきと内省が生じて変容がもたらされる。いわば、クライエントの根本の問題をセラピストも当事者として体験し、繰り返し認識していくことによって自己認識を深め、治癒を目指す療法である。

ビオンのコンテインメント概念への注目

　精神分析の理論と実践にインパクトを与えたビオン（W. Bion 1897-1979）は精神分析の治療の実質についてコンテイナー／コンテインド理論としてまとめた。彼は"泣く乳児"（コンテインド）とそれを"あやす母親"（コンテイナー）との関わりを原点とするコミュニケーションを通して乳児が自己を定位・形成していくコンテインメント（包容）の過程であるとする[02][03]。症状や問題の背景には個人が抱えきれない生きづらさや心痛などの"無意識"があり、それをセラピストはクライエントから受けとり、共に理解をすすめていく。この過程を通してクライエントは一人で抱えきれなかった心痛を自らのものとして消化し、その心的成長によって人生の歩みを進めることになる。症状や問題は考え手である「母親」を求めて排出されているなんらかの要素であるというこの観点は、現場の臨床や集団における精神分析的臨床を考える上で極めて重要な視点である。

精神分析的・力動的臨床

　精神分析の設定はセラピストとクライエント二人の個人セラピーであり、時間の設定は歴史的には毎日分析の設定からはじまり、現在の国際基準である週4回以上のカウチを使った正統な「精神分析」から、週1-2回の頻度で主に対面法で行う「精神分析的心理療法」まで様々なものがある。さらに、精神分析的な知見を活かして行う臨床全般を「精神分析的臨床」という。これは、こころの各部の動きとその結果を考える「力動的 psychodynamic」という言葉が使われる場合もある。この精神分析的・力動的臨床は、個人セラピー法としての

精神分析の知見や理解を活用して臨床を行う応用編とも言えるだろう。そもそも精神分析は、その面接頻度やセラピストのトレーニングが実践に大きな影響を与えると考えられており、頻度の多少の影響や教育分析・スーパービジョンの必要性については精神分析の内部でも長く議論されている。

他方、臨床心理実践全体に目を向ければ、精神分析はパーソナリティの変化という治療目標ゆえに長期化しやすく、その費用対効果はどうなのか（長期化と経済性の問題）、個人中心の治療モデルは地域援助・集団臨床などの新しいニーズにそぐわない（クローズドモデルの問題）、治療の効果判定が難しい（エビデンスの問題）などが指摘されている。

心理職の職域および対象が拡大されている現在、精神分析的臨床はフロイト自身が予言[05]したようにその適用範囲を広げ、その応用が求められている。私は精神分析の個人セラピーが成立するまでに、実は様々な仕事や準備があり、それをおろそかにして精神分析を導入すると手痛い火傷を負う、と実感している。個人臨床としての精神分析に魅せられ、精神分析設定にこだわって面接を開始するといった勇み足も無意識という大海に地図も羅針盤もなく漕ぎ出してしまうような危険を伴う。さらに言えば、精神分析が悩みを抱えた目の前のクライエントにどのようなリスクと効用があるのか、また、その苦しみを癒す別の選択肢はないのかという問いと検証を失ってしまうと、臨床から離れたドグマに陥り、クライエントを損ないかねない。

それでは、精神分析を学びながら、実践を行うにあたって臨床現場ではどのようなことに気をつけなければならないだろうか。また、精神分析が臨床に役に立つ場合はどのようなときだろうか。本章では、現代精神分析の視点を参照しながら、初学者が臨床現場でスタートラインに立ったという視点で精神分析的心理療法を①はじめる前、②はじめるとき、③はじまってからの3段階に分けて、その問いを考えていこう。

はじめる前――職場・集団に関わる

通例、個人セラピーはその段階として1期、2期……と記述することが多いが、その前段階の仕事に注目するため「0期」という段階を想定して現場を眺めてみよう（表8-1）。

表 8-1　0 期から 1 期へ

時期		目的	機能	仕事	対象
0 期	耕し過程	心理職として場に定着し仕事を獲得する	ニーズの見極めと掘り起こし	場のアセスメント・雑談的コンサルテーション・ミーティング	職場全体
	治水過程	事例化した問題への介入と収束を目指す	環境調整による沈静化・収束化 関係育成的	アセスメント・コンサルテーション・マネジメント	面接の相談主体（依頼者や親）・周囲
1 期	精神分析的心理療法	個人心理療法の契約と実践	心的内界の内省と成長 内省促進的	転移関係の内省と解釈	本人

0期の耕し過程

　まずは、自分の実践の場である職場をよく観察し、現場をアセスメントする初期の仕事がある。精神分析がクローズドな個人セラピーとしての特徴を持つため、まずは俯瞰した集団や全体の状況の視点をもち、徐々に個人へと絞っていく視点の行き来が重要である。乾は「治療ゼロ期の精神分析」[08]において、さまざまな現場での臨床実践を整理し、面接導入前の仕事を「耕し過程 pre-therapeutic management」と位置づけ、その過程を以下のようにまとめた。

　Ⅰ　場の獲得と確保に努めること
　Ⅱ　時間外の有志による研究会・研修会の組織化
　Ⅲ　時間内ミーティングの設定と力動的空間の共有
　Ⅳ　力動的心理療法の開始と構造化
　（後略）

　0期の耕し過程では職場のニーズを「読み」と「配慮」でアセスメントをしながら、能動的にスタッフとして現場に関わりながら職場に馴染んでいく。乾が「この耕す過程を通して初めて、力動的な心理療法やコンサルテーションが成立し、クライエントへの個別な利益を保障する治療が提供できる」[07]というように、組織において実際に役立ち、職場の理解を得ることで力動的・精神分

析的な理解が用いられる場を醸成していく。たとえば、医療における生物学的医学や薬物療法の視点、教育における教育的観点や適応的視点のように職場の専門性の動きを見極め、それらがどのように活用され、その中で精神分析的観点が役立つ余地があるかどうかを見極めていく。さらに職場のグループ力動を見極め、全体がどのように機能しているかを把握し、そこに潜在するニーズを掘り起こし、自分を知ってもらい、場を獲得していく過程である。

この際、職場集団の健康度（管理職と非管理職の関係の緊密さ、スタッフ間の分業や連携の度合いなど）も見極めて、適切な協働関係を促進して、職場の健康度を高めることも重要な役割となる。

0期の治水過程：コンサルテーション・マネジメント

さらに、もう一歩踏み込んで職場で生じるさまざまな問題へのコンサルテーションや助言を行い、ミーティングや事例検討会の開催などにより心理力動的観点を示し、事態への理解をスタッフと共有していく。スタッフのメンタルヘルスの動きにも気を配り、日常の中でケースや問題について注目し「雑談的コンサルテーション」を継続していく。困難事例を一人抱えて悩んではいないか、潜在している問題や危険はないかとスタッフのニーズを見極めて掘り起こし、自らの視点と役割を提示し、環境を調整し、関係をつなげていく。私はこれを職場や治療チームに溢れている「問題」をマネジメントする「治水」[09]のイメージで行うが、問題や出来事の背景を力動的視点で読み、理解し、それを共有するコンサルテーションを通して、事態を収束していくことを手伝う過程である。その際「あくまでもひとつの視点」として他の専門職と協働していく謙虚な姿勢が重要となる。たとえば病棟での患者の行動化や、学校における不登校や非行の問題などのスタッフが困っている問題の情報を収集し、その背景にある心理力動や歴史、心的苦痛の理解をコンサルテーションし、「抱える環境」[16]を形成していく。この際も1回だけのコンサルテーションではなく、保護者やスタッフとの対話を繰り返し続けることが重要である。

コンテイナー／コンテインドモデルの拡大

これらの仕事を精神分析的に照らしなおすと、生じている問題に対して、スタッフや当事者の関係性を読み、それをつなぎながら、問題の背景や成り立ちを共に考え、理解し、定位していく過程ととらえることができよう。治水過程

において、問題の焦点は実は混沌としている。たとえば、学校現場を例にとれば、「Aという生徒の不登校」の相談において、A自身のみならず、不登校の増加に悩む校長、不登校をなんとかしたい担任、担任の対応が問題だと思っている学年主任、不登校を心配する父親・母親、AとトラブルのあったB友人……と、様々な登場人物があり、その文脈の中で不登校という問題が事例化している、ととらえることができよう。A個人が問題と思われやすい状況であるが、問題は集団／個人のコンテイナー／コンテインドの相互の力動的な組み合わせで生じている。つまり問題は特定の個人の内的な苦しみが集団状況に溢れて、受け取り先を探している混沌（コンテインド）ととらえることができる。コンテインメントを、母子の関係性の理論から、セラピスト─クライエント関係、そして個人─家庭─社会の関係性と拡大して考える視点である。当事者を含めたスタッフ相互が、コンテイナー・コンテインドとなり、生じている問題の意味や背景を理解することによって、徐々に個々の問題へと収束されていくのである。問題をともに考え、理解していく機会と対話を入念に行っていくことが精神分析的臨床においてまず何よりも大切となる。この０期の治水過程におけるコンサルテーション・マネジメントの過程によってコンテインメントが進展し、個人セラピーに至らなくても解決や解消に至ることも少なくない。こうして「協働関係を通じたコンテインメント」[*13]機能を場に形成していくことができると、関係作りが軌道に乗り、より専門性を発揮できる場が形成されてくる。これらの実践として、たとえば「ワーク・ディスカッション」[*15]のように、問題やクライエントについて多職種で定期的に話し合いを行うなどの実践の登場も個人セラピーから脱皮した精神分析的臨床のひとつである、と言えよう。

　０期について補足すると、たとえばすでに個人セラピーの空間が設定されている状況では、この仕事を何らかの形で先人が行ってきていると考えてよい。しかし、それはいつまでも保証された場ではなく、自分なりの不断の０期の努力によって場を形成していくことが重要であり、うまくいかないときはこの０期の仕事が十分に行われているか検証してみよう。

はじめるとき──セットアップの仕事

　さて、０期の作業を経て、徐々に問題の源となる個人がクローズアップされてくる。あるいは０期の仕事によって職場で信頼を獲得して役割を確保し、潜

在していた問題をクライエントが持ち込んでくる環境が整う。ここからが個人セラピーのセッティングとなる。セットアップ過程は、

Ⅰ　インテーク面接によるニーズの聞き取り
Ⅱ　アセスメント面接
Ⅲ　試験解釈や見立てを伝える解釈面接
Ⅳ　契約

と進んでいくが、面接の導入に関しては標準的で指針となる手引きを参照[01][06][14][15]してもらうこととして、本節では主に、勇み足とリスクのポイントに注目していこう。

　誰が相談の対象なのか
　まず目の前のクライエントは精神分析的心理療法の対象なのだろうか、という問いを持ち、真に援助を求めている人を見極める必要がある。家族療法にIP（Identified Person：患者と見なされた人）という概念があるように、問題とみなされた人が本当の対象であるかどうかはまだわからない。当人には内的な変化への動機が乏しく、いまだ行動発散や充足が中心であるのに、やみくもに精神分析的心理療法を導入し、早晩中断してしまうというのもよくある失敗である。この場合、むしろその本人のことで「迷惑を被って」苦しんでいる家族が当面の援助対象となるかもしれない。

　蓋いをとるのか、蓋いをするのか
　アセスメントにおいては、本人の語りから、その人の問題の成り立ち、生育歴、家族関係を聴き、その言外にあるものも感じながら問題の背景と思われる仮説を構築していく。また、本人の病態水準と言われる自我の強さも見立てていく。表に出ている問題や症状の裏には本人が見たくない自己部分、傷ついた部分、弱い部分、依存することの恐怖、のみこまれ不安などが隠されている場合が多く、それらに触れることは傷に触れるような痛みを伴う。今後の分析過程で体験することになるこれらの負のものに持ちこたえ、考え続けていく自我の力があるのか、それがクライエントにとって本当に利益になるのか。それが難しいと判断した場合は、身体的治療、薬物療法、内面に踏み込まない心理療

法などを提案することもある。むしろ、侵入的ではなく短期で行えるセラピーや問題を悪化させない環境調整のための面接を行い、段階的に精神分析的心理療法へと導入していく、というように漸次的に考えることも実際的である。心の奥に触れるには、ある程度安定した心の状態で、じっくりと覚悟を決めて取り組む姿勢が必要となるからである。

実際、精神分析の学派間でも、内的葛藤や無意識的空想を重視する学派と適応的な自我機能の回復に注目する学派があるが、無意識や苦痛を「中身」とするならば、それに対処する「皮」や「蓋」に相当する部分を強化することによって適応を強化する（蓋いをつくる covering）[*16] ことも選択肢となる。精神分析的理解に基づく自我支持的（サポーティブ）心理療法とも呼ばれる様々な工夫[*14]がなされているが、これは来談者中心療法、認知行動療法、問題解決療法などの各種心理療法と精神分析的臨床の共通基盤や差異を考えるうえで重要な視座であろう。いずれにしろ、実際の精神分析的臨床においては、基礎的な傾聴技法、家族面接、危機介入能力、適切な機関や療法を紹介するマネジメントなどの臨床力が後ろ盾として不可欠なのである。

分析可能性の判断と治療同盟の形式

さて、クライエントが自我の強さを持っていて、準備が整っていると見なされる場合、最後の関門は「この二人が精神分析的心理療法という物語を紡いでいけるかどうか」という動機と相性を判断する分析可能性の見極めとなるのだが、実はこの判断が最も難しい。アセスメントを通して、本人がやりたいと言っても（あるいは本人が気が乗らないと言っていても）その真の動機づけとニーズ、およびセラピストとの相性を感じ取る必要があり、クライエントの切実性を感じ取れるか、さらにその切実性をクライエントと共有できるかどうかが鍵となる。私は、アセスメント後の解釈面接において、自分の見立てと見通しをクライエントに伝えて、それに対するクライエントの手応えを感じることが最も重要と考えている。

ここで試験解釈として、触れるべきポイントを〈　〉で示しながら具体的に書き出してみよう。〈主訴〉〈情緒〉〈現在の関係性〉〈過去の関係性〉〈防衛〉〈今、ここの関係性〉がポイントとなる。

「あなたの苦しんでいる問題〈主訴〉の背景には、繰り返されているテーマがあり、人はあなたのことを本当には見てくれないというあなたの不安や疑い

のように感じました。あなたはひどく不安で、怒ってもいるし、ひとりぼっちのように感じていて、それらの気持ちが混ざり合って混乱して落ち込んでしまうよう〈情緒〉です。今のご主人との間でもそれを感じてしまうし、会社での人間関係や不安にも影を差して〈現在の関係性〉いるようですね。それらは、小さい頃にあなたが感じた、いつも別のことに思い耽っていて、あなたのことを見る余裕がなかったお母様とあなたの関係につながっているように感じました。高校時代からの恋愛の痛手や傷つきもこのことと底でつながっているかもしれないですね〈過去の関係性〉。あなたはそれでも、そのような不安や怒りは外に出さないように朗らかにして、その一方で一人で抱えてきていた〈防衛〉ようです。ひょっとすると、ここでも私が本当にあなたのことをきちんと見てくれるのか、わかってもらえるのか不安なのかもしれませんね〈今、ここの関係性と情緒〉。そのことをともに考えていくことで現在の問題も解消してくるかもしれないと感じました」

　セラピストはアセスメントを通して、精神分析的知識と感覚を研ぎ澄ませて導き出した理解を伝える。これがクライエントに伝わるかどうか、特にクライエントの情緒が反応するか、連想が広がるか、という手ごたえの感覚が重要である。それは「この人とやっていけそうだ」という二人の間に生じる小さな進展の感覚をもたらす。それが治療同盟につながるのだが、残念ながらその手ごたえが得られないときには二人の相性には困難があるだろう。

契約とインフォームドコンセント

　これらの過程を経てようやく契約に至る。セラピストは他の選択肢とそのメリット・デメリットも含めて情報提供し、クライエント自ら選択をすることが大切である。このとき経験的に大切だと思われるのは、面接関係の不満や疑問などの負の気持ちは特に大事なのでどんなことでも伝えてもらうよう約束することと、悪化したように感じる時期があるかもしれないとあらかじめ知らせておくことである。クライエントの多くは、負の気持ちを直接セラピストに伝えることに躊躇いを感じるため、セラピストは特にそこに開かれている必要がある。古典的にはこれは「抵抗」と呼ばれるところであるが、この精神分析的心理療法に伴う負の側面への事前の理解はクライエントにとって重要であり、インフォームドコンセントを得る必要があると考えている。

はじまってからの注意——逆転移に注目して

さて、面接がはじまってから、注意すべき最も重要なものに逆転移の問題があるだろう。この逆転移は、精神分析過程において毒にも薬にもなるもっとも取り扱いに注意を要する「道具」[06]である。セラピストはクライエントの話を「平等な注意」の状態で「記憶なく、欲望なく、理解なく」[03]虚心坦懐に努めて聴いていくわけだが、このときにさまざまな逆転移が沸き起こる。近年、この逆転移のモニタリングと転移／逆転移の取り扱いは精神分析的心理療法の最も重要なトピックとなっている。

逆転移は

Ⅰ　セラピスト個人の問題、病理性の問題として逆転移
Ⅱ　クライエントとの間の正常な逆転移反応→共感につながるもの
Ⅲ　クライエントに投げ込まれた（投影同一化された）ものへの反応としての逆転移反応
Ⅳ　間接的な逆転移

に分類される[06]。

自らを知る必要性——誰の欲望なのか

まず考えなければならないのは、Ⅰの逆転移である。フロイトが"患者の影響により、医師の無意識の感受性に生じる不合理な感情反応に注意し克服しなければならない。分析医は自分自身のコンプレックスや内的抵抗が許容する範囲内においてのみ分析の仕事をすることができる"と述べているように[04]、セラピストの自分自身のコンプレックスや葛藤によって生じる自分の反応に気づき、それを知っていく必要がある。精神分析的臨床においては、セラピストは自らの理解に努めるため、個人分析やスーパービジョンを受けることが必須であり、それを通して自らのくせ、偏り、盲点を知り、個人的逆転移に意識的になる必要がある。

Ⅳの間接的な逆転移とは、組織、クライエントの家族などの他者から持ち込まれる期待に反応する逆転移反応である。たとえば「早く治してほしい」「余

計なことをするな」などと面接関係以外のところの圧力にセラピストが反応してしまう逆転移である。この圧力にセラピストが影響されてしまって肝心の面接関係を見失う危険があり、それゆえに0期の作業で述べた面接の環境を整えることや、どのような場で面接をしているか自覚することの重要性を指摘できるだろう。

　このⅠ、Ⅳを自覚し、逆転移全体の中から識別することができるようになると、ⅡおよびⅢのクライエントのパーソナルで特異的な逆転移反応を吟味し、クライエントの理解に活かすことができる。クライエントの無意識的・幼児的部分の動きを聴きとり、五感で感じ、解釈するセラピストという精神分析的心理療法のコンテイナー／コンテインドな関係が展開されるための重要な技術であり、研鑽の必要となるところである。

逆転移のモニタリングと負の能力

　精神分析的心理療法の展開においては、クライエントの陰性感情の取り扱いと陰性局面を乗り越えることが重要となる。多くの場合、クライエントの中核的な問題が再演されていると思われる負の感情の投影が生じて面接には膠着が訪れる。この曖昧さやわからない関係性に持ちこたえ、その理解を深めていくことが進展と結びつくが、その局面はセラピスト—クライエントにとっても苦しい局面である。セラピストの負の能力（negative capability）[*10]、すなわち、よくわからない・不確実なものや未解決のものを受容する能力が試される局面である。早急な理解や解決に走らず「今、ここ」で生じていることを逆転移のモニタリングをしながら、味わい、吟味してクライエントと共有していく。ここでも、セラピストとの問題を転移ではなく、現実のものとしてしまい、それを抑え込んだり、よい関係を提供してなかったことにしてしまう危険が生じる。クライエントが直接不満や怒りを向けている際に、それを取り扱うことはもちろんであるが、むしろ顕在化する前の潜在的な不満や膠着を見逃してはならない。この潜在的な陰性転移の感知は、逆転移のモニタリングが端緒となる。たとえば、セラピストが普段の姿勢が保てなくなっている逆転移（不快感、無力感、無意味感、緊張感、眠くなる、あるいは、過度な好意や性愛感情などと通常とは異なる感覚）は検討を要する重要な局面となる。また、面接の設定（料金、頻度、キャンセル、休暇）などの現実的な出来事を契機にそれが表現されることも多い。それらの反応の変化を見極め、転移／逆転移をモニタリングし、クライエント

の未消化の問題のコンテインメントを目指していく。

おわりに

　本節では、現代の精神分析的臨床を取り巻く現状と課題を上げ、その実践におけるリスクと注意点をフロイト以降の精神分析理論についても参照しながら概観してみた。精神分析的臨床の端緒についた臨床家に少しでも参考になれば幸いである。

[文献]

*01 馬場禮子『精神分析的心理療法の実践―クライエントに出会う前に』岩崎学術出版社、1999 年
*02 Bion W: *Learnig from experience*. William Heinemann Medical Books, 1962.（福本修訳「経験から学ぶこと」『精神分析の方法Ⅰ―セブン・サーヴァンツ』法政大学出版局、1-116 頁、1999 年）
*03 Bion W: *Attention & interpretation*. Tavistock Publication, 1970.（福本修、平井正三訳「注意と解釈」『精神分析の方法Ⅱ―セブン・サーヴァンツ』法政大学出版局、193-331 頁、2002 年）
*04 Freud S: The future prospects of psychoanalytic therapy. In Strachey J (Ed & Trans): *The standard edition of the complete psychological works of Sigmund Freud* 11:141-151, Hogarth Press, 1957 (1910).（小此木啓吾訳「精神分析療法の今後の可能性」『フロイト著作集』9 巻、44-54 頁、人文書院、1983 年）
*05 Freud S: Lines of advance in psycho-analytic therapy. In Strachey J (Ed & Trans): *The standard edition of the complete psychological works of Sigmund Freud* 17:159-168, 1955 (1919).（小此木啓吾訳「精神分析療法の道」『フロイト著作集』9 巻、127-135 頁、人文書院、1983 年）
*06 Heimann P: On counter-transference. *International Journal of Psycho-Analysis* 31:81-84, 1950.（原田剛志訳「逆転移について」松木邦裕編・監訳『対象関係論の基礎―クライニアン・クラシックス』新曜社、173-190 頁、2003 年）
*07 乾吉佑「精神分析的アプローチの実践と臨床の『場』を読むこと―心理臨床のコンサルテーションの視点から」『精神分析研究』54 巻、105-111 頁、2010 年
*08 乾吉佑「治療ゼロ期の精神分析」『精神分析研究』54 巻、191-201 頁、2010 年
*09 岩倉拓「治療 0 期の『耕し』と『治水』―精神分析的心理療法の現場実践」乾吉佑編『心理臨床家の成長―心理臨床との出会い』金剛出版、164-186 頁、2013 年
*10 Keat J: Keats' letter, To Thomas Keats 10-14 July 1818.
*11 松木邦裕『改訂増補　私説　対象関係論的心理療法入門―精神分析的アプローチのすすめ』金剛出版、2016 年
*12 成田善弘『新訂増補　精神療法の第一歩』金剛出版、2007 年
*13 平井正三「子どもの精神分析的心理療法と Bion のコンテインメント概念」『精神分析研究』53 巻、389-396 頁、2009 年
*14 Pinsker H: *A primer of supportive psychotherapy*. Routledge, 2002.（秋田恭子、池田政俊、重宗祥子訳『サポーティヴ・サイコセラピー入門―力動的理解を日常臨床に活かすために』岩崎学術出版社、

2011年)
*15 Rustin M, Bradley J (eds): *Work Discussion: Learning from reflective practice in work with children and families*. Karnac, 2008.(鈴木誠、鵜飼奈津子監訳『ワーク・ディスカッション――心理療法の届かぬ過酷な現場で生き残る方法とその実践』岩崎学術出版社、2015)
*16 Winicott DW: The depressive position in normal emotional development. *British Journal of Medical Psychology* 28:89-100, 1955.(佐伯喜和子訳「正常な情緒発達における抑うつポジション」北山修監訳『小児医学から精神分析へ――ウィニコット臨床論文集』岩崎学術出版社、312-334頁、2005年)

9
ソリューション・フォーカスト・ブリーフセラピーの落とし穴

「解決」に焦点を当てる際の留意点

伊藤 拓

ソリューション・フォーカスト・ブリーフセラピーとは

源流——エリクソンの心理療法

　ソリューション・フォーカスト・ブリーフセラピー（Solution-focused brief therapy: SFBT）[03][04] はブリーフセラピーの主要モデルのひとつである。その他の主要モデルにはストラテジック・モデル[09]、MRI（Mental Research Institute）モデル[16] などがある[10]。

　ブリーフセラピーは、バーテンによると、セラピストが能動的な役割を持ち、目標志向的、行動志向的で、現在の問題を取り扱い、現在の適応の向上に焦点を当てるなどの特徴を持つセラピーである[01]。ブリーフセラピーが生み出された背景には、その当時の心理療法の技法が、自由連想法などにより記憶や感情を詳細に探索することに限定されており、治療に要する期間、コストがかかりすぎ、即座の恩恵が得られなかったことが挙げられる[01]。そのため、そのような方法では、当時増加していた心理療法に対する様々なニーズに応えることが困難になり、新たなアプローチが求められていたのである。ブリーフセラピーに定まった定義はないが、日本にブリーフセラピーを導入した中心人物である宮田敬一は、狭義の定義として、ミルトン・エリクソン（M. H. Erickson）の

治療に関する考え方や技法から発展したセラピーであり、クライエントとセラピストが協力して、できるだけ短期間に問題の解決を行う一方法[10 p.13] としている。

エリクソンの心理療法の基本原則には、無意識への信頼、症状に焦点を当てた非病理学的モデル、積極的で指示的な治療者の役割、能力と強みへの着目、課題の提示による面接室外での治療などがあるが[18]、中でも中心的なのは「利用」だと言われる。エリクソンは、治療場面に患者が持ちこむものや存在するものは何でも利用したとされる。たとえば、意識的あるいは無意識的な表出、リソース、強み、経験、能力、関係性、環境、職業、趣味、感情に加え、問題、症状、障害さえも利用した。エリクソンは、ほとんどのケースで、患者は、問題を解決するための十分なリソース、強み、経験を持っていると考えていた[18 pp.38-39]。そこで、患者を教育したり、適応的な行動を教えたりするのではなく、患者の持つものを利用したのである。

患者の妄想を利用して治療を進めた例として次のようなものがある[13]。自分をイエス・キリストだと主張する患者に対して、エリクソンは「君には大工の経験があるんだってね」と声をかけた。イエスの養父、ヨセフが大工であることを踏まえたのである。「はい」と応えた患者に対し、エリクソンは「君は仲間たちの役に立ちたいと思っているんだってね」と尋ね、同意が得られたため病院の本棚を作ってもらうことにした。その後、患者は、建設的な活動に参加し始めるようになった。

エリクソンの心理療法のエッセンスを多くのセラピストが使いやすいように体系化し、簡略化したものが SFBT だと言えるだろう。そのせいか、日本ブリーフサイコセラピー学会の会員調査[06]によると、ブリーフセラピーの中で、会員が参考・利用しているアプローチとして圧倒的に多いのが SFBT であり（回答者の 75.3％）、MRI モデル（同 4.4％）、ストラテジック・モデル（同 3.1％）を大きく引き離している。現在、SFBT は、医療、教育、福祉、司法矯正、産業など幅広い領域で用いられている[05]。

ポイント

SFBT は、スティーブ・ド・シェイザー（S. de Shazer）、インスー・キム・バーグ（I. K. Berg）らによって開発された。開発に当たってド・シェイザー

らは、同僚たちによる心理療法の実践を観察し、うまくいった方法を抽出し、体系化するという帰納的な作業をとった[04]。つまり、エリクソンの心理療法のエッセンスに加えて、セラピストの効果的な実践を体系化したものがSFBTなのである。なお、SFBTによる介入研究の効果を検討したメタ分析では[14]、抑うつや不安などの内在的障害に対してSFBTにはウェイト・リスト群や介入なし群と比べて中程度の効果量が、他の治療群と比べて小さな効果量が示されている。

以下ではディヤングら[04]をもとに、SFBTのポイントを3点挙げる。

まず、クライエントが抱える「問題」には必ずしもこだわらず、クライエントが望む「解決」の状態を明らかにし、その構築を目指す点である。そのために、クライエントの弱み、問題点、問題のある過去などは詳しく取り上げず、クライエントの強み、リソース、できていること、望む未来などに焦点を当て、それらを活用して、解決構築を目指す。

次に、クライエントが目指す解決の状態とそこへ至る方法をクライエント自身に考えてもらう点である。SFBTでは、クライエントを自らの生活の専門家であると捉え、解決方法をセラピストがアドバイスしたり、決めたりしない。セラピストの役割は、クライエントの思考の枠組み（frame of reference）の探求を通して、クライエントがより満足できる生活を創り出すための方法をクライエントが見出せるように、質問を用いて対話をリードすることである。

最後に、解決構築を促進するための様々な質問とその用い方、対話の仕方、課題の出し方などSFBTで行うことの実践方法が詳細に記述されている点である。特に、ディヤングら[04]には、質問を用いる際の指針、対話の仕方の実際が逐語録をもとに詳述されている。この点はマニュアル化と揶揄され、その弊害が批判されることもあるが、本モデルの使い勝手を高め、普及に貢献していると考えられる。

面接で行われること

SFBTの面接における1セッションの流れはおおよそ以下の4段階に分けられる[04]。

第1段階：問題の理解

この段階では、たいていクライエントは問題とその悪影響について話す。セラピストは、問題を傾聴し、問題に対するクライエントの捉え方を理解することに取り組む。問題について、クライエントとセラピストで話し合うことを問題トークと呼ぶ。続いて、どのようなことを相談したいか、相談によって何を得たいか、クライエントが問題に対して今までどんなことに取り組んできたかを尋ね、整理する。

第2段階：ウェルフォームド・ゴール作り

ウェルフォームド・ゴールを作るためには、問題トークをセラピストが聴き続けるのではなく、クライエントが起こってほしいと望む生活の中での違いについて話し合うこと、すなわち解決トークをすることが望ましいとされる。そのため、セラピストは、問題トークから解決トークへの転換を試みる。この転換のために、解決後の未来の状態を尋ねるミラクル・クエスチョンなどの質問を行い、解決像を詳細にクライエントに描写してもらう。ミラクル・クエスチョンは、奇跡が起こってクライエントが抱える問題が解決した状態を尋ねる質問であり、典型的な尋ね方は以下のようになる。

　これからあなたに変わった質問をします。今晩あなたが眠っていて、家中が静まっているあいだに奇跡が起こったとします。その奇跡とは、あなたがここへ来ることになった問題が解決するというものです。でもあなたは眠っていたので奇跡が起こったことを知りません。それで、あなたが明日の朝、目が覚めたときに、どんな違いがあることで、奇跡が起こって、あなたがここに来ることになった問題が解決したのだとわかるでしょうか[*04 p.91]。

この後、クライエントからの回答を踏まえて、さらに質問を重ね、解決後の状況を詳細に描写してもらう。そして、そこに近づくためにクライエントができることを検討していく。なお、ミラクル・クエスチョンは必ず用いなければならないわけではない。クライエントが望む解決後の状況とそこに近づくためにクライエントが取り組めること（ウェルフォームド・ゴールと呼ばれる）を明らかにすることが重要なのである。

ウェルフォームド・ゴールには①クライエントにとって重要であること、②

状況を限定すること、③問題がないことでなく、望ましい行動があること、④最終結果でなく何かの始まりであること、⑤具体的で行動的で測定できることなどの条件がある。この条件に当てはまる目標をクライエントが考え出せるように、セラピストが行う質問と対話の方法がテキストに詳述されている。たとえば、子育てに悩む母親クライエントが、その問題が解決したときには「子どもが私の言うことを無視しなくなっている」と回答したとする。これは③の条件を満たしていないので、セラピストは「無視しなくなったときには、お子さんは何をしていますか」などと、③の条件を満たす回答が出るように質問する。これに対しクライエントが「ちゃんと言うことを聞いている」と答えたとする。この回答は⑤の条件を満たしていないので、セラピストは「『お子さんがちゃんと言うことを聞いている』ときは、今と違って、どんなことをしているでしょうか」と、⑤の条件を満たす回答が出るように質問するのである。

第3段階：例外探し

この段階では、クライエントが望む解決像に近い例外探しの質問が行われる。例外探しの質問とは、問題が起こりそうな状況で起こらなかったとき、問題の程度がましだったとき、あるいは解決した状況に少しでも近いとき（例外）を尋ねる質問である。たとえば「ここ最近で、『その問題』が生じなかったり、ましだったりしたことはありますか」、あるいは「『その解決後の状況』に少しでも近いときは、最近ありましたか」と尋ねる。そして、例外が生じた条件、例外を生じさせるためにクライエントが行ったことなどを尋ね、例外を成功体験としてクライエントが認識できるように、例外を再び起こすための方法をクライエントが考えられるように質問を重ねる。この質問によって解決のパターンとそれを増やす方法を見出すことを目指しており、例外が見つかった場合には、それを再び起こす方法を検討する。

第2段階から第3段階では、スケーリング・クエスチョン、コーピング・クエスチョンなどの他の質問技法も用いられるが、本稿では割愛する。なお、これらの技法は、セラピストの思考の枠組みに沿って用いられなければならない[04]。

第4段階：セッション終了時のフィードバック

セッション終了時に、セラピストからクライエントへフィードバックが行わ

れる。フィードバックの内容はウェルフォームド・ゴールの有無や例外の有無などによって決められている。ウェルフォームド・ゴールが見つかった場合にはそれを行うことを勧め、見つからなかった場合にはクライエントをコンプリメント（ほめること）して終わるのが基本である。

なお、2回目以降のセッションで主に行われることはEARSと呼ばれる。E（eliciting）は例外を引き出すこと、A（amplifying）は例外と問題のときの違いを尋ね、どのようにして例外が生じたかを尋ねること、R（reinforcing）は例外を慎重に探索し、コンプリメントをすることなどによって、例外の背景にあるクライエントの成功と強みを強調すること、S（start again）はその他の例外について尋ね、EからRを繰り返すことである。

SFBTの誤った実践への警鐘──解決「強制」セラピー

SFBTでは、解決に「焦点を当てるsolution-focused」ことを目指すが、誤って解決を「強制するsolution-forced」セラピストが多いという指摘がある[*12]。フォーカスト（focused）とフォースト（forced）をかけた、言わば「駄洒落」だが、SFBTのセラピストが陥りやすい「落とし穴」を示唆する的を射た指摘である。以下では、このナイランドら[*12]による解決「強制」セラピーの特徴とそれが生じたケースの概要を紹介する。

問題トークを十分にせず、解決トークだけをする

クライエントは、子ども時代からの未解決の問題を主訴としてクリニックを訪れた43歳の女性であり、幼少期に義父から受けた性的虐待が現在の不安症状と抑うつ症状に関連していると信じていた。セラピストは、クライエントの焦点を未来に向けようとして「虐待があなたに影響を及ぼさず、セラピーにもう来る必要がなくなったときが来たら、どのようなことからそのことがわかるでしょうか」「それが過去のものになる最初の兆候はどのようなものでしょうか」などと尋ねた。しかし、クライエントはこれらの質問に回答できなかった。それにも関わらず、セラピストは、目標設定のための質問を尋ね続けた。クライエントがイライラしているのに気づかず質問を続けたところ、クライエントはこの面接を急に終了した。これに対して、このクライエントはSFBTに適していないとセラピストは結論した。その後、クライエントからクリニックに電話

があり、セラピストの交代が求められた。理由は、セラピストから否定され、痛みが過小評価されたと感じたこと、過去を話させてもらえず、目標を考え出すのを無理強いされたと感じたことなどであった。

このケースでのセラピストの過ちは、クライエントによる問題トークを十分に聴かず解決トークへと転換し、クライエントの不快感を考慮せずに、解決に関する質問ばかりを無理に続けたことである。

例外をクライエントにとって重要であると説得しようとする

うつ病を患う女性クライエントに「抑うつの程度が軽いとき、一日が少しよくなりそうだと思ったとき」、つまり例外があったかどうかを精神科医は尋ねた。抑うつの影響が小さいときが数日あったと回答されると、精神科医は「それはすごい！」「どうやってそれができたのでしょうか」「それをもっと多くするには何をしたらよいでしょうか」などと例外探しの質問を行った。しかし、クライエントはそれらの質問で元気づけられることはなく、「あなたは私が辛い経験をしていることを理解していない。抑うつの程度が軽い日には何が違うかなんてわからない」と回答した。後日、クライエントは精神科医の交代を要望し、その精神科医が自分を動揺させ、変化を無理強いし続けたと話した。

このケースでのセラピストの過ちは、クライエントの状態を考慮せずに解決トークを推し進めたこと、回答された例外をクライエントがどのように評価しているかを把握せず、クライエントが重要でないと考える例外を重要なものだと無理に思わせようとしたことである。

セラピストが考える目標に取り組ませる

クライエントは53歳の女性であり、夫婦間の苦痛を訴えた。クライエントは夫に不満を感じ、仕事の後、時間どおりに夫が帰宅しないことへの懸念を挙げた。セラピストは、夫をすぐに帰宅させるためにクライエントが行っている試みを探したが、うまくいっていなかったため、課題の出し方の基本に沿って「今までやっていたことと異なる何かをする」ことを勧めた。2週間後、再び訪れたクライエントに、セラピストは「夫に関して以前と違っていたり、よくなったりしていることは何か」を尋ねた。すると、夫の帰宅を待たずに一人で外出し夕食を食べたところ、次の日夫が早く帰宅したと答えた。そこで、セラピストはクライエントをコンプリメントした。しかし、実はクライエントは、

夫婦生活の問題をセラピーの目標としておらず、10年前に亡くなった娘の問題を取り上げたかったことが後でわかる。

このケースでのセラピストの過ちは、クライエントがセラピーで取り組みたい問題とニーズを十分に把握せずに解決トークへと転換し、セラピストが解釈した目標に取り組ませたことである。

SFBTの「落とし穴」に落ちないために

ナイランドら[*12]による指摘の後、SFBTの開発者らによってSFBTを行う上での留意点がより詳細に示されるようになった[*03][*04]。それらを十分に理解・実践し、クライエントの思考の枠組みに沿ってSFBTを行えば、解決強制的なセラピーに陥る危険性は減るだろう[*07]。

一方、解決強制的なセラピーに陥る危険性は、解決に焦点を当て、ブリーフ（短期間）での解決を目指すSFBTの特徴と方法そのものに内包されていると言うこともできるだろう。以下では、ナイランドらの指摘[*12]を踏まえ、ディヤングら[*04]に書かれていない点を中心に、SFBTで解決に焦点を当てる際の潜在的あるいは典型的な「落とし穴」とそれを回避するための留意点を挙げる。

問題トークをする際の落とし穴——クライエントによる問題トークを十分に聴かない

SFBTのセラピストは、初回セッションから、問題トークから解決トークへの転換を意識して面接を進める。ディヤングら[*04 p.66]では、解決トークへの転換を行うタイミングは、クライエントが自分たちの問題を聞いてもらえたと感じられるほど十分に描写する時間を持てたときとされているが、そこで挙げられている時間は「5分から10分」と非常に短い。もしセラピストがこの時間だけを目安にセラピーを行ったら、問題トークに集中せず、解決トークへの転換のタイミングを図るような片手間な聴き方に陥る危険性がある。その結果、問題トークを十分に聴かず、軽視し、クライエントからの信頼を失うという落とし穴にはまる危険性が高まるのである。

ここでセラピストが留意すべき点として以下が挙げられる。まず、「解決」に焦点を当てたいのはセラピストであって、クライエントはそうとは限らず、問題を語ることを望み、それがクライエントにとって有益な場合が多々あるこ

とを認識することである。サイモンら[*15]は、精神科クリニックでSFBTを受け、満足に終結した91名の成人クライエントを対象に、セラピーの何が役に立ったかを尋ねた。その結果、①質問や解決への焦点づけなどのセラピストによるアプローチ、②セラピストが作り出す支持的な環境、③問題について話せたこと、④個人的および社会的な改善、⑤重要な他者に関するディスカッション、⑥薬物治療の順番で回答が多かった。問題について話せたことが最も役だったと回答したクライエントは回答者のほぼ25%であった。ただし、問題トークが役に立つというこの結果について、紛らわしく思えるだろうとサイモンらは述べている[*15 p.36]。SFBTの研究者としては、問題トークの重要性を示唆する結果は受け入れがたいのかもしれない。そして、4名分の面接ビデオの分析を追加し、問題トークが初回セッションでは平均7.4分（初回セッション全体の平均は41.3分）であり、継続セッションでは平均1.2分（継続セッション全体の平均は18.3分）であること、および問題トークよりも解決トークに、初回セッションではおよそ2倍、継続セッションではおよそ3倍の時間が費やされていることを示した。その結果をもとに、セラピーから恩恵を得るために、問題トークに長い時間を費やす必要があるとクライエントは思っておらず、もし、クライエントが問題トークをする必要性を感じていても、多くの時間を費やす必要はないと考察している。しかし、SFBTのセラピーで最も役に立ったこととして、4分の1のクライエントが問題について話せたことを挙げているのである。問題トークはクライエントにとって有益で重要だと考えられるのである。

　次に、問題トークを十分にすることは解決構築を促進するためにも重要だという点を認識することである。SFBTの熟練セラピストは、クライエントによる問題の語りをしっかり聴くこと、問題の本質の整理・理解をすること、辛さや感情面を傾聴することなどが、ミラクル・クエスチョンや例外探しの質問によって解決構築を促進する上で重要だと考え、実践していることが示されているのである[*08]。これが重要な理由として、問題トークを十分に傾聴することで、ネガティブな感情が和らぎ、解決トークへの転換がしやすくなることが挙げられる。この点は次節でより詳しく取り上げる。

　加えて、ミラクル・クエスチョンや例外探しなどの質問は、問題が十分に整理できていないと、適切に行えないことが挙げられる。両質問とも、クライエントがセラピーに求めるニーズをおさえた上で、セラピーで取り上げたい問題が解決した状態に関して尋ねるものだからである。

解決トークへ転換する際の落とし穴——解決トークへの転換を急ぎ、固執する

前述のように、SFBTでは初回セッションのうちに、問題トークから解決トークへの転換を行い、目標設定を経て、可能な場合は課題を出す。もしすべてのクライエントに対してこのとおりにセラピーを行おうとすると、1セッションのうちに課題を出すところにたどり着くため、クライエントの状態を十分に考慮せず、解決トークへの転換を急ぐという落とし穴に陥る危険性が高まると考えられる。

カイサーら[09]は、クライエントのネガティブな感情が強いときにミラクル・クエスチョンなどを尋ねても、クライエントは回答できないと指摘し、SFBTを行う際に、クライエントの感情状態をもっと考慮した介入を行うべきだと主張している。なぜならば、ネガティブな感情が強いときは、認知もネガティブになるため、解決トークで話されるポジティブなことは考えにくいからである。そこで、クライエントの感情状態がある程度良好になり、解決トークへと転換が可能かどうかを見定めつつ、介入を行わなければならない。

さらに、解決トークへの転換をセラピストが試みた後、その転換にクライエントが乗らず、問題トークに戻ることがある。ディヤングら[04 p.92]では、問題に焦点の当たった話にクライエントが戻るときには、クライエントの視点を奇跡の起こったときの描写に穏やかに戻すことが勧められている。これを忠実に実行するセラピストは、解決トークへの転換にクライエントが乗らず、問題トークに戻るとき、それを十分に聴かず、すぐに解決トークへと戻し、クライエントの不快感を増すという落とし穴にはまる危険性があるだろう。

ここで留意すべきことは「下地作り」、つまり解決トークを導入しやすい準備状態を作ることである。SFBTの実践経験が豊富な熟練日本人セラピストは、ミラクル・クエスチョンなどの質問前に、その質問が受け入れやすくなるような下地作りを行っていた[08]。下地作りには、クライエントによる問題の語りを十分にしてもらったり、それをセラピストが傾聴し理解したり、クライエントの辛さを理解したことを伝えたり、ポジティブな感情状態や雰囲気を作ったりすることが含まれる。

加えて、クライエントの表情や態度などの非言語的反応を観察し、クライエントが解決トークを行ってよい状態にあるかどうかを見定めつつ、慎重に転換を行うことである。そして、転換後にも、非言語的・言語的反応の観察を続け、解決トークを続けることがクライエントにとって適切かどうか見定め続けるこ

とが求められる。問題トークに戻るときには、すぐに解決トークへ戻さず、クライエントによる問題トークを十分に聴くことが重要である。問題トークに戻るということは、下地作りが十分にできておらず、解決トークを続けるのが困難な状態にクライエントがいる可能性が高いからである。

「例外」「対処」が報告されたときの落とし穴——重要性の説得と固執

バーグは、セラピストの課題は、クライエントが失敗、間違いまたは問題を話すときは、いつでも例外についての質問をすることとしており[*02 p.97]、SFBTのセラピストはセッションの間、例外に焦点を当てる機会をうかがう。そして、例外や対処が報告されたら、それらが生じる上での要因、特にクライエントが果たした役割を明らかにすることになっている。そこで例外や対処が報告されると、それに飛びつき、掘り下げることに固執するセラピストがいるかもしれない。しかし、その例外や対処を、クライエント自身が成功体験として認識するとは限らない。そのようなとき、ディヤングら[*04 p.120]では、クライエントが例外の重要性を過小評価したときでも、例外を傾聴することに注意を払うことを推奨し、クライエントによる「過小評価」を受け入れることを勧めていない。そのためセラピストによっては、クライエントが成功体験として認識しない例外や対処を、成功体験として認識させることに固執し続けるという落とし穴にはまる可能性がある。しかし、そうなっては、クライエントはセラピストに理解されていないという思いを強くし、信頼関係に支障を来す危険性がある。

ここでセラピストが留意すべきなのは以下の点であろう。まず、報告された例外や対処がクライエントにとって重要と思えるかどうかはわからないことを認識し、クライエント自身が重要と思えるかどうかを見極めることである。次に、クライエントの評価を受け入れ、報告された例外や対処に固執しないことである。SFBTの実践経験が豊富な熟練日本人セラピストは、報告された例外をクライエント自身が重要だと思えるかを見極め、報告された対処へのクライエントのネガティブな評価を受け入れることが、解決構築を促進するうえで重要だと考え、実践していることが示されているのである[*08]。

総括——SFBTの落とし穴に落ちないための基本姿勢

以上で取り上げたSFBTの落とし穴に落ちないための基本姿勢をひと言で言

うと、目の前のクライエントを重視することとなるだろう。解決「強制」セラピーの3つの例に共通しているのは、目の前のクライエントよりも、セラピストの依って立つ理論のモデルを重視して介入をしている点だと考えられる。

　これは、SFBTの源流であるエリクソンの考えに反している。エリクソンは、「プロクルステスの寝台」に人を合わせるべきではないと考えていた[17]。プロクルステスとはギリシア神話に出てくる追いはぎで、旅人を寝台に休ませ、寝台の大きさに合うように、その人を切断したり、引き延ばしたりしたという。このように、クライエントを自らが依って立つ理論に当てはめて心理療法を進めるのではなく、個人のニーズの独自性に合わせて心理療法は考案されるべきだとエリクソンは考えたのである。そのため、エリクソンは、自分の治療アプローチを人格理論や治療理論として定式化しようとは決してしなかったとも言われている[18]。どのような治療システムでも、それに固執すると視野狭窄を起こし治療の柔軟性が損なわれるからである。

　SFBTの落とし穴に落ちないためには、以上の考えに立ち返ることが重要だろう。SFBTの理論とモデルを十分に理解しつつ、目の前のクライエントをしっかりと理解し、クライエントのニーズと状態をもとに、クライエントに合わせてSFBTを進めなくてはならない。前述のように、SFBTの開発に当たっては、心理療法の実践を観察し、うまくいった方法を抽出し、体系化するという帰納的な作業がとられた。言わば、多くの人にとってうまくいく方法のマニュアルがSFBTなのである。ただし、当然のことながら、その方法がいつでもどんなクライエントにも機能するわけではない。そこで、SFBTを実践する際には、個々のクライエントにとって何がうまくいくのか、効果的なのかを観察し、言わば「目の前のクライエントにあった方法を体系化する帰納的作業」をすることが求められるのである。そのために重要なのは、解決に焦点を当てようとするあまり、問題を疎かにしないこと、急いで面接を進めようとせず「ブリーフ」に終了することにこだわらないこと、目の前のクライエントの思考の枠組みに沿ってセラピーを進めることであろう。

[文献]

[01] Barten HH: The expanding spectrum of the brief therapies. In Barten HH (ed): *Brief therapies*, 3-23, Behavioral Publications, 1971.
[02] Berg IK: *Family based services: A solution-focused approach*. W.W. Norton, 1994.

*03 De Jong P, Berg IK: *Interviewing for solutions*. Brooks/Cole, 1998.
*04 De Jong P, Berg IK: *Interviewing for solutions, 4th ed*. Brooks/Cole, 2013.
*05 Franklin C, Trepper TS, Gingerich WJ, et al.(eds): *Solution-focused brief therapy: A handbook of evidence-based practice*. Oxford University Press, 2012.
*06 長谷川明弘、北村文昭「実践と学びの実態―第3回会員動向調査(2013)」『ブリーフサイコセラピー研究』22巻、102-107頁、2013年
*07 伊藤拓「ソリューション・フォーカスト・ブリーフセラピーにおいて解決の強制、感情の軽視に陥らないために―クライエントの思考の枠組みに基づく取り組み」『ブリーフサイコセラピー研究』24巻、26-36頁、2015年
*08 伊藤拓「ソリューション・フォーカスト・ブリーフセラピーの質問の用い方のポイント―熟練したセラピストへの面接調査による質的検討」『教育心理学研究』65巻、37-51頁、2017年
*09 Kiser DJ, Piercy FP, Lipchik E: The integration of emotion in solution-focused therapy. *Journal of Marital and Family Therapy* 19:233-242, 1993.
*10 宮田敬一「ブリーフセラピーの発展」宮田敬一編『ブリーフセラピー入門』金剛出版、11-25頁、1994年
*11 Madanes C: *Strategic family therapy*. Jossey-Bass, 1981.
*12 Nylund D, Corsiglia V: Becoming solution-focused forced in brief therapy: Remembering something important we already knew. *Journal of Systemic Therapies* 13:5-12, 1994.
*13 O'Hanlon WH: *Taproots: Underlying principles of Milton Erickson's therapy and hypnosis*. Norton, 1987.
*14 Schmit EL, Shcmit MK, Lenz AS: Meta-analysis of solution-focused brief therapy for treating symptoms of internalizing disorders. *Counseling Outcome Research and Evaluation* 7:21-39, 2016.
*15 Simon J, Nelson T: Results of last session interviews in solution focused brief therapy: Learning from the clients. *Journal of Family Psychotherapy* 15:27-45, 2004.
*16 Weakland JH, Fisch R, Watzlawick P, et al.: Brief therapy: Focused problem resolution. *Family Process* 13:141-168, 1974.
*17 Zeig JK(ed): *Ericksonian approaches to hypnosis and psychotherapy*. Brunner/Mazel, 1982.
*18 Zeig JK, Munion WM: *Milton H. Erickson*. Sage Publications, 1999.

おわりに

　いよいよ国家資格を有する心理職が誕生します。心理職の国家資格化の背景には、現代日本における「心の問題」の多様化に対して「心のケア」を実践でき、さらに「心の豊かさ」に寄与できる専門職を必要としていることがあります。社会的ニーズのあるところに、「心の専門家」が整備されることは望ましいことです。

　一方、人の心の悩みや苦しみは、家族や友人との日常生活の中で自然と解決されていくものです。人生に苦悩はつきものであり、悩み苦しむときに助けになるのは、生活をともにする家族や信頼する友人です。しかし、日常的な人間関係の中で心の問題をうまく解決できない人もいます。あるいは日頃の人間関係で傷つき、身近な他者を信頼できない気持ちになってしまった人もいるでしょう。こうした人たちが、クライエントとなって専門家を訪れます。このような事情を考えますと、心理職は決して社会の表舞台で活躍する華々しい職業とは言えません。

　本邦の心理療法界のパイオニアである故・霜山徳爾先生（上智大学名誉教授）は、「心理療法は素足でも大地に重みをかけてはいけない。それは声高なものではないからである」（『素足の心理療法』みすず書房、1989年）と警鐘を鳴らしています。ここでいう「大地」とは、クライエントとクライエントを生んだ文化を指し、「素足」とは、「権威とか理論とかいう靴には頼らない」「生の事象に対して虚心坦懐に、素直に対する」ことを指します。権威や理論に裏付けられたアプローチでクライエントの内面に踏み込むなどはもってのほか、たとえ「素足」であったとしても人の心に触れる営みは、それとはわからぬほど控えめに行いなさい、という戒めの言葉と解釈されます。

　人の心にかかわる心理臨床実践は、元来、声高に行われるべきものではありません。けれども、それを専門とする職種に対して国家資格が与えられ、心理療法の各流派がエビデンスを根拠に有効性を主張する時代になりました。誤解を恐れずに言えば、これは大きなパラドックスです。このパラドックスに対して、これからの時代を生きる若手の心理職は、どのような方向性を見出したら

よいのでしょうか。心理職が社会的認知を得た今こそ、プロフェッショナルとしてできることとできないことを見極める力を培い、日々の臨床実践を、丁寧に、慎重にすすめていくための、流派を超えた基本と知恵が求められます。

　本書を企画した3名の編者は、兵庫教育大学大学院臨床心理学コースで一緒に仕事をしてきた中堅心理臨床家です。3人の流派は異なりますが、「心理臨床実践は、やればいいというものではない。ときには不快体験がともなうこともあり、期待される効果に限界があることもある。だからこそ、基礎基本を丁寧におさえたい」という問題意識を共有してきました。次世代の心理職には、どの流派に傾倒するにせよ、まずは臨床実践に普遍的なポイントを伝えたい、そのために中堅世代の私たちができることは何だろうか？　と話し合う中で生まれたのが本書です。

　今後、若い心理職者たちは、次々に発表されるエビデンスに裏付けられた理論や技法の習得に励むでしょう。エビデンス・ベースド・アプローチが、私たちの職能を一般市民に説明し、気軽にアクセスしてもらうために役立つことはたしかです。しかし、理論と技法が先にありき、では、本末転倒です。心理臨床実践は、目の前のクライエントの悩み苦しみに寄り添い、理解する努力から出発します。本書で展開してみせた流派を超えた対話が、次世代を担う若い心理職にとって、地に足の着いた心理臨床を実践する一助となることを願ってやみません。

　最後に「ワクワクするような本を作りましょう！」と、この企画を励まし、粘り強くサポートしてくださった、日本評論社の小川敏明氏に心からの感謝を申し上げます。

　　　2018年7月　盛暑

　　　　　　　　　　　　　　　　　　　編者を代表して　遠藤裕乃

●編者

遠藤裕乃　えんどう・ひろの
兵庫教育大学大学院臨床心理学コース教授。上智大学大学院修了。専門は精神力動的心理療法。

佐田久真貴　さだひさ・まき
兵庫教育大学発達心理臨床研究センター准教授。筑波大学大学院修了。専門は応用行動分析。

中村菜々子　なかむら・ななこ
兵庫教育大学発達心理臨床研究センター准教授。早稲田大学大学院修了。専門は認知行動療法。

●執筆者（第2部）

岩壁 茂　いわかべ・しげる
お茶の水女子大学基幹研究院准教授。マッギル大学大学院修了。専門は心理療法学。

杉山 崇　すぎやま・たかし
神奈川大学人間科学部教授。学習院大学大学院修了。専門は認知行動療法。

井上夏希　いのうえ・なつき
こまち臨床心理オフィス室員。法政大学大学院修了。専門は認知行動療法。

岩倉 拓　いわくら・たく
あざみ野心理オフィス主宰。横浜国立大大学院修了。専門は精神分析的心理療法。

伊藤 拓　いとう・たく
明治学院大学心理学部教授。早稲田大学大学院修了。専門はソリューション・フォーカスト・ブリーフセラピー。

その心理臨床、大丈夫？
──心理臨床実践のポイント

2018年9月25日　第1版第1刷発行

編　者　遠藤裕乃・佐田久真貴・中村菜々子
発行者　串崎　浩
発行所　株式会社 日本評論社
　　　　〒170-8474 東京都豊島区南大塚 3-12-4
　　　　電話 03-3987-8621［販売］
　　　　　　　　　 -8601［編集］
　　　　振替 00100-3-16
印刷所　港北出版印刷株式会社
製本所　株式会社難波製本
装　幀　久富幸紀子（株式会社 KUMAGAI DESIGN）

検印省略 ⓒ H.Endo, M.Sadahisa, N.Nakamura-Taira 2018 Printed in Japan
ISBN978-4-535-56352-0

JCOPY 〈(社)出版者著作権管理機構 委託出版物〉
本書の無断複写は著作権法上での例外を除き禁じられています。複写される場合は、そのつど事前に (社) 出版者著作権管理機構（電話 03-3513-6969、FAX 03-3513-6979、e-mail: info@jcopy.or.jp）の許諾を得てください。また、本書を代行業者等の第三者に依頼してスキャニング等の行為によりデジタル化することは、個人の家庭内の利用であっても一切認められておりません。